智元微库
OPEN MIND

成 长 也 是 一 种 美 好

七步读懂财务报表

股票投资的简要财务分析法

林昌华——著

人民邮电出版社

北京

图书在版编目（C I P）数据

七步读懂财务报表：股票投资的简要财务分析法 / 林昌华著. -- 北京：人民邮电出版社，2022.8
ISBN 978-7-115-59314-6

Ⅰ．①七… Ⅱ．①林… Ⅲ．①会计报表－会计分析
Ⅳ．①F231.5

中国版本图书馆CIP数据核字(2022)第085175号

◆ 著　　　林昌华
　　责任编辑　张渝涓
　　责任印制　周昇亮
◆ 人民邮电出版社出版发行　　北京市丰台区成寿寺路 11 号
　　邮编 100164　电子邮件 315@ptpress.com.cn
　　网址 https://www.ptpress.com.cn
　　涿州市京南印刷厂印刷
◆ 开本：700×1000　1/16
　　印张：20.5　　　　　　　　　　2022 年 8 月第 1 版
　　字数：330 千字　　　　　　　2025 年 9 月河北第 5 次印刷

定　价：79.00 元
读者服务热线：（010）67630125　印装质量热线：（010）81055316
反盗版热线：（010）81055315

我要向做投资的朋友和创业的朋友大力推荐这本书!

我和昌华相识于和君商学院,认识的方式可能同各位想得一样——未见其人,先闻其声。有一天,我碰巧点开一篇分析上市公司的文章,随即被作者的才华所吸引,产生了强烈的与他"约会"的冲动,终于"奔现"成功。

在和昌华交流的过程中,我更是被他本人强大的学习能力、逻辑能力,以及投资的专业性和谦虚、直爽的性格所吸引。结束长谈的那一夜,我失眠了,我知道他就是那种我做梦都想遇见的事业合作伙伴。在随后的日子里,我们交流得越来越频繁,彼此吐露心声并表现出对投资的热情。最终,梦想成真,这个让我失眠的人与我展开合作,共同开创投资事业。这可谓我人生中最幸运的事之一,我将在此与各位读者分享这一喜悦。

我于 2007 年开始创业,2014 年与投资结缘。我和昌华一样,热爱这个行业。但是投资是门技术活,这条路并不好走。在我过往的创业、投资经历当中,财务分析是一个最令我头痛的环节。我也因此走了不少弯路,咨询过很多国内专家,去上相关的专业课并研读专业书籍,慢慢才啃下财务这块硬骨头。我一直在期待可以有一位奇人异士来解读财务语言,教会大多数人破险财务专业的"硬壳",使大家不必和我一样辛苦。读完昌华的这本书后,我拍案叫绝:"我要向做投资的朋友和创业的朋友大力推荐这本书!"

昌华将财务知识讲得如此通俗易懂,他写的这本书,正是当年的我所苦苦寻觅的。他通俗又不失专业的讲解,瞬间让人醍醐灌顶,此外,他还在书中加入许多简单易懂的案例，让人一看就懂。本书共有三大优势。

1. 通过报表讲财务，帮你在轻松看懂报表的同时掌握财务专业知识。

2. 通过七步成诗法，你将用财务知识发现投资机会，理解公司决策背后的奥义。

3. 通过分析丰富的案例，你将在今后的投资和管理工作中爱上看财报。

如果你也对财务分析感到头疼，那么这本书非常适合你，它将大大提高你对做投资或者读报表的信心。

以昌华的专业水平和影响力，可以为他作序的"牛人"有很多，没想到他首先想到邀请我，这也让我有了和大家交流的机会。感谢昌华，感谢各位读者朋友，希望各位喜欢这本书，也欢迎各位有时间来上海赢杉资产做客指导。

最后，祝愿读者朋友及家人幸福安康、财富倍增！

张胜翔

上海赢杉资产管理有限公司创始人

昌华是我厦门大学经济系的直系师弟，后我们在和君商学院又成为师兄弟，可谓有缘。读完他的书，我认为这本书对于任何有志于学习财务知识和投资的人而言，都是一个极好的辅助工具。

对于投资者而言，会做财务分析是分析公司基本面的必备技能，而财务分析对一般投资人而言又是难以跨越的门槛。昌华的这本书，不仅是一个介绍如何阅读财报的通俗读物，也是一个投资者的心路历程。因此，这本书的特点是全是"大白话"，昌华能把复杂又枯燥的财务知识用大白话讲得清清楚楚，更难得的是，他还提供了一套方便又好用的工具——"七步成诗法"，弥补了一些财务书只介绍理论、缺少对实践的指导的缺点。我个人认为本书还有三大优点。

1. 有明确的定位。非常适合大多数人，用贴近日常语言的大白话，深入浅出地介绍了一些晦涩的专业知识。这也是昌华的一项一直以来为我留下深刻印象的技能，他是"费曼学习法"的践行者，他的文章都有着鲜明的、深入浅出的风格。

2. 有明确的目的性。一切以实用为主，重点突出，致力于为读者提供一个可以落地的工具。

3. 有明确的指向性。作者从投资者的立场出发，介绍如何分析财报、挖掘企业的价值，没有多余的内容。除了财务分析，本书还介绍了一些如何分析招股书等与投资相关的知识。

投资是认知的变现，是一辈子的修行。希望昌华这本书能为热爱投资的你提供一定的帮助

陈智远

厦门顺为有道投资管理有限公司总经理

为什么要写这本书

有朋友问我："市面上介绍财务知识的书有很多，你为什么还要再写一本？"

2018 年，我在国内某商学教育机构担任"招股书学习小组"的导师，迄今为止已带了三届学员，每一届学员都要经历为期 8 个月的上市公司招股书学习训练及年报学习训练。我的学员们都是高知人士，他们有的是来自"985""211"高校的学生，有的是大企业的高管，但他们都不是职业投资人。

3 年过去了，我发现这些非职业投资人士都有一些共同点，他们可以迅速理解一家公司的商业逻辑，甚至会产生很有见地的观点，但是他们在做试卷时，有关财务分析的题目仅写了寥寥几笔，甚至放空不写。财务报表占据了一篇年报的半壁江山，如果你放弃钻研财务分析方面的知识，只研究所谓的商业逻辑，那么就算看再多的年报意义也不大。

为此，我也组织过财务知识讲座，推荐过不少专业著作，但在长达 8 个月的训练结束时，不少学员仍无法对一份完整的财务报表进行全面分析。

我总结了他们学不下去的原因，讲财务分析的书固然很多，但它们大多数太专业、太全面、太难以实践了。

1. 太专业

大多数人只是对投资感兴趣，并没有从事财务工作或者考注册会计师

（Certified Practising Accountant，CPA）的打算，即"股民以上，专业未满"。市面上很多书写得过于专业，拗口的文字和晦涩难懂的解读让读者望而却步。

2. 太全面

根据某个专业机构统计，企业会计准则中的会计科目（也就是我们常见的"资产""营业收入""净利润"等）一共有 162 个，这还只是几年前的数据。随着会计准则不断更新，会计科目数量会只多不少。

目前，市面上许多财务分析类图书都为会计专家所著，或许因为财务人员本身性格较为严谨，他们在写作中恨不得将所有科目都介绍一遍，结果进一步增加了读者的认知负担。

实际上，投资人真正能用到的科目只有一部分，有些科目甚至连专业的财务人员都较少接触到，比如"递延所得税负债"一科，简而言之，它核算的是公司财务人员算出来的应缴税额与税务局实际征收的税额之间的差额。由于双方计税规则不同，存在差异是很正常的，任何公司多多少少都会有点"递延所得税负债"或"递延所得税资产"。但它不是核心资产，你从这个科目上看不出太多跟企业经营状况有关的信息，所以它对财务分析整体效果没有太大的影响。我见过一些学员，为了弄懂这些科目查阅了很多资料，虽然精神可嘉，但在实操中，他们可能看完了十几篇财报都还用不上这个科目。

3. 太难以实践

能把晦涩的专业知识写得通俗易懂的图书也不少，很多学员表示，他们看完了，也看懂了，但在实际分析财报的过程中仍然无所适从。试问如果将三张报表（资产负债表、利润表、现金流量表）同时放到你的面前，你要先从哪张表开始看？如果先看资产负债表，具体应该怎么看？是不是要从第一项"货币资金"开始，一行一行地往下看？原来，即使懂得如何"看"财报，也不一定会分析财报。

财务比率是财务分析的一项重要工具，在介绍财务比率方面，不少图书只是罗列一堆公式，没有告诉读者具体该如何展开分析，读者即使看明白了公式的演算过程，也无法学以致用。你若想了解企业的偿债能力，可以看的指标有流动比率、速动比率、资产负债率、权益债务比、权益乘数、利息保障倍数……这就好比当你想知道现在的时间时，我拿了十个钟表供你参考，每个钟表显示的时间还不一样，只会令你更加迷惑。

读懂财报的"七步成诗法"①

财务分析就像做菜，你无须了解食盐和酱油之间的化学反应，只要最终能将菜做出来就行。

我在投资实践中发现，要完成对一家公司的财务分析基本工作，只需要简单的七个步骤。我把自己的经验总结成一个套路，它就像菜谱一样，你即使没有任何财务基础，也可以随着我的"菜谱"，完成对一家公司的基本分析工作。

古有曹植七步成诗，今有笔者七步读懂财报，我们姑且叫它"七步成诗法"吧！

七步成诗法的最大价值就是"让非专业投资者一看就懂，懂了能用"。

（1）非专业。本书针对的读者群体不是职业投资人，而是像笔者的学员那种，只是对投资感兴趣、希望建立起系统性知识框架的人，或者正准备进入这一行业的准职业投资人。当然，如果捧着这本书的你恰好是我的同行，希望这些方法也能对你有所帮助。

（2）投资者。本书是基于投资者视角而写的。投资者只要看得懂财报即可，至于会计分录具体该怎么做、应该如何编制财务报表、某个具体科目应该怎么计量之类的问题，并不是我们需要了解的内容。

（3）一看就懂。本书的写作目的不在于帮助读者开展学术研究，而在于实用。我不会用教科书式的语言去解释各个科目及它们的概念，而会尽可能用自己的话介绍相关内容，所以它不是一本严肃的财务类图书。比如，我不

---

① 七步成诗法：这里的七步成诗法不同于麦肯锡七步成诗法，麦肯锡七步成诗法是管理企业的一种方法，被广泛应用于现代企业的企业管理中。本书七步成诗法指作者总结的、分七个步骤读懂财报的方法。——编者注

会告诉你负债是"企业过去的交易或者事项形成的，预期会导致经济利益流出企业的现时义务"（教科书定义），我会告诉你负债就是"你欠别人的钱"。

（4）懂了能用。七步成诗法是我个人工作中的实践总结，它虽然不是万能的，但是用在投资实践中仍会对你有所帮助。

本书写作安排

本书共分为五个部分。

第一部分，我们先学习与三张财务报表（资产负债表、利润表、现金流量表）有关的知识。第 1 章主要介绍了三张报表的基本情况，第 2 ~ 4 章将对资产负债表、利润表、现金流量表中的各个科目展开介绍。

不同科目的重要性是不一样的。比如应收账款是常见科目，无论看哪家公司的财报都避不开它；然而牲畜资产就不一样了，除非你研究的是畜牧业公司，否则基本不会见到这个科目。本书的一大特色是对各个科目进行分类，让你了解不同科目间的区别。

用通俗的语言解读会计科目是本书的一大特色。我的出发点是让你尽可能理解最本质的东西，有时"意会"比"言传"的学习效果更好。

第二部分，我将正式介绍七步成诗法。它绝非万能的，但对于投资实践来说绰绰有余。你可以把它当成一个思考框架，等有了一定投资经验后，你就可以结合自己的经验和认知对这个框架进行改进、升级。就像我给了你一份酸菜鱼的菜谱，你觉得可能加点黄瓜会更好吃，这就看个人的选择和需求了。

第三部分，我将用七步成诗法来分析几个真实案例。这些案例涉及 A 股、港股和美股公司，同时涉及不同行业，共计 11 个。在案例选取方面，我将尽可能保持案例的丰富性和多样性。

第四部分，我们会学习如何用七步成诗法"避雷"。很多财务课程揭露了一些财务造假的手段，仿佛不踩雷的唯一方法就是让自己成为"排雷专家"。本书则认为，不踩雷的最好方法其实是"绕路走"，而不一定非要把雷排出来，这也是本人于实践过程中总结的一个经验。

　　第五部分，我会简单介绍如何通过招股说明书来判断一家公司是否值得投资。这部分介绍的是综合性的分析方法，除了财务分析，还包括对行业和企业自身的分析。这部分更具实用价值，选择的几个案例也都比较有代表性，很多观点为本人亲身实践后总结的经验。

写在最后

　　每个人对世界的认知都存在局限性，笔者也不例外。书中的七步成诗法、避雷法，以及对案例进行分析时罗列的观点都带有认知局限性，仅供读者参考，**不作为投资建议**。书中案例已尽可能使用中性立场及语言进行讲解，其中几个较为敏感的案例已隐去公司名，仅用 A 公司、B 公司、C 公司等代替，切勿对号入座！如有雷同，纯属巧合。

　　会计准则经常更新，本书写于 2021 年年末，存在一些新准则、新科目没有被提及的情况。成书之后，会计准则也会持续发生变化，但财务分析的基本原理不变，读者亦可自行到网上搜索、学习与新科目有关的知识。

　　因本人才学所限，书中可能存在错误或疏漏之处，欢迎读者批评、指正。

　　投资是一辈子的修行。希望有志于此的读者，能持之以恒、不断精进。

林昌华

2021 年国庆于厦门

第一部分　认识财报　/1

第二部分　七步成诗法　/85

第五部分　高阶技巧　　/ 281

第一部分

认识财报

第1章　对财报的初步印象

从法律意义上讲，只要你买了某家上市公司的股票，即使只买了100股，你也是该公司的股东，拥有公司的一部分。既然是公司的老板，你肯定想定期了解一下公司的经营状况，于是，你会通过管理层定期披露的一季度报、半年报、三季度报、年报了解公司的最新经营情况，这些"报"的构成主体就是财务报表，简称财报。

如果你买了100股阿里巴巴的股票，并且在年报中发现公司的业绩有下滑趋势，你就有权在股东大会上要求阿里经营者改善经营状况。当然，前提是你得看得懂财报。

任何伟大的画作都是先从打草稿开始的，学习看财报也一样，一定要先从"打草稿"开始，建立起一个知识框架，搭建起"骨架"后再去学习，这样才会更容易一些。这一章的作用便是"打草稿"，即让你对财报有一个初步的印象。

财务报表是一个统称，它通常由很多张表构成。最重要的表有3张——资产负债表、利润表、现金流量表，其余为附表，我们查询明细的时候才用得上。

现金流量表

我们先从现金流量表说起，因为这张表最简单，可能你小的时候还画过。

通俗地讲，现金流量表就是流水账。打个比方，小时候，你想要零花钱，但你需要帮家里洗碗才能享受"劳动的果实"，于是你洗了一次碗，拿到了 10 元。你迫不及待地出门，到小卖部买了 3 元的糖果，你在小卖部碰到隔壁的张三，他也想吃糖，他向你借走了 5 元。

回家后，你打开本子，记录了如下流水账（见表 1-1）。

表 1-1　账单

账目	金额	明细
收入	10 元	帮忙洗碗
支出	-3 元	买糖果
支出	-5 元	张三向我借钱
余额	2 元	

你的现金余额只有 2 元了，第二天又要帮忙洗碗了，不然就买不起 3 元的糖果。

上市公司也有类似的流水账，即现金流量表。它的记法很简单，与洗盘子、买糖果一样，收到钱记一笔，花了钱也记一笔，一切以现金的流入、流出作为标准。只不过，上市公司把流水账按经营活动、投资活动、筹资活动分为三大类。

经营活动。如果你今天需要帮家里洗碗，但你想偷懒，就把张三叫来帮忙。他洗了碗，你获得 10 元收入，向张三支付了 3 元工资，这些都是洗盘子的日常经营活动收支。

投资活动。过了一段时间，张三开始抱怨工作累，于是你花 100 元买了台洗碗机，提高了张三的工作效率。买洗碗机这类事情并非天天都有，所以不能算作日常经营活动。你可以把它视为对固定资产的投资，将其记录到投资活动中。

筹资活动。买洗碗机花光了你身上所有的积蓄，但张三第二天的工资还得照发，怎么办呢？你可以找有钱的小伙伴李四借 200 元周转一下，借钱便属于筹资活动。

于是，你将流水账进行分类，重新记录如下（见表 1-2）。

表 1-2　细致账单

经营活动

收入	10 元	帮忙洗碗
支出	−3 元	给张三的工资

投资活动

支出	−100 元	买洗碗机

筹资活动

收入	200 元	找李四借钱
总余额	107 元	

表 1-3 是一张典型的现金流量表。这张表按经营活动（行次 1 ~ 11）、投资活动（行次 12 ~ 24）、筹资活动（行次 25 ~ 38）对钱款流向进行了区分，又考虑了汇率变动（行次 39），最后，今年增加的现金（行次 40），加上年初的现金余额（行次 41），就是公司年底的现金余额（行次 42）。本章的任务是了解一下现金流量表的大致结构，对其有个初步印象即可，至于每类活动涉及哪些具体科目，大家可以先不用看。

表 1-3　一张典型的现金流量表

×× 公司　　　　　　　　　　　　　　期间：　　　　　单位：元

项目	行次	本期金额
一、经营活动产生的现金流量	1	
销售商品、提供劳务收到的现金	2	
收到的税费返还	3	
收到其他与经营活动有关的现金	4	
经营活动现金流入小计	5	
购买商品、接受劳务支付的现金	6	

（续表）

项目	行次	本期金额
支付给职工以及为职工支付的现金	7	
支付的各项税费	8	
支付其他与经营活动有关的现金	9	
经营活动现金流出小计	10	
经营活动产生的现金流量净额	11	
二、投资活动产生的现金流量	12	
收回投资收到的现金	13	
取得投资收益收到的现金	14	
处置固定资产、无形资产和其他长期资产收回的现金净额	15	
处置子公司及其他营业单位收到的现金净额	16	
收到其他与投资活动有关的现金	17	
投资活动现金流入小计	18	
购置固定资产、无形资产和其他长期资产支付的现金	19	
投资支付的现金	20	
取得子公司及其他营业单位支付的现金净额	21	
支付其他与投资活动有关的现金	22	
投资活动现金流出小计	23	
投资活动产生的现金流量净额	24	
三、筹资活动产生的现金流量	25	
吸收投资收到的现金	26	
其中：子公司吸收少数股东权益性投资收到的现金	27	
取得借款收到的现金	28	
发行债券收到的现金	29	
收到其他与筹资活动有关的现金	30	
筹资活动现金流入小计	31	
偿还债务支付的现金	32	
分配股利、利润或偿付利息支付的现金	33	
其中：子公司支付少数股东的现金股利	34	

（续表）

项目	行次	本期金额
支付其他与筹资活动有关的现金	35	
其中：子公司减资支付给少数股东的现金	36	
筹资活动现金流出小计	37	
筹资活动产生的现金流量净额	38	
四、汇率变动对现金及现金等价物的影响	39	
五、现金及现金等价物净增加额	40	
加：期初现金及现金等价物余额	41	
六、期末现金及现金等价物余额	42	

现金流量表很简单，它显示了一个企业的财务状况，适合小本生意，毕竟小本生意往往一手交钱、一手交货，赊账的情况比较少见。小卖部将糖卖给你，你将糖拿走的同时也将钱给了对方，小卖部记下了流水账，将钱款、货物一一对应，同时也记录了货物的去向。随着生意越做越大，钱、货不一致的情况越来越多。大客户找你买东西时，往往先提货，后交款，这样钱、货就不一致了。但是流水账常常只看有没有金钱往来，不关心货物的进出状况，如果客户没给钱，那么这笔交易就不会被记录。明明东西被拿走了，流水账上却没有相关记录，这样下去肯定会出问题。

假设你开了一家包子店，这个月卖掉了价值150元的包子，用掉的面粉价值100元。不考虑房租、水电、人工等因素，那么你这个月的利润应该是50（150-100）元。

假设你和面粉厂的关系好，厂家愿意让你赊账，你用了100元的面粉，向厂家支付30元的首付款，还有70元尾款尚未支付。这笔交易在现金流量表上就体现为：卖包子的收入为150元，给了面粉厂30元，最终"赚"了120元。

你的利润不应该是50元吗，现金流量表为什么显示你多"赚"了70元呢？其实，你真正赚到的钱还是只有50元，但你还欠面粉厂70元的尾款，相当于这个月你占用了面粉厂的钱，所以现金余额是 120（50+70）元。只是这 120 元里，只有 50 元是属于你的钱，另外 70 元属于面粉厂，只不过暂时由你保管而已。现金流量表只能反映现金的收支，它不能告诉你目前你手上的现金哪些是真正属于你的，哪些其实是属于别人的。

为了弥补流水账记录方式的不足，我们需要用到第二张表——利润表。

利润表

现金流量表以钱的进出为标准，这种记录方法被叫作"收付实现制"，顾名思义，就是以是否"收了钱，付了钱"为记录标准。仍用之前的例子说明，你在面粉厂购入价值 100 元的货物，却只支付 30 元的现金，流水账便只记录 30 元的支出。

后来人们认为，做生意的本质不是看资金往来状况，而是看权利和责任有没有发生。以"权利、责任是否发生"为标准，而不讨论是否有资金往来的记录方法便被称为"权责发生制"，用权责发生制方法制成的报表就是利润表。

收付实现制和权责发生制就像一枚硬币的两面。前者只认钱，不认货；后者只认货，不认钱。

若按照权责发生制的思路来看，面粉已经被你用掉了，你有付尾款的义务，面粉厂也有找你要钱的权利，即"权责"发生了。既然如此，你应如实记录 100 元的成本，也就是实际被你用掉的面粉的钱。至于你给面粉厂的首付款到底是 30 元还是 40 元，权责发生制并不关心。

同样，赊账卖货会被视为营业收入，营业收入有"收到钱"与"没收到钱"两种情况。

收到钱的例子

老板让你工作，你向老板索要工钱，于是老板给了你 3000 元。你拿到钱，相应地为他工作了一个月。在这个例子中，你收到了 3000 元的现金，现金流量表上应做相应的记录；同时，你为老板提供了一个月的劳务，利润表上应记录 3000 元的营业收入。

没收到钱的例子

现实中，这种先给钱后干活的例子并不多见。更常见的情况是，你需要先将这个月的工作做完，老板会在下个月的工资日将工资发放给你。那么，这个月你有没有收入呢？

按照收付实现制，这个月你收到的现金为零，现金流量表上没有相应记录。但是按照权责发生制，你已经把这个月的工作做完了，老板也承诺下个月会给你发工资。权利、责任都已经发生了，所以你的利润表上会记录 3000 元的营业收入。与"收到钱的例子"不同的是，老板会暂时替你"保管"这笔钱，要等到下个月的某一天，才会将现金发放到你的账户中。

由此可见，无论你当月是否收到现金，你为老板提供的劳务单从利润表上是看不出区别的。当然，同样是 3000 元的营业收入，二者质量是不一样的。如果下个月公司倒闭，你的工资要不回来，这笔钱便成了坏账，即"先干活，后给钱"的风险更大。高质量的收入是"一手交钱，一手交货"，甚至是"预付钱款，落袋为安"。我们光从利润表上是看不出收入质量的区别的，要与现金流量表结合着看。

我们再通过一个例子来看看两张报表之间会有多大差别。

还是假设你开了一家包子店，张三仗着和你的交情不错，采用赊账的方式，吃了价值 150 元的包子。利润表上显示营业收入多了 150 元，而现金流量表上的现金流入为零。

为了给张三做包子，你用了价值 100 元的面粉，为此向面粉厂支付首付款 30 元。此时利润表上的成本为 100 元，现金流量表上的现金流出为 30 元。

利润是多少呢？按照权责发生制，利润为 50（150－100）元。

现金余额是多少呢？按照收付实现制，进账为零，减去给工厂的首付款 30 元，最终为－30（0－30）元。

两种记录方法对比状况如表 1-4 所示。

表 1-4　收支记录

明细	收付实现制	权责发生制
	现金流量表	利润表
张三赊账吃了价值 150 元的包子	现金流入 0 元	营业收入 150 元
向面粉厂支付首付款 30 元，尚欠 70 元	现金流出 30 元	成本 100 元
净额	-30 元	50 元

下游存在赊账，上游又要为工厂垫款，你成了"纸面富贵"，表面上业绩尚可，口袋里却空空如也，没有现金，这也是不少老板的真实现状。

由于权责发生制常无视资金往来，很多上市公司便会钻空子，借机进行财务造假。假如你的公司已上市，你招呼了几个朋友，让他们与你签订几份"大合同"，每份合同都订了几千万元的包子，这些"订货"金额加起来超过 1 亿元。朋友们虽然没打算真的和你做生意，但既然合同已签，可视为"权责"已经发生，你便可以在利润表上大大方方地写下大于 1 亿元的营业收入，并拿给股东们看。但由于现金流量表上没有进账，两张表会产生很大差异。通过签订虚假合同虚增营业收入是一种比较常见的财务造假手法，目前已成为有关监管部门的打击重点。

表 1-5 是一张典型的利润表，它记录了公司的营业总收入（行次 1）、营业成本（行次 2）、税金及附加（行次 3）、期间费用（行次 4 ~ 8）、一些额外的收支（行次 9 ~ 16），以及利润（行次 17、20、22、23）。

表 1-5　一张典型的利润表

××公司　　　　　　　　　　　　　　　　　期间：　　　　　单位：元

项目	行次	本期金额
一、营业总收入	1	
减：营业成本	2	
税金及附加	3	
销售费用	4	
管理费用	5	

（续表）

项目	行次	本期金额
财务费用	6	
其中：利息费用	7	
利息收入	8	
资产减值损失	9	
信用减值损失	10	
加：公允价值变动收益（损失以"－"号填列）	11	
投资收益（损失以"－"号填列）	12	
其中：对联营企业和合营企业的投资收益	13	
以摊余成本计量的金融资产终止确认收益	14	
资产处置收益（损失以"－"号填列）	15	
其他收益	16	
二、营业利润（亏损以"－"号填列）	17	
加：营业外收入	18	
减：营业外支出	19	
三、利润总额（亏损总额以"－"号填列）	20	
减：所得税费用	21	
四、净利润（净亏损以"－"号填列）	22	
归属于母公司所有者的净利润	23	
少数股东损益	24	
五、其他综合收益的税后净额	25	
归属于母公司股东的其他综合收益的税后净额	26	
（一）以后不能重分类进损益的其他综合收益	27	
1.重新计量设定受益计划净负债或净资产的变动	28	
2.权益法下在被投资单位不能重分类进损益的其他综合收益中享有的份额	29	
3.其他权益工具投资公允价值变动	30	
4.企业自身信用风险公允价值变动	31	
5.其他	32	

（续表）

项目	行次	本期金额
（二）以后将重分类进损益的其他综合收益	33	
1. 权益法下在被投资单位以后将重分类进损益的其他综合收益中享有的份额	34	
2. 其他债权投资公允价值变动	35	
3. 可供出售金融资产公允价值变动损益	36	
4. 金融资产重分类计入其他综合收益的金额	37	
5. 持有至到期投资重分类为可供出售金融资产损益	38	
6. 其他债权投资信用减值准备	39	
7. 现金流量套期损益的有效部分	40	
8. 外币财务报表折算差额	41	
9. 自用房地产或作为存货的房地产转换为以公允价值计量的投资性房地产在转换日公允价值大于账面价值部分	42	
10. 多次交易分步处置子公司股权构成一揽子交易的，丧失控制权之前各次交易处置价款与对应净资产账面价值份额的差额	43	
11. 其他	44	
归属于少数股东的其他综合收益的税后净额	45	
六、综合收益总额	46	
归属于母公司股东的综合收益总额	47	
归属于少数股东的综合收益总额	48	
七、每股收益	49	
（一）基本每股收益	50	
（二）稀释每股收益	51	

随着你的生意越做越大，钱会越来越多，家底（资产）也会越来越厚。突然有一天，你想知道你的存款究竟有多少，名下房产有几栋，有没有一张表可以如实盘点一下你的家底？

这时，我们就要用到第三张表——资产负债表。

资产负债表

表 1-6 是一张典型的资产负债表。它是三张报表里最复杂，也是涉及科目最多的一张表。在这一章里，我们先了解它的结构即可。

表 1-6 一张典型的资产负债表

×× 公司　　　　　　　　　　　　　　　　　　　　　　　日期：　　　　　　单位：元

资产	行次	期末余额	负债和所有者权益（或股东权益）	行次	期末余额
流动资产：	1		**流动负债：**	43	
货币资金	2	100 000.00	短期借款	44	30 000.00
交易性金融资产	3		交易性金融负债	45	
衍生金融资产	4		衍生金融负债	46	
应收票据	5		应付票据	47	
应收账款	6		应付账款	48	
应收款项融资	7		预收款项	49	
预付款项	8		合同负债	50	
应收利息	9		应付职工薪酬	51	
应收股利	10		应交税费	52	
其他应收款	11		应付利息	53	
存货	12		应付股利	54	
合同资产	13		其他应付款	55	
划分为持有待售的资产	14		划分为持有待售的负债	56	
一年内到期的非流动资产	15		一年内到期的非流动负债	57	
其他流动资产	16		其他流动负债	58	
流动资产合计	17	100 000.00	**流动负债合计**	59	30 000.00
非流动资产：	18		**非流动负债：**	60	
可供出售金融资产	19		长期借款	61	

资产	行次	期末余额	负债和所有者权益（或股东权益）	行次	期末余额
债权投资	20		应付债券	62	
其他债权投资	21		其中：优先股	63	
长期应收款	22		永续债	64	
设定受益计划净资产	23		租赁负债	65	
长期股权投资	24		长期应付款	66	
其他权益工具投资	25		长期应付职工薪酬	67	
其他非流动金融资产	26		专项应付款	68	
投资性房地产	27		预计负债	69	
固定资产	28		递延收益	70	
在建工程	29		递延所得税负债	71	
工程物资	30		其他非流动负债	72	
固定资产清理	31		**非流动负债合计**	73	
生产性生物资产	32		**负债合计**	74	30 000.00
油气资产	33		股本	75	70 000.00
使用权资产	34		其他权益工具	76	
无形资产	35		其中：优先股	77	
开发支出	36		永续债	78	
商誉	37		资本公积	79	
长期待摊费用	38		减：库存股	80	
递延所得税资产	39		其他综合收益	81	
其他非流动资产	40		专项储备	82	
非流动资产合计	41		盈余公积	83	
			未分配利润	84	
			归属于母公司股东权益合计	85	

（续表）

资产	行次	期末余额	负债和所有者权益（或股东权益）	行次	期末余额
			少数股东权益	86	
			股东（或所有者）权益合计	87	70 000.00
资产总计	42	100 000.00	负债和所有者权益总计	88	100 000.00

我们先看表头，这张表分为左右两部分，左边为"资产"部分，右边为"负债和所有者权益"部分。接着看最后一行，资产总计（行次 42）是 10 万元，负债及所有者权益总计（行次 90）也是 10 万元。这便体现了资产负债表中最重要的公式。

资产 = 负债 + 所有者权益

这是一个非常重要的会计恒等式，它揭示了资产的来源。我们可以这样理解：左边的资产是你可以用来赚钱的资源。比如你有 10 万元的创业资金、价值 500 万元的房产和 20 万元的车，你可以拿 10 万元去创业，房子、车子也可以被作为生产工具使用。当然，除了现金、房产和车，资产还有很多种，这里暂不赘述。

右边的负债和所有者权益则揭示了资产的来源。你的资产，要么是借来的（负债），要么是你自己的（所有者权益或净资产），除此之外，没有其他的来源。

若 10 万元的创业资金（资产）中，有 2 万元是你借来的（负债），8 万元是省吃俭用存下来的（所有者权益），那么你虽然对其中的 2 万元不享有所有权，但享有支配权，你可以拿这 2 万元去买你需要的东西，它成了你的资产。

同样，一栋价值 500 万元的房产，可能包括 100 万元的首付款。这 100 万元是你自己的钱，属于所有者权益；另外 400 万元是按揭贷款，即你欠银行的钱，属于负债。你自己支付的 100 万元与找银行借的 400 万元，共同构成资产端的 500 万元的房产。

具体公式如下所示。

- 500 万元的房产（资产）=400 万元的按揭贷款（负债）+100 万元自己支付的首付款（所有者权益）
- 10 万元的现金（资产）=2 万元借来的钱（负债）+8 万元自己省吃俭用存下来的钱（所有者权益）

了解了这个会计恒等式后，我们再回过头看表 1-6。左半边的资产，又被分为两大类：流动资产（行次 1）和非流动资产（行次 18）。右半边的负债部分，也被分为两大类：流动负债（行次 43）和非流动负债（行次 60）。

"流动"和"非流动"的区别是"是否可以在一年内变现"。10 万元的现金当下就可以被用来买东西，是典型的流动资产；20 万元的车一般要开好几年才会被换掉，所以是非流动资产。

总的来说，资产负债表上记录了资产、负债、所有者权益三大项，左边的资产等于右边的负债加上所有者权益。负债和所有者权益揭示了资产是从哪里来的——要么是借来的，要么是股东自己的。资产和负债还可以被分为流动和非流动两大类，本章我们先掌握资产负债表的这一基本结构即可。

公司一般会于每个季度公布一次财报，半年报中的资产负债表指的就是 6 月 30 日当天一家公司的财务状况，它是一张静态的"快照"。到了 7 月 1 日，公司可能又做了几笔生意，收到了几笔钱，此时公司的资产结构已经发生变化，但财务人员不可能一见到资产变动就去编制资产负债表。好在公司的资产结构短期内相对稳定，人们本着"宁要模糊的正确，不要精确的错误"的原则，一个季度公布一次财报就好。虽然信息相对滞后，但也足够被用于分析公司的财务状况了。

钩稽关系

这一小节的内容比较难，缺乏财务基础的读者可能看得比较吃力。好消息是，对于有意接触投资的读者来说，这部分内容只要了解即可。通常，关心钩稽关系的主要为上市公司的财务人员，投资者只须看懂财报即可，因此笔者建议读者以一个放松的态度来学习本节内容。

所谓钩稽关系，即三张报表之间存在的一一对应、相互验证的关系。每一笔交易的发生并不只影响一张表，而是会同时影响多张报表。财务人员在根据会计准则的要求做完所有记录后，会检查一下资产负债表，看是否满足"资产＝负债＋所有者权益"的会计恒等式要求。如果公式成立，那么就算记录正确，这一过程被称作"配平"。如果不成立，财务人员就需要加班加点地检查是哪个环节出了问题。

还好，这种麻烦事并不需要投资者来做。你只须知道，当财报能够公开发布、被你看到时，资产负债表的左右两边一定是相等的，这是无数财务工作者努力的结果。

我们举几个例子来解释为什么一笔交易会同时影响三张报表，它们之间存在着怎样精妙的钩稽关系，以及资产负债表应如何配平。

假设张三赊账吃了价值 150 元的包子，你需要在利润表上记录营业收入为 150 元。为了简化过程，我们不考虑成本，你的净利润增加了 150 元。

以上是利润表的处理方式，在现金流量表上，由于这一笔交易没有造成任何现金往来，所以我们不做记录。

在资产负债表上，负债没有发生增减变动，欠款没有增加，负债为零。另外，由于你赚到了 150 元的净利润，从法律意义上讲，你"拥有"了这笔钱，所以净资产也增加了 150 元，于是，负债＋所有者权益＝150 元。

你"拥有"的这 150 元实际在哪儿呢？在张三的口袋里，你有找他追讨的权利。在资产负债表左边的资产项中，你的应收账款增加了 150 元，顾名思义，这 150 元是你"应该找张三收，但还没有收回来"的钱。

于是，资产＝负债＋所有者权益＝150 元。

第二天，张三不赊账了，他掏出 200 元现金找你买包子。你的利润表上多了 200 元的营业收入和净利润，现金流量表上的经营性现金流也多了 200 元。在资产负债表上，这笔交易并没有让你产生欠款，因此负债仍无变化，所有者权益多了200元。资产方面，你收到了200元的现金，货币资金多了200元，其他科目没有发生变化。

于是，资产负债表又被配平了，资产 = 负债 + 所有者权益 = 200元。

第三天，包子不够卖了，你到工厂购买面粉。按照惯例，你要先向工厂支付首付款30元。

为了简化分析，我们假设你今天生意不好，没有开张，营业收入没有发生变化。由于没有产生交易，所以利润表没有变化，净利润仍为零。

在现金流量表上，你为采购原材料支付了30元的现金，经营性现金流量净额为 -30元。

在资产负债表上，存在70元的尾款没有付给面粉厂，所以负债中的应付款项多了70元，顾名思义，这是你"应该付给工厂，但还欠着没付的钱"。今天没开张，你没有赚钱也没有亏钱，所有者权益没有发生变化。于是，负债 + 所有者权益 = 70元。

资产方面，你用现金向面粉厂支付了首付款，货币资金减少了30元。但是你的存货，即原材料（面粉）多了100元。综合来看，你的资产多了70（100-30）元。

于是，资产负债表又被配平了，资产 = 负债 + 所有者权益 = 70元。

会计是一门精妙的学科，任何一笔交易的发生，财务工作者只要如实地按照会计准则记录，资产负债表最终一定会被配平。作为投资者，你只须了解与钩稽关系相关的知识即可。

第2章 资产负债表：如何判断公司的资产质量

在第1章，我们已经学习了资产负债表的"骨架"。资产负债表的左半边是资产，右半边是负债和所有者权益（也叫净资产或股东权益）。资产和负债根据一年内能否变现，还可以被分为流动的和非流动的两大类（见图2-1）。

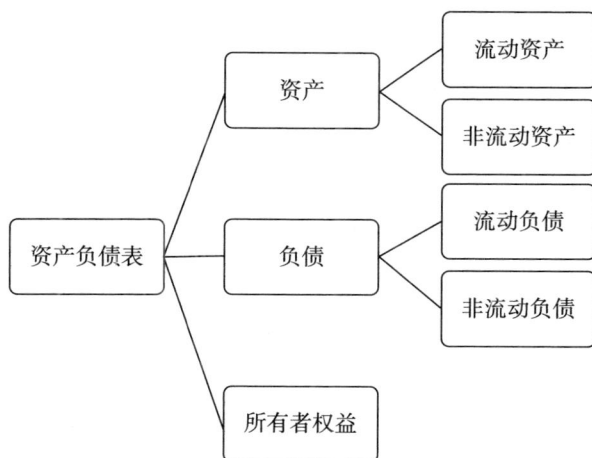

图 2-1 资产负债表结构图

本章我们将对各个科目进行讲解，不同科目的重要性是不一样的，有的是常用科目，需要我们重点掌握；有的科目不太常用，对于这类科目，我们只须了解,当其数字较大时再重点关注。

由于本书基于投资者视角写作而成,笔者将不再过多介绍诸如科目如何确认之类的会计记账规则,单从财务分析角度进行讲解。

在介绍科目时,笔者不会单纯罗列教科书上的定义,每个科目后都有一段"通俗理解",即笔者对该科目的通俗理解,希望可以用最简单的几句话将这些科目讲明白。

接下来我们会用"小明创业"的故事进行讲解。假设有个叫小明的同学,他刚刚向老板提交了辞职信,并准备开一家自己的建材店。接下来,我们将与小明同学一起认识各个科目。

常用的流动资产科目

货币资金

通俗理解:以货币形式存在的资产,比如被放在钱包里或存在银行中的现金,以及一些被存在银行中的押金、保证金等。后者虽然不能被随便拿取、使用,但也以货币形式存在,属于货币资金。

小明筹集到了 1000 万元创业资金,这是他记录在资产负债表上的第一个科目。他可以用这笔钱去招聘员工,或者购买电脑、存货等作为创业资源。过了一段时间,小明的公司开张了,此时公司的资产负债表发生了变化,原来的 1000 万元货币资金已经被花掉了一部分,变为存货等其他类型的资产。但是,为了维持公司的日常周转,小明一定不会把钱全部花完,他会预留一些货币资金以防万一,所以任何一家公司的货币资金都不可能为零。

小明应预留多少货币资金才算合适呢?并不存在绝对标准,不同的行业、公司对现金的需求程度是不一样的。总而言之,货币资金的余额适当就好。

比如小明留下 300 万元的货币资金,用 700 万元购买机器设备、进货、建厂房，看似没有太大问题。但是，如果小明只留下 100 万元的货币资金，用掉 900 万元，那么在接下来的日子里，他将捉襟见肘，面临资金周转紧张以及公司因无力周转而破产的风险。如果小明留下了 900 万元的货币资金，只用 100 万元购买创业物资，又等于浪费资源，因为他并没有高效率地利用这笔钱，财务报表最终将呈现极低的投资回报率。

货币资金在总资产中的占比并不存在统一的标准，但如果我们从风险的角度考虑，占比高比占比低好。某白酒公司的货币资金占总资产的 70%，使得该公司成为投资者公认的安全资产。如果资金没有好去处，公司一般会给予股东较高分红，把多余的钱分给股东支配。

应收票据和应收账款

通俗理解：你应该找客户收但是还没收回来的钱。

企业经营难免互相赊欠，别人欠你的钱即应收账款，顾名思义，就是你应该找他收但尚未收回来的钱，应收账款的欠款方往往是下游客户。应收票据和应收账款的性质一样，二者只是形式不同。应收账款就是客户因赊账而欠你的钱，你可以直接向客户讨要。如果在赊账过程中，客户从银行签发一张承兑汇票，届时你拿着它可以去银行兑换现款，那便是应收票据。可见，应收账款和应收票据实质相同，只是形式不同。为了方便理解，下文我们将用“应收款项”①作为二者的统称。

应收款项是你讨要货款的权利，它被视为资产，但是这类资产并非越多越好，因为只有对下游缺乏话语权的公司才会被客户大量欠账。

小明的建材店开业了，他的好朋友安洁刚好在装修新房，便前来光顾小明的店铺。安洁知道，小明新店开业，正缺生意，便和小明谈条件：安洁先拿走价值 1000 元的瓷砖，货款先赊着。小明为了开张，无奈地答应了这个

---

① 除了应收账款、应收票据，应收款项还包括预付款项、应收股利、应收利息和其他应收款等。——编者注

条件。

于是，小明的利润表上有了1000元的营业收入，但是现金流量表上并没有现金流入，资产负债表上增加了1000元的应收款项。可见，应收款项意味着被延迟收取的现金，这笔钱自然越少越好。

持有应收款项还需要考虑客户赖账的风险。如果安洁迟迟没有还钱的意思，那么小明的会计师就会估算，这1000元的应收款项里，有100元大概率是无法要回了，但是其余的900元有希望被追回。会计师会记录一笔100元的减值损失，此时应收款项的余额只剩下900元，损失的100元便是坏账。绝大多数企业在经营过程中都会产生应收款项，但它们还是希望这笔钱越少越好。

预付款项

通俗理解：你预先支付给别人的钱，比如向上游的供应商订货时支付的定金。

与应收款项一样，一家公司的预付款项越多，对上游的话语权越弱。

安洁与小明签下订单，小明到供应商处订货。小明的上游是一家大工厂，小明只是它的小客户，工厂要求小明预付500元的定金，且需等待数天，以便于工厂生产。预付款项会造成现金的提前流出，这笔钱也是越少越好。如果小明的生意越做越大，成为工厂的大客户，工厂自然会为他放宽条件，甚至会允许小明先拿货、后付款，小明的预付款项相应也会减少。

总而言之，应收款项体现了一家公司对下游的话语权，预付款项则体现公司对上游的话语权。这两项数字越大，意味着公司在产业链中的话语权越弱。

存货

> **通俗理解**：存在仓库中待售的货物。除了产成品，原材料、半成品、包装等也属于存货。

在小明预付定金后的几天，工厂发来了几箱瓷砖，被计入公司的存货。除了服务业公司，一家公司的存货多是正常现象，它是流动资产中的大科目，需要财务人员加以重视。

存货太少往往无法满足企业日常经营的需要，会导致订单流失，但存货太多也不一定是好事。一方面，存货和现金是此消彼长的关系，大量备货会为公司带来现金压力，如果库存积压导致资金周转困难，小明便不得不通过"清仓大甩卖"渡过难关。另一方面，存货的贬值风险较大，服装行业就是一个典型代表，由于换季温度变化大，公司夏季的衣服如果在夏季没被卖出去，到了秋季就更难被卖出。等到第二年夏季，流行款式又发生了变化，这批存货便会过时。此时，如果服装店老板想将这批存货变现，往往只能以比进货成本还低的价格去卖才行。原来的进货成本是 500 万元，低价处理后扣除费用的可变现净值只有 300 万元，中间的 200 万元差额就是存货跌价损失。

跌价和减值其实是一个意思。同应收款项的减值损失一样，存货的跌价（减值）也会导致资产缩水。不过，不是任何存货都会产生跌价损失，还要看产品的性质。酱酒越陈越香，其跌价的可能性很小，小明如果做的是酱酒生意，便不需要过于担心跌价情况。

不常用的流动资产科目

流动资产中最常用的科目有 4 个：货币资金、应收款项、预付款项、存货。其中，应收款项是需要我们重点关注的科目，它虽然属于资产，但并非越多越好。

随着会计准则的不断完善，新科目越来越多，接下来笔者将介绍几个不太常用的流动资产科目。

拆出资金

> **通俗理解**：拆借就是金融机构之间的临时性借款，金融机构 A 临时向另一家金融机构 B 借钱用于周转，B 拆借给 A 的钱就被称为拆出资金。

拆出资金是金融机构经常接触的科目，普通机构平时极少碰到。

2018 年，贵州茅台有大约 1120 亿元的货币资金，但是到了 2019 年，茅台的货币资金就只剩下 100 多亿元了，钱都去了哪里呢？原来，茅台 2019 年的拆出资金达到 1000 亿元以上。由于货币资金太多，集团成立了一家财务公司集中管理这些现金。一方面，茅台需要充分利用这笔现金，尽可能地提升收益率；另一方面，它又要考虑自身的经营状况、资金需求等因素，这些资金的去处必须有低风险性、高流动性两大特点，否则将会影响茅台自身的资金周转进程。于是，通过拆出资金的方式盘活资金就成了较为理想的选择，这种方式风险低、流动性好，收益率也比存在银行高。

在实务中，我们可以将拆出资金合并到货币资金中，一起加以分析。

应收款项融资

> **通俗理解**：即小明把应收票据拿到银行或其他金融机构提前贴现以提升回款速度。请记住，应收款项融资指的是小明有计划提前贴现的那部分票据，但实际上其并未被贴现，因为一旦被贴现，它便已经成为货币资金了。

安洁给小明开了一张应收票据，但是小明现在急需用钱，该怎么办呢？他可以拿着这张价值 1000 元的应收票据向银行换取 800 元的现金，以折价为代价换取流动性增加，这就是应收款项融资。

一般来说，安洁给小明开具的应收票据是有账期的，小明必须将其持有至账期结束才能收回账款，但是小明未必能够忍受得了漫长的账期，他会产生将票据拿到银行提前贴现的想法，而应收款项融资指的就是小明有计划提前贴现的那部分应收票据。要注意的是，此时此刻，小明只是有这一打算，他并没有真的将票据拿去贴现。当他将票据拿去贴现之时，应收票据便已经不存在了，而是变为货币资金。所以应收款项融资依然以应收票据的形式存在，它的侧重点在于小明"有计划将其提前贴现"这一目的性。

在实务中，我们可将应收款项融资等价于应收票据，即把应收账款、应收票据、应收款项融资合并起来，一同进行分析。

交易性金融资产

┌───┐
通俗理解：为了在短期交易中获利而买入的股票、债券、基金等。
└───┘

小明的现金较为富余，为了提高资金利用率，他用其中 100 万元买了股票，此时的 100 万元已不再是货币资金，其性质变为金融资产。小明买股票的意图是短期获利，只要时机合适，他会随时将股票卖掉，这种为了在短期交易中赚取差价而买入的股票就叫作交易性金融资产。

许多现金较为充裕的公司都会适当配置一些交易性金融资产。如表 2-1 所示，海天味业主要投资了一些债务工具。

表 2-1 海天味业 2021 年半年报中的交易性金融资产明细

交易性金融资产   单位：元

项目	期末余额	期初余额
以公允价值计量且其变动计入当期损益的金融资产	2 194 531 817.22	5 054 735 186.75
其中：		
债务工具投资	2 194 531 817.22	5 054 735 186.75
合计	2 194 531 817.22	5 054 735 186.75

资料来源：海天味业 2021 年半年报，巨潮资讯网。

除非是专业的投资公司，否则一家公司"炒股"通常只是顺带为之，有的公司现金富余，会适当配置一些金融资产以求保值增值。大多数公司连自己的业务都周转不过来，更不可能花钱购买金融资产，所以交易性金融资产的数字通常很小。有的公司货币资金很少，那你就需要注意一下，它很可能将一部分货币资金配置到金融资产中去了。

交易性金融资产的涨跌会影响利润表中的"公允价值变动收益"，这部分内容我们将在第3章进行详细说明。交易性金融资产是小明有意愿在短期内变现的金融资产，但这仅限于他的个人意愿，实际上，小明也有可能持有某些金融资产至一年以上。年初，小明买了价值100万元的股票，到了年底，小明并未将股票卖出，而这些股票的市值已经涨到了130万元，其中浮盈的30万元会被视为今年的利润，并体现在利润表的"公允价值变动收益"中；同理，如果这些股票的市值跌到80万元，即使小明并未将股票卖出，亏损也没有变成现实，但是浮亏的20万元应被视为公司今年的亏损，并体现在利润表中，所以交易性金融资产也叫"以公允价值计量且其变动计入当期损益的金融资产"。

公允价值就是大家公认的价格。比如，小明以6000元的价格买了台电脑，他即使再喜欢这台电脑，也不能将其价值记录为1万元，因为那不是大家公认的价格。在资产负债表上，这台电脑的价值仍为6000元，即小明购买它时的价格，这叫作"以成本计价"。一些资产存在于较为发达的统一市场，比如股市和房地产市场，这些市场自身有形成价格的功能。例如，贵州茅台某年股价为1600元，这便是市场形成的公允价值。如果小明年初以2000元的价格购买了贵州茅台的股票，到了年底的记账日，他必须按照当年的公允价值1600元来记录这笔股票的价值，而不能将其记录为2000元。

金融资产较为复杂且价格多变，容易引起利润大幅波动，一家持有较多交易性金融资产的公司是值得被关注的。根据年报，云南白药2020年的货币资金是153亿元，而交易性金融资产有112亿元，因为云南白药持有的一批股票的市值产生了巨大波动，导致其当年的扣非净利润占比（该指标将在第7章讲解）只有52.55%（见表2-2）。

表 2-2 云南白药 2020 年持有的交易性金融资产明细（部分）

单位：元

证券代码	证券简称	最初投资成本	期初账面价值	本期公允价值变动损益	期末账面价值
SH.600998	九州通	306 794 846.10	385 558 577.40	123 107 654.42	
HK.02633	雅各臣科研制药	263 739 000.00	308 148 320.00	−114 571 120.00	193 577 200.00
SH.601236	红塔证券	114 234 700.00	579 468 336.60	238 001 140.97	199 769 347.47
HK.03681	中国扰体	351 119 828.19	163 624 855.28	36 144 492.19	857 401 808.21
HK.00700	腾讯控股	868 751 087.00		−11 349 278.79	3 148 346 220.34
HK.01810	小米集团	1 631 800 843.40		1 516 545 376.94	473 518 527.42
SH.600276	恒瑞医药	425 633 135.81		47 885 391.61	
SH.600519	贵州茅台	632 246 207.64		84 847 676.20	1 132 262 189.91
SH.600887	伊利股份	887 169 907.97		245 092 281.94	234 534 203.18
HK.01177	中国生物制药	342 009 569.93		−107 475 366.75	
期末持有的其他证券投资		8 007 164 405.88	6 224 944 553.16	142 852 039.30	4 628 102 480.99
合计		13 833 663 531.92	7 661 744 642.44	2 201 080 288.03	10 867 511 977.52
证券投资审批董事会公告 披露日期		2019 年 6 月 11 日			
证券投资审批股东会公告 披露日期（如有）		2019 年 8 月 22 日			

资料来源：云南白药 2020 年年报，巨潮资讯网。

应收利息、应收股利

通俗理解：应收但尚未收到的利息、股利。

如果小明买了债券、股票，那么他会定期收到利息、股利。"应收"意味着现在还没收到，收到后这笔钱就变成货币资金了。

合同资产

通俗理解：附带了某些条件的应收款项。

上一次安洁光顾建材店时，向小明赊账购买了价值 1000 元的瓷砖，并约定过一段时间再向小明支付货款。在这笔交易中，安洁并没有与小明约定附加条件，因此安洁有无条件付款的义务，小明坐等收钱即可，这是属于小明的应收款项。

结果，安洁发现小明的瓷砖有质量问题，于是她在第二次光顾时提出了一个条件，要"先验货，若不满意可无条件拒收"，这种带有附加条件的应收款项就是合同资产。在实务中，我们可以简单地将它等同为应收款项进行研究。

其他应收款

通俗理解：不属于以上任何类型的应收款项。

财务人员如果不知道一笔应收款的性质，就会将其统放到这个科目下。这些其他项一般和公司的主营业务无关，只要数字不大，我们无须在意。比如海天味业的其他应收款多为出口退税款、保证金等，几乎可以忽略不计。

划分为持有待售的资产

> **通俗理解**：即小明已经和买家签好协议，准备在一年内卖掉的资产，但是该资产目前尚未被出售，依然被归在小明名下。

小明创业时买了辆拉货用的车，现在他不想要这辆车了。于是，他和李四签订了一项转让协议，约定 3 个月后将该车转让给李四。这辆车从现在起到正式被过户给李四之前，依然由小明"持有"，但处于"待售"状态，而且预计出售时间在一年以内。划分为持有待售的资产属于流动资产。

一年内到期的非流动资产

> **通俗理解**：字面意思。

非流动资产就是变现时间超过一年的资产。随着时间流逝，某些非流动资产"阳寿将尽"，不到一年便将到期，此时它们的性质变成流动资产，将于当年被处理掉。比如，小明买的 10 年期国债本来属于非流动资产，9 年过去了，这笔国债离到期日只剩下不到一年的时间，便成了流动资产。

其他流动资产

> **通俗理解**：不属于以上几种类型的流动资产。

凡是不属于以上科目的都会被放到其他项里。一般来说，该科目的数字很小，也不重要，通常可以忽略不计。该科目只有当数字较大时，我们才需要重点看看是否有什么问题。

常用的非流动资产科目

固定资产和在建工程

通俗理解：固定资产即类似厂房、大楼、机器、设备、汽车之类的使用寿命较长的、价值较高的资产；在建工程即正在建设中的固定资产。

为了掌握上游货源，小明投资兴建了一栋厂房，引进了一条生产线，这便是固定资产。而正在建设中的、尚未投入使用的固定资产，就是在建工程。

固定资产能使用数年，所以会越用越旧，同样一台设备，今年刚投入使用时的价值和 10 年后的价值必然不同，所以固定资产要计提折旧，也就是将今年购买或建设固定资产的成本分摊到未来好几年里，每年从利润表中扣掉一部分，同时资产负债表会呈现固定资产越用越旧、价值越来越少的特点。

假设小明今年投资 500 万元用来建设厂房，如果将这笔投资作为今年的费用，从利润表中一次性扣除，就会影响今年的净利润状况。会计师认为，固定资产"功在当代，利在千秋"，今年建设的厂房至少能用 10 年，理应由未来 10 年共同承担这笔支出，相当于每年需要均摊 50 万元的费用，这就是折旧费，这笔费用每年都要被扣除，会影响到利润表。小明今年的利润表上不会出现 500 万元的一次性支出，但从今年起至未来 10 年的利润表上，每年都会显示扣除了 50 万元的折旧费用。也正因为每年都要扣除折旧费用，小明未来 10 年的净利润被摊薄了，但是至少今年，利润表不会太难看。

同时，由于固定资产每年都会计提折旧，固定资产净值也逐年减少。如果某设备第一年价值 500 万元，第二年折旧 50 万元后，价值只剩下 450 万元，第三年再折旧后，价值仅为 400 万元，可照此类推。

但是现金流量表显示，小明只是在今年一年一次性地支付了 500 万元的现金，未来几年，小明都无须再为所谓的折旧费用支付真金白银。所以，小明今年的现金流量表上会增加 500 万元的投资性现金流出，但是未来几年，现金流量表都将不再记录投资性现金流出，这将造成未来现金流量表上的余额大于利润表上净利润的情况。可见除了赊账，折旧也容易造成利润表和现金流量表之间的差异。

在建工程无须计提折旧，它就像尚未出生（投入使用）的婴儿，还不能开始计算年龄。

和其他资产一样，固定资产也会减值。假设小明今年投入使用了一条生产线，结果第二年出现了一项新技术，导致小明的生产线落伍了，固定资产的价值就会下降，原来价值 500 万元的固定资产，现在只值 200 万元了。缩水的 300 万元就是固定资产减值损失，要被从利润表中扣掉，我们在第 3 章会详细讲与减值相关的内容。

无形资产和开发支出

通俗理解：无形资产就是那些看不见、摸不着的资产，以各种权利为主，比如专利权、商标权、土地使用权等。同在建工程一样，正在开发中、还没有被投入使用的无形资产的支出叫作开发支出，主要包括开发人员的工资、场地租金、消耗的原材料之类的费用等。

无形资产和固定资产、开发支出和在建工程，可以说是两对龙凤胎。理解了固定资产和在建工程，你便会理解无形资产和开发支出。

固定资产有折旧，无形资产是否也有折旧呢？是的，只不过换了个词叫作摊销，相应道理和固定资产折旧是一样的。

商誉

通俗理解：小明并购别人公司时花费的、超过对方净资产公允价值的那部分钱。

商誉虽然也是"无形的"资产，但其和无形资产是两回事。商誉不属于核心资产，由于它是爆雷[①]的重灾区，所以我们不得不重点介绍一下。

何谓商誉？通俗点说，就是当小明收购一家公司时，他支付的价格超过该公司净资产公允价值的那部分溢价。

举个例子，安洁开了一家电商直播公司，净资产只有100万元，小明想要收购这家公司，就按净资产价值100万元前来报价。可是安洁不接受这个价格，她认为通过自己数年经营，公司已经拥有了几百万粉丝，资产负债表中并没有相应科目可以明确记录这些粉丝的价值，即公司的价值被低估了，所以她向小明要价1000万元。最终，二人达成协议，小明以1000万元的价格收购了这家净资产只有100万元的公司。

小明为什么愿意花这么多钱并购安洁的公司呢？会计师认为，安洁的公司有着某种无形的竞争力，但是现行的会计准则并没有相关规定可以将这种竞争力记录到资产负债表中，即安洁公司的价值被低估了，但是小明慧眼识珠，愿意为它多花900万元。这个看不见、摸不着、说不清、道不明，又让小明心甘情愿多掏钱的东西，就是商誉。

那我们为什么不把商誉列入无形资产科目中呢？因为无形资产的价值通常是可以被评估的，小明可以委托第三方机构评估专利权、商标权的价值并出具评估报告。但是商誉不一样，商誉无法被评估，即同样一家公司，小明既可以花1000万元去买，也可以花500万元去买，其中多少有点"拍脑门"做决策的意思。

既然如此，在判断一家公司的商誉价值时，难免带有管理层的主观意识色彩，可能会产生很大的泡沫。过了一段时间，安洁公司的预期业绩不达标，投资者对这家公司的价值产生了怀疑。会计师经重新评估，认为这家公司并不值1000万元，而只值600万元（100万元净资产+500万元商誉）。商誉从原来的900万元缩水到500万元，中间失去的400万元就是商

[①] 金融术语，网络流行词。爆雷一般指P2P平台因为逾期兑付或经营不善问题，未能偿付投资人本金利息而出现平台停业、清盘、法人跑路、平台失联、倒闭等问题。——编者注

誉减值损失。这部分钱会被在利润表中扣除，从而使得公司当年的净利润减少。

正因为商誉的主观性较强，一家商誉太高的公司往往隐含着较大的风险，容易出现大额商誉减值（爆雷）现象。出现这种情况的原因主要有两种：一是老板"太坏"，二是老板"太傻"。

"太坏"就是存在老板违规进行利益输送的情况。比如小明和安洁其实是情侣关系，股东们并不知情，小明想把上市公司的钱转移给自己的女朋友，便编造了一个"直播女王"的故事，并说服董事会通过这项并购决议，这样他就能大大方方地向安洁输送 900 万元的利益（商誉）。过了一段时间，安洁公司的业绩不达标，小明再出来道个歉，被投资者骂几天就没事了。只是苦了可怜的投资者，白白为 400 万元的资产减值买了单。

"太傻"就是老板做了错误的决策。比如小明和安洁并不认识，但是他轻易相信了安洁编造的故事，或者错误估计了安洁的实力，为此损失数百万元。

一些热衷于并购的公司往往会有很高的商誉，投资者应仔细判断这些并购对象的价值，商誉一旦减值，承担损失的便是投资者。历史上不乏通过漂亮的资本运作力挽狂澜、缔造产业帝国的故事，但成功者毕竟是少数，我们应时刻对投资保持谨慎的态度。

不常用的非流动资产科目

发放贷款及垫款

通俗理解：字面意思。

一般只有金融机构才会对外发放贷款，因此该科目并不常用。

持有至到期投资

　　交易性金融资产指的是你打算通过短期交易获利的股票、债券之类的金融资产，被持有时间一般不超过一年，属于流动资产。有些时候，你也会购买某些计划持有超过一年的金融资产，这类资产应被如何处理呢？此时可能会出现两种情况。

　　第一种情况是你打算且有能力将资产一直持有至到期。比如小明买了一些不可赎回的债券，他一旦买了就只能将其持有至到期日。由于小明短期并无买卖此类金融资产的意愿，因此这类投资不在乎短期的价格波动，公允价值变动不影响净利润，我们只将每年赚到的利息或者股利记录到利润表中的投资收益科目里即可。

　　第二种情况是接下来要讲的可供出售金融资产。

可供出售金融资产

　　小明买了一种金融资产，他买入的意愿并非为了短期获利，因此它不是交易性金融资产；同时，小明又不打算将它一直持有至到期，它也不能被归入持有至到期投资，此类金融资产就是可供出售金融资产。

　　既然它是非流动资产，那么短期的价格涨跌就无所谓了，持有期间的浮盈、浮亏也不会影响利润表。同持有至到期投资一样，小明持有该类资产期间收到的股利或者利息会影响利润表中的投资收益。与持有至到期投资不同的是，可供出售金融资产可以在持有期间内被卖掉获利，一旦小明将资产变卖掉，赚到的钱便应该被记录到利润表的投资收益科目中。

　　同交易性金融资产一样，持有至到期投资和可供出售金融资产都属于非重点的内容，读者只须稍加了解即可。

长期股权投资

> **通俗理解**：本公司对其他公司的股权类投资，该投资能够对对方产生控制或重大影响。

交易性金融资产、持有至到期投资、可供出售金融资产都属于典型的金融资产，一般以有价证券的形式存在，但一家公司的投资对象不一定是有价证券，还包括股权投资。

长期股权投资与交易性金融资产等其他投资的区别在于，股权投资必须能够对对方产生控制或重大影响。假设小明并购了安洁的公司，成为对方的大股东或董事，能够影响对方做决策，那么，他持有的安洁公司的这部分股权就可被视为长期股权投资。但是，如果小明只是买了几只股票，连董事会席位都没有，那他只能老老实实地将这些股票放到交易性金融资产或可供出售金融资产下。

上市公司体量大，有长期股权投资是很正常的事情。除非是多元化、集团化公司，长期股权投资的数字一般都不大。2020 年，港股上市公司复星国际的权益性投资和其他长期投资之和（类似 A 股中的长期股权投资），将近占总资产的 40%，股权投资自然成了复星的核心资产。但对于茅台这样的实业公司来说，情况就不一样了。

投资性房地产

> **通俗理解**：公司主营业务不与房地产相关（比如卖房或租房业务），并非被用于日常经营（比如用作厂房、办公室），而是被用于出租赚外快或者投机赚差价的房地产。

小明并非房地产开发商或者租赁商，公司的主营业务是卖瓷砖。小明趁着当地房地产价格不高的时候买入一套房，他的目的是将其出租赚取房租或者在适当的时候转卖获利，这便属于投资性房地产。该科目的数字一般很小，对实际分析的影响不大，我们只须大致了解一下它的计量方式即可。上市公司可以选择两种方法来计量投资性房地产。

一种是成本法，也就是将当初购买房地产时的成本价格记录在资产负债表中。以成本法计量的投资性房地产可以被近似视为固定资产。这就相当于将这套房地产视为固定资产的一部分，你能通过收租或将其变卖而盈利，而它既然是固定资产，就要被计提折旧和资产减值准备。

另一种是公允价值法。有些城市存在活跃的房地产市场，能够形成公允价值，此时这种计量方式也是可行的。以公允价值法计量的投资性房地产可以被近似视为交易性金融资产。因此房价的涨跌如同股票的浮盈和浮亏一样，会影响利润表，收到的租金则被视为其他业务收入。既然被视为交易性金融资产，自然也就无须考虑折旧和减值了。

长期应收款

> **通俗理解**：也是应收款项，只是账期较长，被放到非流动资产名下。

应收账款一般很快就会被收回，属于流动资产，那么，公司在什么情况下会产生长期的应收款呢？

常见的情况是公司采用融资租赁或分期收款的商业模式，如购买大件固定资产。小明正在建设自己的厂房，但是大型设备很贵，给小明带来了一次性支付压力，于是小明找到了从事融资租赁的公司，打算先将设备租来用，并在使用期间支付租金。一段时间过后，该设备的所有权就归小明了，这种商业模式说是租赁，本质上和分期付款差不多。

对于设备厂商来说，他们应该长期向小明收取租金，于是有了长期应收款。潍柴动力2021年的半年报上有约为97.71亿元的长期应收款，主要来自融资租赁（见表2-3）。

长期应收款情况

表 2-3　潍柴动力 2021 年半年报中的长期应收款明细

单位：元

项目	期末余额			期初余额		
	账面余额	信用减值准备	账面价值	账面余额	信用减值准备	账面价值
融资租赁款	13 236 912 309.20	60 182 946.00	13 176 729 363.20	12 857 478 450.00	55 252 125.00	12 802 226 325.00
其中：未实现融资收益	1 133 822 106.80		1 133 822 106.80	1 124 607 450.00		1 124 607 450.00
减：分类为一年内到期的融资租赁应收款	3 421 573 419.60	15 764 396.20	3 405 809 023.40	3 194 022 225.00	14 300 550.00	3 179 721 675.00
合计	9 815 338 889.60	44 418 549.80	9 770 920 339.80	9 663 456 225.00	40 951 575.00	9 622 504 650.00

资料来源：潍柴动力 2021 年半年报，巨潮资讯网。

总而言之，通过融资租赁或分期收款模式卖货的公司往往是大件设备供应商，其他公司长期应收款则较少甚至为零，所以该科目不常用。既然它本质上是应收账款，那么我们需要注意坏账带来的相关减值问题。

固定资产清理

通俗理解：正在被卖掉或正在被清理的固定资产。

小明有一把椅子，已经旧得不能用了，或者被意外地弄坏了，他想将椅子扔掉或在二手市场上以 10 元的价格转让出去。因为这把椅子已经无法继续用于生产，所以不属于固定资产，只能被放到固定资产清理科目下。当椅子被他人买走后，固定资产清理科目变为零，货币资金科目会多出 10 元。

固定资产清理和持有待售固定资产都涉及资产的处置，但二者的目的不同。固定资产清理是一个过渡用的科目，公司将即将处理的资产计入该科目下，处理完再将其划走，这一科目有着类似中转站的功能。持有待售固定资产则侧重于描述资产目前所处的状态。对于投资者来说，深究这两个科目之间的区别意义并不大。

工程物资

通俗理解：在建工程的物料。

建好的厂房是固定资产，在建的厂房是在建工程，如果在建工程尚未动工，备好的钢筋、水泥等物料应被算入工程物资。

使用权资产

通俗理解：不属于我所有，而是被我租来使用的资产。由于我对其只有使用权，所以它们被称为使用权资产。

如果一台设备是小明自己购买或建造的，它就是小明的固定资产。小明享有这台设备的所有权和使用权，也可以将它变卖或者扔掉。但是，如果一台设备是租来的，小明对其便只享有使用权，他不能将资产随意变卖或处置。同固定资产一样，使用权资产要计提折旧和资产减值准备。

2018 年以前，会计准则要求区分经营租赁和融资租赁。现在对承租人来说无须区分，只要是被租来用的、你只有使用权而没有所有权的资产，都被叫作使用权资产。不过会计准则允许公司把一些短期租赁（比如只租用三天的车）或低价值租赁（比如几百元的办公用品）直接计入当期费用，于利润表中一次性扣除，就不用被列入资产负债表中计提折旧了。

生产性生物资产、油气资产、消耗性生物资产

通俗理解：字面意思。

前两个都是可以望文知义的科目。比如果树、奶牛分别是用来生产水果、牛奶的，它们都属于生产性生物资产；油气资产属于相关的油田矿区的权益。

消耗性生物资产是存货下的一个子科目，属于流动资产，笔者将它放到这里来讲是为了将其与生产性生物资产做对比。如果你种的不是果树，而是要砍掉当木材用的树，或者你养的不是奶牛，而是打算用于屠宰的肉牛，它们便属于消耗性生物资产，说它们是存货也就不难理解了。

此处稍作理解即可，因为此类科目只有特定行业才会用到。

长期待摊费用

通俗理解：与固定资产折旧类似，它虽然需要公司于当下一次性支付全部费用，但是后续利润表上，可以每年被分摊一部分金额。

有时，公司需要在今年一次性支付一大笔费用，但是未来几年都将受益。如果公司将这笔费用在当年的利润表上扣掉，今年的净利润就会大幅减少。但是，如果你能证明这笔费用"功在当代，利在千秋"，它就可以像固定资产

折旧一样，每年被均摊一部分，利润波动幅度也将减小。

典型的例子就是开店的装修费。小明的建材店在开业之前，需要购买油漆、墙纸，还需要招聘木工师傅等，合计将要花费 50 万元，可是小明今年的营业额只有 100 万元，如果小明把这笔装修费当作今年的费用实行一次性扣除，公司今年的利润表就会很难看。

但是小明认为，今年花钱装修是为了让将来的生意更好，于是他将这笔装修费放到了长期待摊费用里，就不必在今年被一次性扣掉了。而在未来的 5 年中，公司每年需要摊销 10 万元，对利润表造成影响。同样，每年的摊销并没有造成真实的现金流出，这就会使得公司后续几年的经营性现金流量净额比净利润更多。

一笔费用到底属于一次性支出还是长期待摊费用，要看这笔钱能否对公司未来的业绩产生帮助。对于长期待摊费用的界定通常带有很大的主观性。

递延所得税资产

> **通俗理解**：会计准则对于资产、负债的确认依据与税法的计算依据不同，导致你所计算的应缴税额和税务局实际征收的税额之间可能会产生暂时性差异。税务局计算的税额大于你所计算的那部分是"递延所得税资产"；反之，税务局计算的税额小于你所计算的那部分是"递延所得税负债"。

有些时候，一笔交易发生了，根据会计准则，这笔交易暂时不符合资产或负债的确认条件；但是根据税法，这笔交易的发生已经形成计税基础。你的会计师或许会认为，这笔交易暂时不必缴税，但税务局不这么认为。或者会出现相反的情况，一笔交易发生了，在会计准则上构成了计税的条件，但是根据税法，这笔交易反而暂时无须缴税，公司可以下一期再缴。因此，你根据会计准则计算出来的应缴税额和税务局实际征收的税额之间往往存在差异，为了配平这些差异，人们发明了递延所得税资产和递延所得税负债科目。

比如，小明的会计师根据会计准则计算出今年应缴纳的税额是 100 元，然而税务局计算出来的应缴税额是 120 元，那么这多缴纳的 20 元就相当于小明暂放在税务局的钱，以后缴税时可被用于抵税。它被叫作递延所得税资产，顾名思义，就是递延到下一期、可以被用来抵税的资产。如果小明实际上只缴纳了 70 元的税，那么少缴纳的 30 元就相当于小明欠税务局的钱，需要以后补齐，对于公司而言，属于负债项。产生递延所得税资产或负债的原因较为复杂，但实务中难以避免相应情况，幸运的是这两个科目对经营分析的影响不大。

其他非流动资产

参考"其他流动资产"。

常用的流动负债科目

短期借款

> **通俗理解**：公司向银行或其他金融机构借的、还款期限在一年内的债务。

短期借款是带息债务的重要组成部分，需要支付利息，一旦逾期将影响企业信用，因此越少越好。

"存贷双高"即存款、贷款的数字都很大，是一种常见的造假迹象。如果一家公司有很多现金，就没有必要再去借需要支付高额利息的钱。存贷双高仅仅是财务造假的可疑迹象，并不是证据，这种判断方法不一定准确。比如格力、美的常利用借款规避汇率波动，所以对于存在存贷双高现象的公司，我们要研究其借款的动机和必要性。

应付票据和应付账款

> **通俗理解**：你应该付给别人但还没付的钱。

如果你总是欠着供应商 70 元的面粉尾款，它就属于你的流动负债。与预付款项相反，应付款项越多，意味着一家公司对上游的话语权越强。

预收款项和合同负债

> **通俗理解**：预收款项即你预先向客户收取的钱，合同负债也是预收款项，只是附带了某些条件。

合同负债与流动资产中的合同资产类似。合同资产就是应收款项，只是附带了某些条件；同理，合同负债就是预收款项，也附带了某些条件。

通常来说，合同负债所附带的条件就是发货的义务。安洁向小明订货，并预付了 30% 的首付款，小明既然预收了这笔款项，他就承担了向安洁发货的义务（附带条件）。这笔钱从前被放到预收款项中，新企业会计准则实施后，其被归入合同负债。

一家公司预先收的钱大多数是货款，公司有发货的义务，因此预收款项几乎都有附带条件。自从合同负债科目诞生以后，很多公司的预收款项突然全部变为零，合同负债反而大大增加，其实只是过去被算作预收款项的钱如今被放到了合同负债科目下而已。比如贵州茅台 2019 年的预收款项约为137.4 亿元，到了 2020 年，预收款项为零，但是多出约 133.2 亿元的合同负债，其实是同样的钱换了个叫法而已（见表 2-4）。预收款项或合同负债越大，意味着公司对下游的话语权越强。

表 2-4　贵州茅台 2020 年资产负债表中的预收款项与合同负债明细

单位：元

	2020 年	2019 年
预收款项		13 740 329 698.82
合同负债	13 321 549 147.69	

资料来源：贵州茅台 2020 年年报，巨潮资讯网。

合同负债与预收款项大体类似，我们在实务中，可将两个科目合并起来分析。在接下来的内容里，当我们提到预收款项的时候，默认它同时包含合同负债。

不常用的流动负债科目

流动负债有三个常用科目：短期借款、应付款项、预收款项。后面两个尤其需要我们关注，它们代表一家公司在产业链中的话语权。除此之外，我们再来了解一下其他科目。

交易性金融负债

通俗理解：用于短期融资的金融工具。

如果小明需要借钱，他有两种方式：他可以直接向银行或其他金融机构借钱，银行会将钱直接转入小明指定的账户，过程中不涉及债券之类的金融凭证，这种借款方式就属于短期借款；他也可以在资本市场上发行短期债券，购买债券的个人或者机构成了小明的债权人，这种借款方式就属于交易性金融负债。在实务中，你可将交易性金融负债视为一种与短期借款类似的手段，不同的是，债券具有更强的流动性，可被放至金融市场交易，因此债券存在公允价值变动。

交易性金融负债是短期融资工具，企业承担金融负债的目的是近期出售或回购，债券只是交易性金融负债中的一类。潍柴动力的交易性金融负债主要有远期外汇合约、货币互换和利率互换工具等。

应付手续费及佣金、应付职工薪酬、应交税费、应付利息、应付股利

通俗理解：字面意思。

这些都是可以望文知义的科目，属于应该支付但还没付给别人的钱，而且它们大多是因为经营活动而产生的。在实际分析过程中，我们可以根据情况，将它们直接并入应付款项，一起加以分析。

其他应付款

通俗理解：除了以上各类应付科目，剩下的那些无法被归类的应付款。

"其他"类一般不太重要，只要数字不大我们无须过度关注，比如贵州茅台的其他应付款主要是各类保证金和往来款（见表 2-5）。

表 2-5　贵州茅台 2020 年年报中的其他应付款明细

依款项性质列示其他应付款　　　　　　　　　　　　　　　　　　　单位：元

项目	期末余额	期初余额
材料质量保证金	276 381 894.05	104 758 231.68
工程质量保证金	122 107 035.45	143 369 932.81
经销商保证金	1 636 956 073.84	1 513 965 901.21
往来款	1 221 800 256.08	1 380 531 451.44
合计	3 257 245 259.42	3 142 625 517.14

资料来源：贵州茅台 2020 年年报，巨潮资讯网。

划分为持有待售的负债

通俗理解："划分为持有待售的资产"的兄弟科目。

我们在流动资产一节中介绍过划分为持有待售的资产，它是暂时由我们持有，但是处于待售状态的资产。资产是能够在未来产生利益的资源，一项资产对你来说没有用了，但是对别人来说可能是有价值的，可是谁会想要购买负债呢？

资产来源于负债和所有者权益，当一项资产待售时，相应的债务也会随之被转让。假设小明想将子公司卖掉，子公司有自己的资产负债表，当公司易主时，整张资产负债表都会被转让给买者。所以除了资产，负债也要被划分出来，变成"持有待售"状态。

由于资产＝负债＋所有者权益，有些资产类科目会有相对应的负债类科目，这些负债类科目存在的目的就是为了配平相应的资产项。这种如"孪生兄弟"一般的科目还有很多，下文还会介绍。

一年内到期的非流动负债

参考"一年内到期的非流动资产"。

预提费用

> **通俗理解**：公司预先提取，但尚未支付的费用。预提费用带有应付款项的性质，属于负债。

小明计划于年底翻新店铺，但他又担心公司那时会缺钱，于是他每个月都预先从收入中提出来一点钱备着，这笔钱就是预提费用。

递延收益

> **通俗理解**：大多带有政府补助性质，属于预收款项。

递延收益指的是公司预先收到了一笔钱，但其暂时不符合权责发生制记账要求，所以公司暂时无法将其确认为收益，只能先收下钱，等条件成熟再将其确认为收益。递延就是向后延迟的意思，递延收益带有预收款项的性质，主要指带有政府补助性质的预收款项（见表 2-6）。

表 2-6　迈瑞医疗 2020 年年报中的递延收益明细

递延收益　　　　　　　　　　　　　　　　　　　　　　　　　　单位：元

项目	期初余额	本期增加	本期减少	期末余额	形成原因
政府补助	176 714 000.00	20 443 383.00	40 370 000.00	156 787 383.00	—
合计	176 714 000.00	20 443 383.00	40 370 000.00	156 787 383.00	—

资料来源：迈瑞医疗 2020 年年报，巨潮资讯网。

　　根据递延收益间的流动性差异，该科目可能会同时出现在流动负债和非流动负债里，但二者性质相同。

其他流动负债

　　参考"其他流动资产"。

常用的非流动负债科目

长期借款

　　与短期负债类似，即公司向银行或者其他金融机构借的、偿还期限在一年或一年以上的负债。公司要注意长期借款带来的存贷双高风险。

不常用的非流动负债科目

应付债券

　　通俗理解：这一科目与交易性金融负债类似，它和长期借款只在形式上有差异。

只有发行债券的公司才会有这个科目。其实应付债券就是长期借款，只不过是以债券形式存在，在实务中我们可以直接将它视为长期借款。

长期应付款和专项应付款

┌───┐
通俗理解：长期应付款就是应该长期地付给别人的钱，专项应付款则是有特定用途的应付款。
└───┘

除了长期借款和应付债券，其他单位发生的各类应该长期支付的款项大多被列为长期应付款。

长期应付款的孪生兄弟就是非流动资产中的长期应收款，我们简单回忆一下：小明通过融资租赁租来了一台设备，对于设备供应商来说，他们应该长期向小明收取租金，这就是长期应收款；对于小明来说，他应该长期地向对方支付租金，这就是长期应付款。

但是在 2018 年以后，为取得这种使用权，资产所产生的负债都被放到一个叫"租赁负债"的新科目下，长期应付款出现的频率变得越来越低。如表2-7 和表 2-8 所示，2016 年，潍柴动力的长期应付款中包含了国债项目政府拨款、应付售后租回租赁款、融资租赁、其他金融负债。到了 2020 年，长期应付款明细仅包含国债项目政府拨款、间接租赁担保余值和售后租回相关金融负债，融资租赁不再出现于长期应付款科目下。

表 2-7　潍柴动力 2016 年长期应付款明细

2016 年长期应付款明细
单位：元

项目	期末余额	期初余额
国债项目政府拨款	5 500 000.00	5 500 000.00
应付售后租回租赁款	5 275 853 019.60	4 382 655 373.60
融资租赁	2 496 857 775.60	2 210 885 605.60
其他金融负债	3 025 015.20	5 058 877.60
合计	7 781 235 810.40	6 604 099 856.80

资料来源：潍柴动力 2016 年年报，三潮资讯网。

表 2-8　潍柴动力 2020 年长期应付款明细

2020 年长期应付款明细

单位：元

项目	期末余额	期初余额
国债项目政府拨款	5 500 000.00	5 500 000.00
间接租赁担保余值	1 496 839 050.00	660 847 418.00
售后租回相关金融负债	5 475 546 000.93	3 962 969 321.08

资料来源：潍柴动力 2020 年年报，巨潮资讯网。

租赁负债

> **通俗理解**：使用权资产的孪生兄弟。

中兴通讯 2020 年的资产负债表上有一笔 10.47 亿元的使用权资产和一笔 7.18 亿元的租赁负债，公司在年报中写道："在租赁期开始日，本集团将其可在租赁期内使用租赁资产的权利确认为使用权资产，将尚未支付的租赁付款额的现值确认为租赁负债。"通俗来说就是，中兴打算租一台设备，从开始租赁那一天起，它就要把这台设备的使用权价值记录到资产端的使用权资产科目下，同时将应为这台设备支付的租金（现值）记录到负债端的租赁负债科目下。

可见，租赁负债其实就是使用权资产的孪生兄弟，顾名思义，就是公司因为租赁而发生的尚未支付的金额。当小明向设备供应商租用一台机器时，他将同时获得使用权资产与租赁负债，后者的存在是为了配平使用权资产。使用权资产就是被公司租来使用的资产。既然资产端多出一个使用权资产，那么负债端便多出一个租赁负债。租赁负债科目值等于从租赁期开始日开始计算的、公司尚未支付的租赁付款额的现值。

笔者在此简单介绍一下现值的概念。金融学认为，货币是有时间价值的，小明把 100 元存到银行，一年后本息和为 101 元，这多出来的 1 元就是货币的时间价值。因为货币存在时间价值，小明如果不好好利用这 100 元，一年以后钱会贬值，因为一年后的 100 元仅相当于今天的 99 元。在这一例子中，计算未来的 100 元等于今天的多少钱的方法就叫作贴现。

对租赁负债的计算是以现值为准的。租赁负债即未来公司要为这台机器支付的款项，但是公司在计算租赁负债时，要把未来的租金都贴现。贴现在财务分析中一般不会被用到，在企业估值中被用到的次数较多，读者只须简单理解这一概念即可。

预计负债

通俗理解：我预计自己会欠钱。

有一些事情会让企业家产生欠钱的预感，此时他会拨出一部分钱放入预计负债中，以备不时之需。2020 年，云南白药和楚雄某食用菌公司产生合同纠纷，当年，云南白药根据一审判决确认了 479.65 万元的预计负债。之后，云南白药向法院提出上诉，截至 2022 年 4 月，二审尚未开庭。案例中提到的这笔钱就是云南白药管理层根据法院判决结果划拨出的、未来用于赔偿的钱。

递延所得税负债

参考"递延所得税资产"。

其他非流动负债

不属于以上类别的非流动负债。

所有者权益

资产有两个来源，要么是借来的钱，即负债，要么是投资者自己的钱，即所有者权益（净资产或股东权益）。所有者权益下也有不少细分科目，比如实收资本、资本公积、盈余公积、未分配利润等。投资者在实务中往往只须对净资产进行总体分析。

实收资本

> **通俗理解**：也叫股本，顾名思义，就是公司于注册成立时实际收到的资本金。

小明注册了一家建材公司，注册资本为 100 万元，小明自己出资 500 万元，那么股本便为 100 万元，它在金额上等同于注册资本金。

资本公积

> **通俗理解**：比股本多出来的钱。

接上例，既然这 100 万元是实收资本（股本金），那么多出来的 400 万元便是资本公积。在实务中，接受捐赠、股本增值溢价、资产评估增值等都会形成资本公积。

资本公积的主要用途是转增股本。小明的公司原来只有 100 万元的注册资本，现在，小明可以将它增加到 500 万元。

其他权益工具

> **通俗理解**：普通股以外的特殊资产，主要为优先股。

注意，该科目和金融资产中的"其他权益工具投资"不一样，二者只是名字比较像罢了。

盈余公积

> **通俗理解**：用于明年扩大再生产的那部分利润。

经过一年的苦心经营，小明赚了不少钱。为了持续发展，他会留下一部分利润用于扩大再生产，这笔钱就是盈余公积。国家有强制性规定，上市公司必须从税后利润中拿出 10%，这部分钱被叫作"法定盈余公积"，当法定盈余公积累计金额在企业注册资本的 50% 以上时，企业可以不再提取。计提法定盈余公积后，小明可以自行决定还要计提多少再投入的钱，这部分钱就是"任意盈余公积"。

通过对比资本公积和盈余公积的变化和增速，我们可以了解一家公司成长的主要逻辑。资本公积的增加多因再融资，即向投资者要钱引起，而盈余公积的增加多因公司内生经营，即公司自己能赚钱所致，因此一些投资者会偏好盈余公积增速大于资本公积的企业。

未分配利润

通俗理解：在计提盈余公积、分红后剩下的利润。

公司在扣除用于明年扩大再生产的盈余公积后，剩下的利润就可以进行分红了。一旦分了红，这些钱的所有权就从公司转移到小明个人名下，公司的净资产会减少，因为公司的钱大多变为小明的"私房钱"。

通常说来，小明是不会把所有利润都用来分红的，最后还剩下的钱就是未分配利润。既然这些利润未被分掉，其理所当然被留在净资产中。

新准则下的金融资产

现在的金融工具越来越发达，概念越来越复杂，原有的金融资产分类已经稍显落后，因此自 2018 年起，上市公司陆续开始实施新的金融工具准则，也就是财政部发布的《企业会计准则第 22 号——金融工具确认和计量》。新准则中关于金融资产部分的表述变化极大，且十分难理解，因此我们有必要用一节的篇幅单独介绍一下相关内容。本书前面所说的交易性金融资产、持有至到期投资、可供出售金融资产，其实都是旧准则中的内容，但是读者若不先了解旧内容，也很难理解新准则的内容。

新准则中，原来金融资产的四种分类（交易性金融资产、持有至到期投资、可供出售金融资产、贷款和应收款项）被取消，取而代之的是三个全新的分类，它们分别是：以摊余成本计量的金融资产、以公允价值计量且其变动计入其他综合收益的金融资产，以及以公允价值计量且其变动计入当期损益的金融资产。为了便于读者识别，我接下来会分别将其简称为：摊余成本金融资产、其他综合收益金融资产和当期损益金融资产。

以上工作是对金融资产进行了一次重新分类，目的是对种类繁多的金融工具进行归集以便于大家后续理解和分析，它们在资产负债表上并不是以这么长的名字出现的。大多数时候，你只会在查看明细的时候碰到这些科目。比如当期损益金融资产容易出现在"交易性金融资产"和"其他非流动金融资产"中；摊余成本金融资产容易出现在"债权投资"中；其他综合收益金融资产容易出现在"其他债权投资"和"其他权益工具投资"中。

金融资产一般不属于企业的核心资产，企业创造的现金流一般被用于日常经营和扩大再生产，有余钱理财的公司毕竟是少数。何况理财行为多为顺带之举，不会也不应该占据企业资产的主要部分，因此读者若对本节内容不甚了解，对投资实务不会造成太大的影响。

以摊余成本计量的金融资产

通俗理解：类似持有至到期投资。

这类资产要符合两个条件：首先，我们持有它的目的是收取现金流，而不是卖掉获利；其次，该类金融资产所产生的现金流只能是对本金或以未偿付本金为基础的利息的支付。

可见，我们持有这一类资产的目的不是交易，而是收取利息，因此这类资产的价格涨跌不应该影响利润表，这类资产应按成本而不是公允价值计价，资产本身浮盈、浮亏并无所谓，在收到利息之后相关利息会被记录到利润表中的投资收益里去。以摊余成本计量的金融资产有点像原来的持有至到期投资：我们持有它的目的是一直持有至到期，持有期间并没有交易的打算。这一类金融资产可能存在于货币资金、贷款及垫款、应收款项、其他应收款及债权投资中。

以公允价值计量且其变动计入其他综合收益的金融资产

> **通俗理解**：类似可供出售金融资产。

从科目名称上看，该类资产存在两个特征：首先是"以公允价值计量"，其次公允价值的变动要被"计入其他综合收益"。

既然该类资产是以公允价值计价的，那么它的价格涨跌就不能被忽视了，其浮盈和浮亏必须体现在财务报表中，这是不同于摊余成本金融资产的地方。

那么，该类资产的价格涨跌应该影响哪个科目呢？影响净资产中的"其他综合收益"科目，但不会影响利润表。我们在讲所有者权益时亦没有提及其他综合收益，该科目较少被用到，读者只须知道它的存在即可。要注意的是，其他综合收益科目存在于资产负债表而非利润表中，如果此类资产因价格变动产生浮盈，那么资产端相应的金融资产就会增加，而净资产端的其他综合收益也会增加，如此一来，资产负债表就被配平了，但这和利润表没有关系。

为什么这种资产的价格涨跌不会影响利润表呢？因为这一类金融资产的确认，比前面讲到的摊余成本金融资产的确认多了个条件：我们持有它不仅是为了收取现金流，还有可能是为了将它卖掉赚取差价，但是，我将它卖掉变现又不是为了短期投机（所以它不属于交易性金融资产），而是为了调整现金短缺或其他。

一方面，我不打算将其持有至到期，而是打算伺机卖掉，因此我必须关心它的价格涨跌，其自然要用公允价值来计价；另一方面，我持有它的目的并非短期投机，如果它的公允价值涨了，不应该影响我的利润表，否则，净利润就会因为该类金融资产的价格波动而产生变化，那么就不符合我持有它的本意了。只有当我收到利息的时候，或者将它变卖后赚到钱的时候，它才能被记录到利润表的投资收益里。这类资产日常的浮盈、浮亏，只会影响资产负债表。

这一类资产的构成比较复杂，它可能是债券，也有可能是其他权益工具，所以这一类金融资产同原来的可供出售金融资产很像。

以公允价值计量且其变动计入当期损益的金融资产

> **通俗理解**：类似原来的交易性金融资产。

我们可以通过科目的名字理解科目含义，首先，它是"以公允价值"计价的；其次，公允价值变动会被"计入当期损益"，也就是资产的浮盈、浮亏会影响利润表。

其实它就是交易性金融资产。我们持有此类资产的目的是于短期交易中获利，因此，该类资产的价格变动要被计入当期的损益表（即利润表），而非资产负债表。

债权投资、其他债权投资

> **通俗理解**：字面意思。

债权投资就是公司以收取利息为目的买入债券，摊余成本金融资产占据了债权投资的一大部分。

我们在一家公司的年报中搜索"债权投资"可以看到管理层对其范围的界定，不属于该范围的自然就是其他债权投资了。其他综合收益金融资产中的债权类资产经常被放在其他债权投资科目下。

其他权益工具投资

通俗理解：大部分为"以公允价值计量且其变动计入其他综合收益的金融资产"中的权益投资部分。

在旧分类中，可供出售金融资产体现了准则的灵活性，凡是既不属于交易性金融资产，也不属于持有至到期投资的科目，都会被放到可供出售金融资产科目下。新分类下的其他综合收益金融资产类似之前的可供出售金融资产，自然也具备类似的灵活性。通常来说，那些不具备交易性金融资产等传统权益投资工具的特征的金融资产，都会被放到其他权益工具投资中。

我们之所以要投资权益类金融工具，自然是为了短期内通过交易获利，而其他权益工具投资不具备交易目的。在持有该类资产期间，除了收到红利，其他事项不会影响利润表，所以该科目中大部分为"以公允价值计量且其变动计入其他综合收益的金融资产"中的权益类资产。

其他非流动金融资产

通俗理解：可能持有一年以上的交易性金融资产。

在旧准则中，只要你有在短期内卖掉一项金融资产而获利的意图，这类资产便属于交易性金融资产，即使到最后它们实际被持有时间在一年以上。

在新准则中，如果"以公允价值计量且其变动计入当期损益的金融资产"的流动性较差（不能在一年或超过一年的一个营业周期内变现），其将被放到其他非流动金融资产科目下。这一类资产可能包括大宗商品、房地产、股权等，但是同交易性金融资产一样，这类资产的浮盈、浮亏会影响利润表。

第3章　利润表：如何判断公司的经营水平

一般来说，一家公司产生利润的过程大致如下：小明通过卖建材有了营业收入；但是，他的建材并不是免费获得的，他需要向工厂支付进货的成本；为了卖掉建材，他需要承担员工工资、水电费、广告费等期间费用；扣除这些费用后，他还需要向政府交税，最后剩下的钱才是公司的利润。

以上只是一个较简单的利润创造过程模型。在现实生活中，一家公司的业务往往没有那么纯粹。小明可能还会买一些股票，股票的公允价值变动会影响净利润；小明还可能因为对安洁的公司做出错误的判断导致商誉减值，他的固定资产也可能因为技术落后产生资产减值损失，这些减值损失都要被从利润表中扣除掉；除此之外，它的下游客户还可能还不起钱，形成坏账，造成信用减值损失……这些收益和损失都要被考虑进利润表中。

除了与营业相关的收支，一家公司还有可能出现与经营无关的收益和损失。小明有可能得到政府补贴，也有可能因为某些事情被罚款，我们要把这些可能事项统统考虑进来（见表3-1）。

表 3-1　一张利润表的大致结构（节选）

科目	说明
营业总收入	含营业收入和其他营业收入
−营业成本	
−税金及附加	
−期间费用	包括销售费用、管理费用、财务费用、研发费用
+其他收益和减值损失	
营业利润	
+营业外收入	
−营业外支出	
利润总额	营业利润和其他合法的净收入之和，被作为课税依据
−所得税费用	
净利润	
归属于母公司股东的净利润	减去少数股东权益之后属于上市公司股东的净利润

营业总收入

营业总收入是梦想的起点，公司的房产、汽车等，都是从有了营业收入后被实现的。本书将以贵州茅台的利润表为例介绍一下各个科目（见表 3-2）。

表 3-2　贵州茅台 2020 年利润表中的营业总收入部分

单位：元

项目	附注	2020 年度	2019 年度
一、营业总收入		97 993 240 501.21	88 854 337 488.76
其中：营业收入	30	94 915 380 916.72	85 429 573 467.25
利息收入	31	3 077 859 584.49	3 424 471 568.68
已赚保费			
手续费及佣金收入	31		292 452.83

资料来源：贵州茅台 2020 年年报，巨潮资讯网。

营业收入

> **通俗理解**：通过从事本职生意赚到的那部分营业额。

我们平时所说的营业额、销售额等，指的就是营业收入。从表 3-2 我们可以看出，营业总收入分为营业收入和其他业务收入（利息收入、已赚保费、手续费及佣金收入）。如果小明是卖建材的，那么建材生意带来的收入就可以被归入营业收入中。

利息收入、已赚保费、手续费及佣金收入

> **通俗理解**：字面意思。

只有从事金融业务的公司才会有利息、保费、手续费等收入，所以这三类收入并不常见。茅台成立了一家财务公司，该公司有大量资金拆借类业务，其利润表中自然会有利息收入。除了营业总收入，茅台的营业总成本中也有一些类似的金融行业专属科目。这类科目普通公司不大涉及，读者可以自行辨别。

营业总成本

经营一家公司需要承担各项支出，这些与生意有关的支出叫作营业总成本，它主要包括营业成本、税金及附加、期间费用、资产减值损失等（见表 3-3）。

表 3-3　贵州茅台 2020 年利润表中的营业总成本部分

单位：元

项目	2020 年度	2019 年度
二、营业总成本	31 305 130 587.56	29 812 253 033.37
其中：营业成本	8 154 001 476.28	7 430 013 945.12

（续表）

项目	2020 年度	2019 年度
利息支出	111 128 537.31	145 752 825.87
手续费及佣金支出	105 888.96	73 178.40
退保金		
赔付支出净额		
提取保险责任准备金净额		
保单红利支出		
分保费用		
税金及附加	13 886 517 290.78	12 733 292 400.79
销售费用	2 547 745 650.95	3 278 990 982.26
管理费用	6 789 844 289.39	6 167 982 844.22
研发费用	50 398 036.33	48 688 841.05
财务费用	−234 610 582.44	7 458 015.66
其中：利息费用		
利息收入	278 697 733.32	20 667 205.74
加：其他收益	13 138 152.69	18 768 906.58
投资收益（损失以"−"号填列）	305 631.46	
其中：对联营企业和合营企业的投资收益		
以摊余成本计量的金融资产终止确认收益		
汇兑收益（损失以"−"号填列）		
净敞口套期收益（损失以"−"号填列）		
公允价值变动收益（损失以"−"号填列）	4 897 994.43	−14 018 472.46
信用减值损失（损失以"−"号填列）	−71 371 809.85	−5 313 489.80
资产减值损失（损失以"−"号填列）		
资产处置收益（损失以"−"号填列）		−32 123.57

资料来源：贵州茅台 2020 年年报，巨潮资讯网。

营业成本、毛利

通俗理解： 营业成本是与营业收入直接相关的费用，比如建材的进货钱，也包括为了获得产品而耗费的其他直接费用，如运输费、机器损耗费用、生产人员工资等。毛利也叫毛利润，它等于不含税售价减去不含税进价。利润上面有"毛"意味着其并非最后的利润，还有许多其他费用需要被扣除。

毛利并没有被列示在利润表中，需要我们自己计算，但是它非常重要。毛利率等于毛利除以营业收入，是产品的溢价率，它代表了产品的竞争力，有着高毛利率的产品通常有过人之处。

用表 3-2 中的营业收入减去表 3-3 中的营业成本，可以算出贵州茅台 2020 年的利润总额约为 867.61 亿元。用毛利润除以营业收入（约为 949.15 亿元），得出茅台的毛利率高达 91.4%！如此之高的毛利率佐证了茅台的品牌实力。

高毛利率也是许多知名消费品牌的典型特征。科技产品通常也有较高的毛利率，如果小明研发出一种高科技隔音涂料，能让你每天睡个好觉，那么这种涂料必将大受欢迎。可见，某些附带了精神价值的消费品，以及"人无我有"类的先进科技产品，通常会有比较高的毛利率。

如果小明的建材和其他家的没有什么差别，他便没有办法获得高毛利了。因为对于消费者而言，同质化产品之间除了价格不同，差别并不大，这类产品毛利率低点也在所难免。如果两家公司的产品差不多，毛利率却有着很大差别，我们就有必要怀疑公司是否存在问题了。

税金及附加

通俗理解： 包括消费税、城市维护建设税、土地使用税、车船税、资源税和教育费附加等。

我们不必记住具体税费名称，只须知道任何公司都要先抽走这一笔钱即可，它通常和营业收入保持着一个相对固定的比例。比如 2020 年，茅台的税金及附加大约占营业总收入的 14%，如果你要预测茅台未来的利润表，就可以假设这笔税费会常年保持在同样的水平上。税金及附加是以营业收入为基数进行扣除的，无论茅台最后的净利润是否为正数，它都免不了要交这笔钱。

期间费用

> **通俗理解**：公司用于维持日常经营的间接开支，主要包括销售费用、管理费用、财务费用和研发费用。

小明卖掉了建材，扣掉了营业成本，还上缴了一部分税费。接下来，他还要为很多事项付钱，比如支付水电费、房租、停车费、人员工资等。以上都是公司日常经营中发生的间接支出，和产品本身并不直接相关，因此不能被算作营业成本，应被统称为期间费用。顾名思义，期间费用就是公司于日常经营期间支出的费用。

期间费用一共包括四大类：销售费用、管理费用、财务费用、研发费用。

销售费用：因销售行为而产生的费用。比如小明为了招揽生意印发传单、雇用销售员、参加交易博览会等所花费的钱。

管理费用：销售费用是对外宣传产生的支出。对内管理产生的支出被称作管理费用，比如公司内勤人员的工资，以及房租、水电费等。

财务费用：小明于创业之初向银行借了一笔钱，并承担支付利息的义务，利息便属于财务费用。还有一种很常见的情况是，小明的生意进入稳定发展阶段，现金流越来越好，货币资金越来越多，他不需要借钱了，相反，他在银行里存了一大笔钱，银行反倒要向他支付利息，此时小明的财务费用在利润表中被记录为负数，负的费用意为他赚到的钱。

研发费用：小明为了脱离同质化竞争困局，下决心研发高科技隔音涂料，为了研究和开发新技术花掉的钱属于研发费用。在早些年的利润表中，研发费用被包含在管理费用中，后来人们越来越重视研发，就将研发费用单独列示了。

题外话 1：折旧和摊销去哪儿了

固定资产和无形资产需要定期计提折旧和摊销，相当于未来几年需共同来分担今年的开支。虽然小明今年为了购买设备一次性花费了 500 万元，但是今年的利润表并没有记录这笔一次性扣掉的 500 万元费用，而未来 10 年的利润表，则每年都需扣除 50 万元的折旧费。

但是在表 3-3 中，我们看不到折旧和摊销的字样，原来，折旧和摊销被分摊到四大期间费用和营业成本中去了。因生产建材而产生的厂房、机器折旧属于营业成本；办公大楼、员工桌椅的折旧属于管理费用；实验器材、设备的折旧属于研发费用（见表 3-4）。同样，无形资产和长期待摊费用的摊销也根据用途不同被归入不同的科目。

表 3-4　贵州茅台 2020 年管理费用明细

管理费用　　　　　　　　　　　　　　　　　　　　　　　　　单位：元

项目	本期发生额	上期发生额
职工薪酬费用	3 279 447 243.22	3 020 268 045.06
商标许可使用费	1 195 642 243.60	1 108 858 073.75
固定资产折旧费用	371 103 457.14	354 547 118.97
环境整治费	76 743 481.36	140 079 202.93
公司经费	176 360 506.15	77 064 129.95
无形资产摊销	110 349 099.00	83 262 106.36
财产保险	60 322 596.02	63 645 087.32
原料基地费	179 552 860.11	107 318 326.54
房屋租赁费	22 870 672.67	26 495 895.72
业务招待费	9 973 302.25	13 928 608.62
中介机构费用	21 222 461.03	16 347 157.62
土地使用租金	4 361 551.06	4 307 703.76
董事会费用	3 815 997.52	4 170 392.58

（续表）

项目	本期发生额	上期发生额
综合服务费		286 505.24
其他	1 278 078 818.26	1 147 404 489.80
合计	6 789 844 289.39	6 167 982 844.22

资料来源：贵州茅台 2020 年年报，巨潮资讯网。

题外话 2：研发费用的资本化和费用化

在资产负债表的非流动资产中，有一个叫作开发支出的科目，它指的是正在研发中的无形资产。利润表中也有一个叫作研发费用的科目，它指小明为了研究高科技涂料所产生的支出，这两个科目指的似乎是同一笔钱。一笔用于研发的开支，到底应该被放在资产负债表中的开发支出里（资本化），还是该被放在利润表中的研发费用里（费用化）呢？

我们可以将研发二字拆分为"研究"和"开发"。研究是指处于早期的理论研究工作，有着较大的不确定性。比如技术人员还在探索"什么声音都能消除掉"背后的科学原理，这便是正处于研究阶段。我们知道，资产就是让你用来赚钱的资源，但是小明还无法确定这项研究能否成功，更别提用它来赚钱了，所以研究的支出只能被放在利润表中，作为研发费用被一次性扣除掉，即被费用化。如果研究失败了，相关研发费用也已经被于当期扣除，花出去的钱相当于泼出去的水。高科技公司往往需要承担高昂的基础研究费用，好在这类企业的毛利率通常较高，能够覆盖庞大的费用开支。

后期，科学家们围绕产品还将展开一系列开发工作，此时便到了开发阶段。科学家们在这一阶段已经完成了研究阶段的工作，也已成功研究出相关基础理论，小明要做的是根据已知晓的科学原理开发一种可以投放市场的产品，此时的工作具有较高的确定性。如果某个产品的开发阶段已进入后期，其成功的可能性很大，那么小明就可以认为，这些开发支出符合"将来能让我赚钱"的资产特性，他就可以将这笔钱放到资产负债表的开发支出里。这笔钱最后会转化为无形资产，每年被摊销一部分，而不是被当成研发费用，在今年被一次性扣除。

一笔钱到底是该资本化还是费用化，带有一定的主观性，一些盈利能力比较强的公司倾向于将其费用化，虽然公司当年的净利润会大幅下降，但后面几年的净利润不会被摊薄；盈利能力较差的公司则倾向于将其资本化，以便平滑净利润的大幅波动。

和经营有关的非经常性收入

除了日常经营中的收支，小明偶尔还会遇到与经营有关但又不经常发生的一些其他收支。这类收支中最常见的有三类：投资收益、公允价值变动收益和资产处置收益（见表3-5）。

表3-5　贵州茅台2020年利润表中的其他收益、投资收益、
公允价值变动收益、资产处置收益部分明细

单位：元

项目	附注	2020年度	2019年度
加：其他收益	37	13 138 152.69	18 768 906.58
投资收益（损失以"-"号填列）	38	305 631.46	
公允价值变动收益（损失以"-"号填列）	39	4 897 994.43	-14 018 472.46
资产处置收益（损失以"-"号填列）	41		-32 123.57

资料来源：贵州茅台2020年年报，巨潮资讯网。

投资收益

通俗理解：字面意思。

为了方便理解，我们先用旧准则中的金融资产分类进行讲解，下文将涉及交易性金融资产、持有至到期投资和可供出售金融资产三个科目。

持有至到期投资的浮盈、浮亏不影响利润表，但持有期间收取的股利、利息属于投资收益。

可供出售金融资产的浮盈、浮亏也与利润表无关，收到的红利或利息应被计入投资收益，当你最终将它卖掉时，这笔钱也要被计入投资收益。

交易性金融资产的浮盈、浮亏将影响接下来要说的公允价值变动收益，收到的红利或利息应被计入投资收益，当你将它卖掉时，这笔钱也要被计入投资收益。

在新准则中，各类金融资产收到的股利和利息，以及其他综合收益金融资产和当期损益金融资产被变卖后赚到的净收益，都应被计入投资收益。

公允价值变动收益

通俗理解：交易性金融资产的浮盈和浮亏。

交易性金融资产是你打算短期持有并伺机卖掉获利的资产，既然有短期获利的计划，那么这类资产的浮盈、浮亏就要被计入公允价值变动收益，即使这些盈利或亏损并没有成为事实，你的利润表依然会为此受到影响。小明今年以2000元价格买入贵州茅台的股票，到了年底，股价跌到了1600元，此时就算他依然持有这些股票，也要在公允价值变动收益里扣除400元的浮亏。在新准则中，其他综合收益金融资产虽然也要记录公允价值的变动，但是这类资产的公允价值变动影响的是资产负债表中的净资产，不影响利润表，这是新旧准则间最大的差别。

一般来说，除非是以并购、控股为主要商业模式的公司，绝大多数公司的公允价值变动收益、投资收益科目数值都不会太大，毕竟对公司而言，获取利润主要依靠主营业务，而不是依靠金融投资。但是由于投资收益和公允价值变动收益会影响净利润，二者往往会成为调节利润的工具，在实际分析中仍需被加以关注。

许多读者容易分不清投资收益和公允价值变动收益，笔者的通俗记法是，像股利、红利、卖掉资产后取得的收益等确定会实现的收益属于投资收益；仅仅有浮盈、浮亏，收益或亏损并未被实际兑现的，则属于公允价值变动收益。

资产处置收益

> **通俗理解**：通过变卖资产赚到的钱。

小明为了回款，把一辆车卖给李四，这种通过变卖资产赚到的钱就叫作资产处置收益。

一旦上市公司面临亏损，同时又没有可以调节净利润的金融资产，那么通过变卖资产增加资产处置收益就成为许多公司临时调节净利润的手段，因此这个科目不可不察。贵州茅台于 2019 年出现了一笔约为 3.2 万元的资产处置损失，年报称原因为存在固定资产处置事项，但是几万元的损失与 400 余亿元的净利润比起来，稍显微不足道。

其他收益

> **通俗理解**：主要是与经营有关的政府补助等。

政府补助并非经常有，所以该科目的数字通常很小。比如贵州茅台 2020 年的利润表中有约 1313.82 万元的其他收益，从年报的明细来看，这笔钱多为政府财政扶持款、奖励金、补贴款等。

汇兑收益

> **通俗理解**：汇率波动带来的盈亏。

小明将一箱建材出口到美国，收到 100 万美元的货款，收款当天，100 万美元相当于 640 万元人民币。月底会计师在编制报表时发现，由于汇率波动，被存在银行里的 100 万美元在编制报表日已经等价于 643 万元人民币了，因为汇率波动而多出的 3 万元就是汇兑收益，反之被称作汇兑损失。

可以看出，如果一家公司有涉外业务，将免不了有汇兑收益或损失，但是汇率波动带来的影响几乎可以忽略不计。如果一家公司的涉外业务在总业务中占比较大，或者公司经营期间国际形势复杂多变，汇率波动则有可能带来较大影响。

和经营有关的非经常性支出

前面说的是与经营活动有关的非经常性收入，与经营活动有关的非经常性支出主要指两类减值损失——信用减值损失和资产减值损失（见表 3-6）。

表 3-6　贵州茅台 2020 年利润表中的信用减值损失和资产减值损失明细

单位：元

项目	附注	2020 年度	2019 年度
信用减值损失（损失以"-"号填列）	40	-71 371 809.85	-5 313 489.80
资产减值损失（损失以"-"号填列）			

资料来源：贵州茅台 2020 年年报，巨潮资讯网。

信用减值损失

通俗理解：对方公司向我公司借款，后因其不打算还或无力偿还而产生的坏账。

应收款项面临回收的风险。安洁欠了小明 1000 元，但是她没有还钱的意愿或者能力，会计师经过评估，认为其中 100 元已经无法要回，可被视为坏账。于是，这少掉的 100 元就要在信用减值损失中被扣除。

信用类资产（如其他应收款、债权投资、长期应收款、合同资产等）产生的减值都属于信用减值损失。

资产减值损失

通俗理解： 其他资产的减值造成的经济损失。

很多资产都是会"缩水"的，比如存货、商誉、固定资产等，发生减值的部分要在利润表中以资产减值损失的形式被扣掉，于是股东最终赚到的净利润变少了。我们之前在第 2 章已经讲过各主要资产的减值、跌价情况，这里不再赘述。

四种利润

小明因经营活动而产生的收支，再加上或减去经营期间的非经常性收支，最后剩下的就是利润。下文笔者将介绍四种利润：营业利润、利润总额、净利润和归属于母公司股东的净利润（见表 3-7）。

表 3-7　贵州茅台 2020 年利润表中营业利润、利润总额、净利润、
归属于母公司股东的净利润部分明细

单位：元

项目	附注	2020 年度	2019 年度
三、营业利润（亏损以"-"号填列）		66 635 079 882.38	59 041 489 276.14
加：营业外收入	42	11 051 136.15	9 454 451.03
减：营业外支出	43	449 189 027.42	268 391 929.45
四、利润总额（亏损总额以"-"号填列）		66 196 941 991.11	58 782 551 797.72
减：所得税费用	44	16 673 612 108.71	14 812 551 005.21
五、净利润（净亏损以"-"号填列）		49 523 329 882.40	43 970 000 792.51
（一）按经营持续性分类			
1. 持续经营净利润（净亏损以"-"号填列）		49 523 329 882.40	43 970 000 792.51

（续表）

项目	附注	2020 年度	2019 年度
2. 终止经营净利润（净亏损以"－"号填列）			
（二）按所有权归属分类			
1. 归属于母公司股东的净利润（净亏损以"－"号填列）		46 697 285 429.81	41 206 471 014.43

资料来源：贵州茅台 2020 年年报，巨潮资讯网。

营业利润

通俗理解：小明从事生产经营活动赚到的利润。

在对前面几节提到的各个科目进行加减之后，可以算出营业利润。营业利润，顾名思义，就是小明通过营业赚到的钱。读者可能会发现，公允价值变动收益、投资收益也被计入营业利润，此处颇有争议，但是把它们归入营业利润是有一定的道理的。

随着企业规模越来越大，其会产生对外并购和投资行为，如果对外投资的项目同企业原来的主营业务有关，那么把这些投资收益计入营业利润便无可厚非。比如在工业化初期，我国的一些公司为了引进国外的技术，往往采取联营的方式，即国内的公司 A 和国外的公司 B 合资成立了公司 C。因为通过这种方式国内公司获得了来自国外的先进技术，公司 A 的大部分收益可能来自公司 C，即 A 的投资收益贡献了大量净利润。综上，人们索性将投资收益、公允价值变动收益都归入营业利润。

利润总额

通俗理解：营业利润加减与营业无关的各类收支后剩下的钱。

当我们讲到营业利润时，就意味着公司在营业过程中产生的各类收支都

已经被考虑进去了。但是，公司总会遇到和营业无关的事项。

比如小明买彩票中了 500 万元，去领奖的路上，他因为乱停车被罚款 200 元，这些就是营业外的收入和支出。在中国，营业外收入一般是指与公司日常经营无关的各项利得，如政府补贴、捐赠收入等，营业外支出多为罚款之类。由于营业外收支的明细与企业日常经营无关，所以读者无须过分在意相关科目明细，只要它们占比不大即可。营业利润加上营业外收入，再减去营业外支出，即为利润总额。

净利润

通俗理解：企业的税后利润。

无论是营业所得还是中彩票赚来的钱，都属于被国家认可的合法收入，即都得交税。税务局会在利润总额的基础上扣掉一笔企业所得税，剩下的钱叫作净利润。到了这一步，上文中提到的毛利润中的"毛"便都被剃干净了。

净利润虽说是属于股东的最终权益，但是由于存在两类股东，它还要被继续拆分。

归属于母公司股东的净利润

通俗理解：真正属于上市公司股东的那部分净利润。

股东分为两类：母公司股东和少数股东。我们要关注的是归属于母公司股东的那部分净利润。

在讲这个科目之前，我们要先了解一下财务报表的并表规则。举个例子，小明的公司上市了，我们买了它的股票，即成为小明的股东。小明并购了安洁的公司，但是并未 100% 占股，而是占股 60%。小明虽然并未完全占股，但是已经实现控股，小明母公司和安洁子公司都是小明集团不可分割的一部分。根据会计准则，安洁子公司的财务报表要被合并到小明公司的报表中，这便是并表。假设今年，安洁子公司的净利润是 500 万元，小明母公司的净利润是 1000 万元，根据并表规则，小明在利润表上记录的净利润为 1500 万元。

但实际上，小明母公司只占有安洁子公司 60% 的股份，也就是说，安洁子公司创造的 500 万元净利润中，只有其中的 60%（300 万元）为小明母公司所有，另外的 200 万元净利润属于安洁本人。但是，安洁并不是上市公司主体的股东，她被称为"少数股东"，我们这些持有小明母公司股票的股东才是"母公司股东"（见图 3-1）。

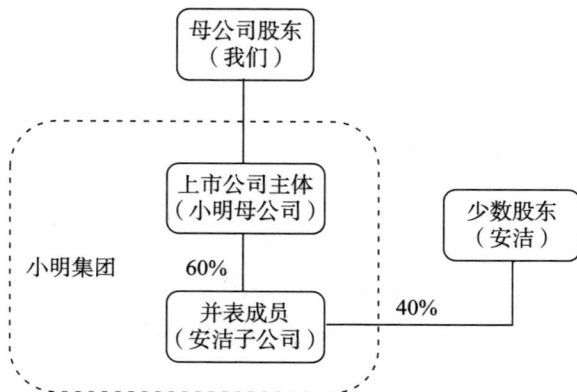

图 3-1　小明集团关系示意图

所以，母公司股东真正拥有的安洁子公司的净利润其实只有 300 万元。300 万元加上小明母公司自己的净利润 1000 万元，共计 1300 万元，这 1300 万元才是"归属于母公司股东的净利润"（以下简称"归母净利润"）。

如果你尚不能完全理解以上概念也无妨，只须记住：作为投资者，我们买的是上市公司主体的股票，即我们是母公司的股东，真正属于我们的那部分净利润，是归母净利润，而不是全部的净利润。

同样，在资产负债表中也有"归母净资产"一科，读者可以查看相关资料自行学习。

利润表上没有出现的三种利润

还有三种利润并未体现在我国的标准会计报表上，但它们也颇为重要。比如扣非净利润在判断盈利质量时会发挥巨大作用，而息税前利润（Earnings Before Interest and Tax，EBIT）、税息折旧摊销前利润（Earnings Before Interest, Taxes, Depreciation and Amortization，EBITDA）则常见于美股市场，它们在估值方面发挥着不可替代的作用。

扣非净利润

通俗理解：所谓扣非，就是"扣除非经常性损益"的缩写。上市公司有很多不经常发生的损益，它们大多数不可持续，也和日常经营无关，就像啤酒上面的泡沫一样，要被撇去才行。

上市公司会在年报的补充资料中披露一张非经常性损益表，表中列示了所有不可持续的、和主营业务无关的损益，这些非经常性损益被扣除后的净利润即被称为扣非净利润。扣非净利润可以真实反映一家公司的盈利状况。后面我们会学习用软件分析扣非净利润，大家无须一条一条地记非经常性损益表的内容。

EBIT

通俗理解：EBIT，即息税前利润，顾名思义，就是还没扣除利息（主要是财务费用）和所得税的利润。

EBIT= 营业收入 - 营业成本 - 税金及附加 -
销售费用 - 管理费用 - 研发费用

在国际会计准则中，EBIT= 营业总收入 - 销货成本 - 营业费用。我们可以简单地认为，EBIT 代表了利润表的上半部分，即营业收入减去营业成本、税金及附加，并减去除财务费用以外的另外三项期间费用。正因为 EBIT 的计算

73

不涉及财务费用和所得税，所以 EBIT 排除了利息、税收这两个外部因素的影响。EBIT 也不必考虑投资收益、公允价值变动收益、政府补贴等非经常性收支的影响，或许相比营业利润，它能更加真实地反映公司的经营业绩。

有的算法认为，EBIT= 净利润 + 财务费用 + 所得税。这种算法也是被认可的，但笔者个人并不推崇这种算法。因为这样计算出的 EBIT 无非是利润总额加财务费用而已，而大多数公司的财务费用少到可以忽略不计，那么这样算出来的 EBIT 与利润总额又有什么不同，何必多此一举？而且这样计算出的结果将包含营业外收入等非经常性损益，无法反映企业真实的盈利能力。因此我们在使用自由现金流贴现模型进行估值时，一般采用第一种方法计算 EBIT。

也有个别书或者网站上提供的 EBIT 公式没有扣除研发费用。这是因为在过去，研发费用是被包含在管理费用中的，因此公式默认研发费用已被扣除。

EBITDA

> **通俗理解**：EBITDA，即税息折旧摊销前利润，它是在 EBIT 的基础上，把公司并没有实际支付现金的折旧、摊销再加回来。

EBITDA=EBIT+ 折旧 + 摊销

折旧和摊销存在于成本和期间费用中，虽然每个月都要被从利润表里扣掉，但实际上，公司并不会为它们支付现金。小明买机器、建厂房的钱在第一年就已经被一次性支付出去了，在后几年里，他不会真的为所谓的折旧费、摊销费支付真金白银。

但是 EBIT 毕竟扣除了折旧和摊销，它有可能低估公司的真实现金流情况。EBITDA 会将折旧、摊销再加回来，这一指标相对来说，能更真实地反映小明公司的现金流状况。我们在进行企业估值时常用到 EBITDA 指标，常见方法有 EV/EBITDA 估值法和自由现金流贴现模型等。

第4章　现金流量表：如何判断一家公司是否安全

第三张表是现金流量表，它是最简单的一张表，表中大多数科目名称较为直白，我们可以望文知义。现金流量表非常重要，现金流是一家公司的血液，公司没有了血液将无法运转。一家公司甚至可以一直亏损，只要现金流还能维持住，便"留得青山在，不怕没柴烧"。

经营活动产生的现金流量

经营活动产生的现金流量，顾名思义，即因日常经营而产生的流水账。表 4-1 是恒瑞医药的现金流量表，虽然表中科目的名字都很长，但我们仔细一读便可大致知道各科的含义。

表 4-1　恒瑞医药 2020 年现金流量表中经营活动产生的现金流量部分明细

单位：元

行次	项目	附注	2020 年度	2019 年度
1	一、经营活动产生的现金流量：			
2	销售商品、提供劳务收到的现金		24 155 872 216.73	23 279 843 304.44
3	收到的税费返还		713 563.22	—
4	收到其他与经营活动有关的现金	78	379 975 991.02	326 554 068.97

（续表）

行次	项目	附注	2020 年度	2019 年度
5	经营活动现金流入小计		24 536 561 770.97	23 606 397 373.41
6	购买商品、接受劳务支付的现金		1 147 849 729.97	1 085 045 349.61
7	支付给职工及为职工支付的现金		5 628 434 546.60	3 930 570 085.92
8	支付的各项税费		3 022 513 286.92	2 428 240 073.45
9	支付其他与经营活动有关的现金	78	11 305 829 402.24	12 345 708 997.14
10	经营活动现金流出小计		21 104 626 965.73	19 789 564 506.12
11	经营活动产生的现金流量净额		3 431 934 805.24	3 816 832 867.29

资料来源：恒瑞医药 2020 年年报，巨潮资讯网。

从事金融业务的公司的现金流量表会特殊一些，因为它需要记录这些特殊业务的现金流情况。表 4-2 是贵州茅台的现金流量表，其相比恒瑞医药的更为复杂，表中增加了很多金融类的科目，如"客户存款和同业存放款项净增加额"等，一般公司不会涉及这类科目。后文我们将以恒瑞医药的现金流量表为例进行讲解。

表 4-2　贵州茅台 2020 年现金流量表中经营活动产生的现金流量部分明细

单位：元

项目	附注	2020 年度	2019 年度
一、经营活动产生的现金流量：			
销售商品、提供劳务收到的现金		107 024 384 560.17	94 980 138 631.64
客户存款和同业存放款项净增加额		3 189 100 199.87	−437 417 306.80
向中央银行借款净增加额			
向其他金融机构拆入资金净增加额			
收到原保险合同保费取得的现金			
收到再保业务现金净额			
保户储金及投资款净增加额			
收取利息、手续费及佣金的现金		3 075 945 383.34	3 667 633 965.97
拆入资金净增加额			

（续表）

项目	附注	2020 年度	2019 年度
回购业务资金净增加额			
代理买卖证券收到的现金净额			
收到的税费返还			
收到其他与经营活动有关的现金	46（1）	221 421 226.63	1 234 081 863.41
经营活动现金流入小计		113 510 851 370.01	99 444 437 154.22
购买商品、接受劳务支付的现金		7 230 646 129.19	5 521 948 744.75
客户贷款及垫款净增加额		2 978 755 728.00	13 000 000.00
存放中央银行和同业款项净增加额		− 2 506 406 682.56	− 4 503 181 198.43
支付原保险合同赔付款项的现金			
拆出资金净增加额		200 000 000.00	200 000 000.00
支付利息、手续费及佣金的现金		107 241 768.26	175 423 942.78
支付保单红利的现金			
支付给职工及为职工支付的现金		8 161 813 197.26	7 669 863 126.24
支付的各项税费		41 622 706 350.37	39 841 352 755.42
支付其他与经营活动有关的现金	46（2）	4 047 026 186.46	5 315 417 150.90
经营活动现金流出小计		61 841 782 676.98	54 233 824 521.66
经营活动产生的现金流量净额		51 669 068 693.03	45 210 612 632.56

资料来源：贵州茅台 2020 年年报，巨潮资讯网。

现金流入部分

如表 4-1 所示，小明在本期因日常经营活动收到的钱（行次 2）、收到的各类税费返还（行次 3）、获取的无法被分类的其他收入（行次 4），一同构成经营性现金流入的主要部分。例如，安洁向小明订了价值 1000 元的瓷砖，支付了 300 元的首付款，同时支付了去年一笔订单未付的 200 元尾款，这 500（300+200）元就被记录在这一部分。

现金流出部分

如表 4-1 所示，小明日常经营活动产生的各项支出包括进货的钱（行次 6）、给员工发的工资（行次 7）、向政府交的税款（行次 8），以及其他无法被分类的支出（行次 9）。

卖货收钱以及进货、发工资、交税，基本构成日常经营的全部内容。古代掌柜们记录的流水账中大部分也都是这些日常琐事。

经营活动产生的现金流量净额

如表 4-1 所示，所谓的净额，就是经营活动流入的现金减去流出的现金的差额（行次 11）。经营活动、投资活动、筹资活动的现金流量净额是现金流量表分析的最主要部分。

一家公司的经营活动产生的现金流量净额为正数表示它能够自己"造血"，这样的公司较为安全，否则它就必须依靠外部"输血"才能维持运转。那么，哪些公司的经营性现金流量净额会是负数呢？

第一种常见的可能性是公司为新公司。小明刚刚创业，业务尚未有起色，也还没有打造出自己的商业模式，销售商品、提供劳务收到的现金自然很少。但是小明的租金、水电费、工资等都要照常支付，最终剩下的现金流量净额当然为负数。

第二种常见的可能性是公司为"差公司"。隔壁老王不但经验丰富，还非常勤奋，每天起早贪黑，悉心照料自己的店铺，而小明缺乏经验，不懂怎么营销，也不懂怎么节省成本，运营的效率也比老王低，小明自然也赚不到什么钱。

虽然现金流量表和利润表的记录规则不一样，但是二者通常不会有太大差异。因此，通过对比经营性现金流量净额和净利润，我们可以判断一家公司盈利的质量，本书的第二部分将讲一些具体判断方法。

投资活动产生的现金流量

投资有两种去向，一种是投资给别人，另一种是投资给自己。前者如买股票、进行股权投资之类；后者如为自己添置固定资产、无形资产等长期资产，就比如本书第 1 章讲到的"买洗碗机"的故事。此类行为并非日常经营的琐事，所以应被归入投资活动，这是容易和经营活动产生混淆的地方（见表 4-3）。

表 4-3　恒瑞医药 2020 年现金流量表中的投资活动产生的现金流量部分明细

单位：元

行次	项目	附注	2020 年度	2019 年度
12	二、投资活动产生的现金流量：			
13	收回投资收到的现金		29 645 246 120.05	26 877 165 421.96
14	取得投资收益收到的现金		341 424 519.49	307 360 450.09
15	处置固定资产、无形资产和其他长期资产收回的现金净额		3 556 362.25	1 203 374.63
16	投资活动现金流入小计		29 990 227 001.79	27 185 729 246.68
17	购建固定资产、无形资产和其他长期资产支付的现金		554 328 530.86	561 351 000.76
18	投资支付的现金		27 638 069 682.00	28 569 818 650.00
19	投资活动现金流出小计		28 192 398 212.86	29 131 169 650.76
20	投资活动产生的现金流量净额		1 797 828 788.93	− 1 945 440 404.08

资料来源：恒瑞医药 2020 年年报，巨潮资讯网。

现金流入部分

如表 4-3 所示，任何因为投资而产生的现金流入都被记录于此，比如小明变卖股票或转让股权收回来的钱（行次 13）、从股票上赚到的红利（行次 14）、变卖自己的机器设备收到的钱（行次 15）等，以上都属于投资活动产生的现金流量。

虽然小明卖掉资产属于投资活动，但是变卖机器设备的钱会通过利润表上的资产处置收益影响利润，同样，投资收到的红利、变卖金融资产的收益也会通过利润表中的投资收益科目影响净利润，所以影响利润表的不仅仅是经营活动，还包括投资活动，这也是一家公司的净利润与经营活动产生的现金流量净额不可能绝对相等的原因。

现金流出部分

如表 4-3 所示，相应地，小明用来买设备的钱（行次 17）、购买股票等金融资产的钱（行次 18），自然就是投资的现金流出了。

这里需要注意投资支出的结构，是购建固定资产、无形资产、其他长期资产之类的投资（给自己的钱）比较多，还是买股票之类的投资（给别人的钱）比较多。如果一家公司的主营业务本身并非金融投资，那么我们还是希望它能多花点钱在自己身上。

那么，"购建固定资产、无形资产和其他长期资产支付的现金"越多越好吗？也不是。这里要额外介绍一个叫作"资本支出"（Capital Expenditure，Capex）的概念。

资本支出虽然是扩大规模的必需的开支，但是会降低企业的自由现金流，从而减少企业价值。自由现金流就是企业在不影响公司生存与发展的前提下可分配给股东和债权人的最大现金，对自由现金流进行贴现是评估企业价值的一个基本方法。为了不影响公司的生存和发展，企业不得不预留一些钱来维护、保养机器设备。因此在自由现金流的公式中，资本支出以扣除项的形式存在，企业为了经营的维持与发展花费的钱越多，该年度能被分配给股东自由支配的钱就越少，因此资本支出将减少自由现金流，从而影响企业的估值进程。部分投资者不喜欢重资产行业便是出于这一原因。

一项资本支出是否值得，就要看它能否在未来创造出更多现金，但是不少公司会把钱花在大量增收不增利的地方，从而影响企业价值。在有些技术变化快、资产投入大的行业，一家公司往往要花重金建设生产线，可是因为技术变化太快，没过几年，生产线又要被重新置换，资本支出居高不下，这样的公司往往估值很低。投资者最好能够研究一下自己熟悉的行业，判断公司资本支出的必要性以及未来可能带来的价值。

投资活动产生的现金流量净额

如表 4-3 所示，变卖资产或取得的投资收益，减去自己扩大规模的开销或投资给别人的钱，剩下的便为投资活动产生的净额（行次 20）。和经营性现金流量净额相反的是，投资性现金流量净额为负数是较为常见也比较合理的现象。

一家公司要发展，手段无非两种，要么投资自己（内涵式增长），要么对外并购（外延式扩张）。为了打败竞争对手，小明不断地开设新店，甚至把生意扩张到周边省、市、县中去。如果他懂得资本运作，他还可以并购其他城市的建材店，省去在异地扩张的成本和风险。由于企业需要不断地扩张，所以用于投资的现金流出很多，投资性现金流量净额常常为负数。当行业逐渐成熟，不再有扩张的空间时，小明投资的脚步才会放缓，而他过往的投资项目开始稳定产生收入，此时的投资性现金流净额才有可能为正数。但是这种情况是极为少见的，上市公司有增长的动力，即使老行业增速出现瓶颈，公司也会想方设法寻找新的增长点，因此即使是千亿级企业，其投资性现金流净额也往往为负数。

小明需要大量地花钱扩张，但是光靠经营活动赚来的钱是远远无法满足要求的，怎么办呢？小明可以利用资本市场融资或者借钱，这便是筹资活动。

筹资活动产生的现金流量

筹资就是从外面"输血"，资金有两种来源，要么是来自投资人的股权融资，要么是来自债权人的借款（见表 4-4）。

表 4-4　恒瑞医药 2020 年现金流量表中的筹资活动产生的现金流量部分明细

单位：元

行次	项目	附注	2020 年度	2019 年度
21	三、筹资活动产生的现金流量：			
22	吸收投资收到的现金		1 320 292 274.93	97 013 079.14
23	其中：子公司吸收少数股东投资收到的现金		149 104 377.93	97 013 079.14
24	筹资活动现金流入小计		1 320 292 274.93	97 013 079.14
25	分配股利、利润或偿付利息支付的现金		1 017 127 148.73	810 889 652.54
26	支付其他与筹资活动有关的现金	78	11 976 845.43	4 631 923.67
27	筹资活动现金流出小计		1 029 103 994.16	815 521 576.21
28	筹资活动产生的现金流量净额		291 188 280.77	−718 508 497.07

资料来源：恒瑞医药 2020 年年报，巨潮资讯网。

现金流入部分

如表 4-4 所示，恒瑞医药记录了找投资人融资的钱（行次 22），但是没有记录找债权人借来的钱（取得借款或者发行债券收到的现金），因为恒瑞医药没有借款，有债务融资的公司则会有这一科目。

融资、借钱就是筹资活动的全部内容。为什么很多公司一直在亏损，却一直没有倒闭，就是得益于发达的股权投资市场。只要投资人愿意注资，便可以满足公司不断扩张的需要，但是过度依赖外界"输血"远不如自己"造血"来得安心。

现金流出部分

如表 4-4 所示，相应地，你给投资人分红或向债权人支付利息（行次 25）、还债主钱（偿还债务支付的现金），则构成筹资活动的现金流出部分。

筹资活动产生的现金流量净额

如表 4-4 所示，经营性现金流量净额往往是正数，投资性现金流量净额往往是负数，而筹资性的现金流量净额（行次 28）为正为负都是有可能的。通常来说，处于发展初期、成长期的公司，筹资性净额通常为正数，但是到了成熟期以后，该净额可能为负数。

如果小明的公司正处于创业期或高速成长期，依靠自身经营赚来的现金流是无法满足大规模投资需求的，他必须从外部大量地融资、借钱。筹到的钱源源不断地流进来，筹资性现金流量净额自然为正数。

当小明的公司进入成熟期，他的生意就会变成一个收入稳定但很难再有增长空间的"现金牛"。此时，小明的造血能力很强，经营性现金流量净额为正数，而且此时市场空间已经饱和，小明扩张的脚步逐渐放缓，过往的投资逐渐进入收获期，投资性现金流量净额可能变成正数。还有可能小明此时的造血能力已完全能够满足投资扩张的需求，导致小明的现金越来越多。在这一阶段，小明会慢慢还清债务，或者向股东支付高额的现金分红，这时的筹资性现金流量净额自然就是负数了。

现金及现金等价物净增加额

经营、投资、筹资三种活动，分别产生了不同的现金流量净额，有的是正数，有的是负数，但无论如何，三种活动产生的现金流量净额总和必须为正数，否则公司的现金流就有可能断裂，公司将面临破产危机。

如表 4-5 所示，这三种活动的现金流量净额相加，再考虑一下汇率变动因素（行次 29），最终得出的结果就是今年这家公司的现金及其等价物净增加额（行次 30）。这个增加额再加上期初现金（行次 31），就是期末的现金及其等价物余额（行次 32）。

表4-5　现金及其等价物的净增加额、期初余额与期末余额相关明细

单位：元

行次	项目	附注	2020 年度	2019 年度
29	四、汇率变动对现金及现金等价物的影响		−89 078 852.61	12 307 165.98
30	五、现金及现金等价物净增加额		5 431 873 022.33	1 165 191 132.12
31	加：期初现金及现金等价物余额		5 030 918 299.11	3 865 727 166.99
32	六、期末现金及现金等价物余额		10 462 791 321.44	5 030 918 299.11

资料来源：恒瑞医药 2020 年年报，巨潮资讯网。

　　值得注意的是，现金及现金等价物余额并不等于资产负债表上的货币资金额。货币资金侧重于资产存在的表现形式，即以货币形式存在的资产，但其不一定具备流动性，比如押金、保证金等流动性都比较差。现金及其等价物则强调流动性，其表现形式不一定为货币资金，一些交易性金融资产亦被算在内。

　　现金具有最高流动性，现金等价物指的是那些虽然形式上不是现金，但是流动性和价值稳定性可以近似等价于现金的资产。比如短期国债，它在资产负债表上应被算作交易性金融资产而不是货币资金，但是如果你急需用钱，可以很快将国债卖掉变现，而且国债的价格不会像股票那样波动很大，具备和现金类似的稳定性，这就是现金等价物。现金及其等价物经常被用于判断公司的偿债能力，我们在第二部分会进一步学习相关内容。

七步成诗法

第 5 章 杜邦分析法：七步成诗法的原理

只懂得看财报是远远不够的，我们需要对财报进行分析，这就需要一个系统性的分析体系。

财务报表就像一个人，认识他和可以评价他是两回事。如果我们与他只是泛泛之交，那么只要认识他，见面时能打个招呼就足够了；但是如果我们要与他成为好朋友，甚至产生事业上的合作，那么就需要对这个人进行系统性的分析。比如我们可以从外貌、气质、品格三方面入手分析，外貌还可以被细分为长相、衣着、体态三部分，否则我们只能泛泛地说出几个零散且不成体系的观点。

有的书在讲到财务分析方法时，仅仅罗列了一些财务比率，却没有提供一个将这些财务比率串联起来的逻辑。财务比率确实是非常重要的分析工具，它们就像厨师的锅具和铲子一样不可或缺。但是工具若不搭配一套工艺流程，就无法烹饪出一道菜。这个工艺流程就是财务分析体系，它就像一张网，能把财务比率都串联起来，形成一套完整的分析逻辑。

对于缺乏烹饪经验的人来说，他最需要的不是五花八门的厨具，而是一本菜谱，能照着菜谱上的步骤来做出一道菜即可。笔者在投资分析的实践中总结出了一套菜谱式的分析步骤，你可以通过简单的七个步骤来分析一家公司的财务状况。古有曹植七步成诗，今有笔者七步读懂财报，我们姑且称之为"七步成诗法"。

在正式讲解具体方法之前，我们要先学习它背后的原理，才会更好地理解这个方法。七步成诗法背后的原理为杜邦分析法。

杜邦分析法简介

在风险可控的前提下尽可能追求较高的投资回报率是投资者的目标。那么，应如何衡量投资回报率？

1909 年，美国知名的多元化集团杜邦公司招来了一个年轻的销售员，他叫作法兰克·唐纳德森·布朗（Frank Donaldson Brown），彼时，会计学尚未完善，很多我们现在常用的财务比率和公式都尚未成型。布朗做了三年销售，又跟着当时的财务主管一起从事公司的金融业务。布朗并不满足于本职工作，而是经常思考如何提高公司的运营效率。于是，他钻研出一套财务分析体系，并将其写成一份报告提交给公司领导。领导对这套分析方法大为赏识，并将这套方法于 1920 年后在全集团推广，随后它便流传到世界各地，成为国际通用的财务分析体系。只可惜，人们只知道杜邦公司，不知道法兰克·布朗，就索性称这个方法为杜邦分析法。不过，努力的打工人布朗也不亏，凭着这项成就，他很快便升职加薪，当上通用汽车的执行董事，职业生涯从此一帆风顺。

杜邦分析法讲了什么呢？布朗认为，财务指标虽然多如牛毛，但是有一个是最关键的因素，只要将这一指标抓住了，就相当于抓住了财务分析的主要矛盾。它就是净资产收益率（Return of Equity，ROE）。

净资产收益率 = 净利润 / 平均净资产

为什么它是最重要的因素呢？布朗认为，所谓投资回报率，就是"用自己投入的钱赢得尽可能多的利润"，而 ROE 最完美地阐释了这个定义：分母的净资产就是股东自己投入的钱，分子则代表净利润，因此，净资产收益率在数学上表示的就是"股东每投入一元钱，能产生多少净利润"，这就衡量了"用自己投入的钱赢得利润"的能力。比如贵州茅台的 ROE 约为 30%，这就代表，茅台今年每 100 元的净资产，能为股东创造 30 元的净利润。要注意的是，ROE 的分母采用的是期初净资产与期末净资产的平均值，之所以采用平均值是为了平滑数据。如果只用期末数作为分母，那么上市公司则有可能在年底通过人为地调低净资产来提高 ROE。

ROE 公式的推导过程如下。

ROE= 净利润 / 平均净资产

=（净利润 / 营业总收入）×（营业总收入 / 平均总资产）×

（平均总资产 / 平均净资产）

= 销售净利率 × 总资产周转率 × 权益乘数

从这个公式上看，提高 ROE 有三个途径：要么增强盈利能力，即提升销售净利率；要么高速周转，提升总资产周转率；要么敢于利用财务杠杆，提高权益乘数。不同公司的优势不同，比如盈利能力强的公司往往周转速度较慢。根据三种能力的侧重性，我们可以将公司分为三类。

盈利能力很强的"茅台型"公司

影响 ROE 的第一个因素是销售净利率，以下简称为净利率。

销售净利率 = 净利润 / 营业总收入

有的生意很赚钱，便能获得比其他行业高很多的净利率，消费行业和科技行业便是两个典型。

消费

听说老同学小明创业了，你寻了个时间与他叙旧。你们在烧烤摊上喝了好几听啤酒，一同回忆在学校读书时的美好时光。第二天，小明去见客户，送了客户一瓶包装精美的白酒。

不同消费品牌有着不同的使用场景。啤酒适合同学聚会，白酒适合商务宴请，不同品牌的功能不同，各有千秋。白酒由于有着较为特殊的使用场景，因此具有较高的毛利率。贵州茅台的毛利率可达 90%，净利率在 50% 以上，盈利能力很强。

科技

医药是典型的科技类产品，研发一款药物需要花费至少 10 年的时间，耗费至少 10 亿元，但成功率只有 10% 左右。研发一旦成功，攻克了一项疾病，相关产品将具有不可替代性，能够享有极高的毛利率。恒瑞医药 2016—2020 年的毛利率都大于 85%，净利率也基本大于 20%。那些享有专利权或者掌握了稀缺技术的公司，都具有较高的盈利能力。

但是鱼和熊掌不可兼得，"茅台型"公司很难提升周转速度，也很难提高杠杆率。商务宴请用的白酒一瓶售价上千元，我们自然无法像喝啤酒一样一次性喝掉好几瓶，此类产品也走不了薄利多销的路线。好在这类公司的获利能力较强，现金流状况比较好，通常没有什么借钱的需求。

周转能力很强的"沃尔玛型"公司

强势品牌屈指可数，绝大多数公司没有这么强的溢价能力。小明的瓷砖和隔壁老王家的基本没有区别，两家产品在功能、花纹、形状上都相近，他无法找到能产生差异的竞争点，自然无法获得高溢价。因为只要他家产品的价格稍高一些，聪明的消费者就会把订单送到老王手上。既然无法卖得更贵，小明只能勤快一些，争取走薄利多销路线了，这种方法便为提高总资产周转率。

总资产周转率 = 营业总收入 / 平均总资产

$$平均总资产＝（期初总资产＋期末总资产）/2$$

总资产周转率衡量的是 1 元钱总资产能撬动多少元的营业收入，或者换言之，为了达到现在的营业收入水平，总资产要在一年内周转几次。它的分母之所以用总资产的期初值加期末值的平均数，也是为了平滑数据，以免某些公司在年底时故意人为降低总资产以提高周转率。小明如果能够加快销货速度、提升运营效率，比如同样一批货，老王要用一个月的时间才能卖掉，小明只需用一星期的时间，他也能获得竞争优势。

薄利多销的行业有很多，但把这一能力打磨到极致的，主要为工业行业、贸易行业和零售业行业。

工业和贸易

如果小明开了一家工厂，专门为老王等建材商定制瓷砖产品，那么对于小明来说，他的生产成本越低，对老王的吸引力就越大。工厂通常根据下游客户的需求进行定制生产，小明能生产的瓷砖，另一家工厂也能做，因此小明只能想办法降低成本、提高效率，以争取老王的订单。从事贸易行业也是一样，如果小明自己不经营工厂，当了工厂和老王中间的批发商，那么对于老王来说，小明的报价越低越好，否则他就会到别的批发商处采购，甚至绕开小明，直接联系工厂。华东地区某家做大宗商品贸易的公司，销售净利率仅为 0.57%，但是总资产周转率连续多年高达 6.6 次，当真是薄利多销界的典范。

零售业

超市里卖的都是老百姓的日常用品，如柴米油盐之类，不可能有太大的溢价，它只能靠消费者多多光顾以提高周转率。家家悦超市的销售净利率只有 2.4%，远低于茅台、恒瑞这样的公司，但是它一年的总资产周转率接近 2 次。靠着薄利多销，家家悦每年的 ROE 也接近 15%。

对于工业、贸易、零售业来说，规模经济是非常重要的竞争要素，一旦行业龙头获得足够大的规模，其不但能通过提高效率、降低成本来提高总资产周转率，还可以凭借规模优势达到惊人的利润体量。作为一家超市，沃尔玛的净利率也不高，大约为 2.5%，但是沃尔玛 2020 年的净利润总额高达 152 亿美元，约为 1000 亿元人民币。沃尔玛凭着庞大的体量，位居 2020 年《财富》世界 500 强排行榜榜首，就连排名第二的中石化的净利润也只有沃尔玛的一半。我们将周转能力很强的公司统称为"沃尔玛型"公司。

财务杠杆很高的"银行型"公司

在经济学中，人们会把债务比喻为杠杆，这一比喻很形象，表现杠杆水平的指标一般被叫作权益乘数或杠杆率。

权益乘数 = 平均总资产 / 平均净资产

杠杆率等于平均总资产除以平均净资产，所谓平均数也是由期初值和期末值算出的，目的也是平滑数据。根据会计恒等式，总资产等于净资产与总负债之和。因此，同样数额的总资产中，负债越多，净资产就越小，权益乘数就越大，杠杆率也越大。

假设小明投资了 100 万元开了一家建材店，但是他借来了 9900 万元，凑了共计 1 亿元的总资产，并因此加快扩大规模的脚步，赚到了 1000 万元的净利润。

在这 1 亿元的总资产中，有 9900 万元是负债，小明自己投入的钱即净资产，只有 100 万元，但是小明利用高杠杆赚到了 1000 万元，这就意味着他的 ROE 高达 1000%。当然，高杠杆也意味着高风险，将其比作走钢丝并不过分。小明如果经营不善，将面临巨大的偿债压力。房地产业和银行业是两个较为典型的高杠杆行业。

房地产

房地产是典型的重资产行业。没有资金支持连一间厕所都盖不出来，因此，房地产公司需要利用杠杆撬动大额资金。

万科 2019 年年报显示，公司的权益乘数大约为 6，也就是说，万科自己每投资 100 万元，就对应会有 500 万元的负债，杠杆率极高。截至 2021 年 6 月，万科的净资产约为 3600 亿元，负债却约为 16 000 亿元，其中欠供应商的货款有 3000 余亿元，它还向银行借了 1500 余亿元，被计入负债。正是因为杠杆率高，房地产公司才能盖得起楼房，但也正是因为如此，房企的资金链总是绷得很紧，一不小心就会断裂。最近几年，一些房企频频"爆雷"，也是由于这个原因。

银行

万科的权益乘数大约是 6，那么招商银行的权益乘数呢，大约为 12！

银行业的高杠杆来自银行的盈利模式。银行的现金并非由银行所拥有，而是储户们的钱。储户将钱存在银行，就相当于把钱借给了银行，并向银行收取一点利息。银行再将这些钱借给小明这样的企业家，向小明收取更高的利息，从中赚取利差。

第 6 章　财务分析的原则

没有对比就没有伤害

杜邦分析法只是讲解了财务分析的基本逻辑，而接下来要讲的七步成诗法则是将这个逻辑显性化，使之成为具有可操作性的工具。

我们在进行财务分析的时候，是无法通过孤立的数据得知一家公司的实际状况的，还要通过横向和纵向对比才会做出判断。横向就是公司和同行对比，纵向就是和自己的过去对比。一名选手用三个小时跑完了马拉松，他跑得快不快呢？光看这个数字我们是无法得出结果的，我们必须将他与其他选手进行横向对比，看看他的成绩处于哪个分位数；同时，我们最好能看一下这位选手过去的成绩，看看他的发挥是否稳定，相比过去，他是否有所进步，即使他此次跑赢了绝大多数马拉松选手，但是和自己过去的成绩相比，依旧退步了很多，也是值得关注的。

进行财务数据的横向与纵向对比时，要记住"3 ~ 5"原则即可，也就是至少对比 3 ~ 5 家状况最为接近的同行，看看它 3 ~ 5 年的历史数据。如果一家公司的上市时间很短，公开披露的数据不足 5 年甚至不足 3 年，而你经验不足，没有太大的把握，可以先将它放一放，让它再多积累几年的数据。

善用工具

为了提高效率，我们可以使用一些分析软件，一般专业机构使用的是Wind（万得）金融终端（见图6-1），但是该软件多由机构投资者使用。鉴于本书针对的是非职业的、以个人为主的投资者，笔者会介绍一些免费的工具。在后续的案例分析中，为照顾大多数读者，笔者也将尽可能使用书中介绍的免费工具进行演示[①]。

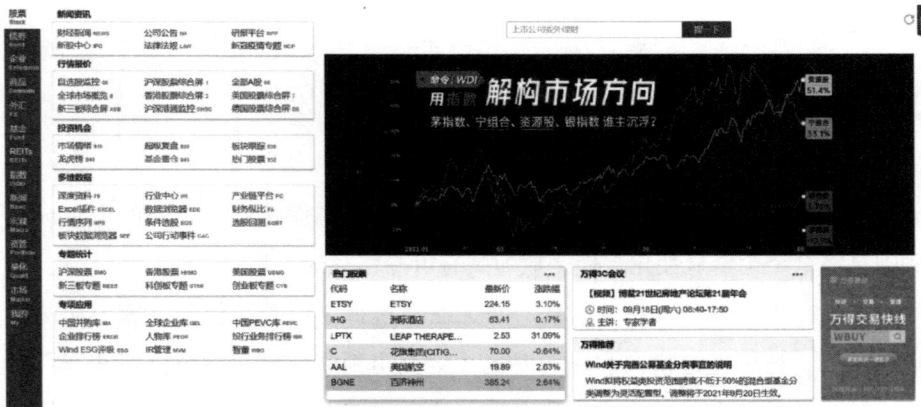

图 6-1　Wind（万得）金融终端界面

问财

同花顺旗下的问财是一个免费的人工智能投研平台，它相当于股票版的Siri，你可以在搜索框中直接输入关键词查询你需要的数据。比如你想知道贵州茅台最近 5 年的毛利率情况，可直接输入"贵州茅台最近 5 年毛利率"进行搜索。由于这一软件使用简单并且免费，除非特别说明，下文案例均将使

---

① 注：本书为资料抓取方便，特介绍如下分析工具，仅为配合讲解案例，不作工具推荐，望读者在实际操作过程中谨慎选择、使用。——编者注

用问财进行演示（见图 6-2）。

图 6-2　问财首页界面

巨潮资讯网

巨潮资讯网是深圳证券交易所法定的信息披露平台，在这里，我们可以看到原汁原味的上市公司年报，年报中有上市公司披露的所有关键信息。这个网站最方便的地方在于可以查看科目明细。比如你想知道贵州茅台 2020 年的管理费用明细，就可以到巨潮资讯网找到贵州茅台的年报，然后用快捷键"Ctrl+F"搜索相关的明细资料（见图 6-3），许多在相关软件上找不到的细节信息，在招股书或年报中都可以找到。

图 6-3　巨潮资讯网首页界面

发现数据

前面介绍的都是用于定量分析的工具，有时候我们也需要了解一些定性信息，比如我们想研究贵州茅台，但是又不知道有哪些白酒企业适合与茅台作对比，那么我们就可以通过发现数据来找到券商研究员们为我们整理好的数据。

券商的研究部门通常会覆盖市场上的主流行业与公司，并定期发布研究报告供投资者参考。券商虽然处于卖方立场，其发布的研究报告也难免带有一定倾向性，但不可否认，券商研究员整理的数据、图表都是非常有价值的参考资料。发现数据是发现报告的一个功能，其便利性在于能够直接搜索券商研究报告中的图表，省去我们在几十页的研究报告中瞪大眼睛寻找数据的时间。目前，免费用户可以查看第一页的研究报告图表，这对于个人投资者来说已经足够。

在发现数据中输入"白酒格局"，我们可以看到研究报告中的饼状图（见图 6-4）。

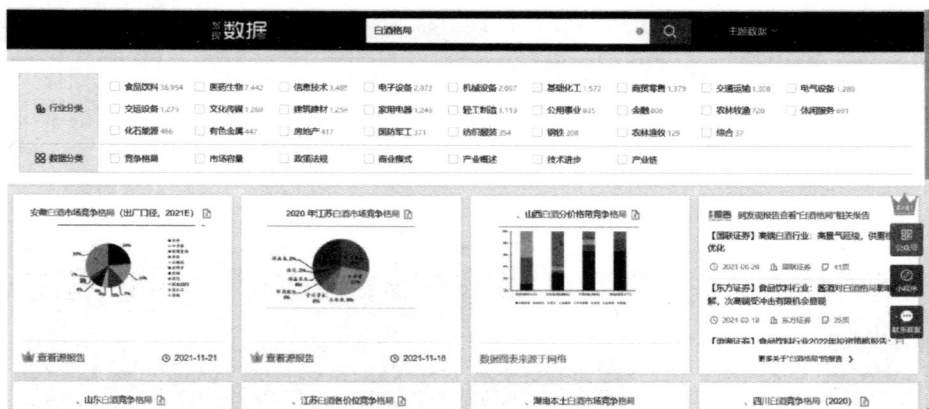

图 6-4　在发现数据中搜索"白酒格局"后显示的结果

第 7 章　第 1 ～ 4 步：如何看盈利能力

第 1 步：扣非 ROE

准备好工具之后，我们就进入正式的分析阶段了。

根据杜邦分析法，首先要看的指标是 ROE。但是当你打开软件时，可能会发现 ROE 有许多类型，如表 7-1 所示，有摊薄、加权、平均、年化、扣除等多种 ROE。对于个人投资者而言，深究摊薄、加权、平均等多种 ROE 之间的不同没有太大意义。若不是为了写研究报告，实务中我们只需要看一个指标，那就是扣非 ROE。所谓扣非，即"扣除非经常性损益"，也就是将不经常发生的或者与生意无关的损益都扣除后的数据，扣非 ROE 可以反映一家公司的真实经营状况。下文除非进行特别说明，使用的 ROE 均为扣非 ROE。

表 7-1　在 Wind 数据库上搜索贵州茅台 ROE 后显示出的数据

报告期	2016.12.31	2017.12.31	2018.12.31	2019.12.31	2020.12.31	2021.06.30
	年报	年报	年报	年报	年报	中报
盈利能力						
净资产收益率（摊薄）（%）	22.94	29.61	31.20	30.30	28.95	15.24

（续表）

报告期	2016.12.31	2017.12.31	2018.12.31	2019.12.31	2020.12.31	2021.06.30
	年报	年报	年报	年报	年报	中报
净资产收益率（加权）（%）	24.44	32.95	34.46	33.09	31.41	14.20
净资产收益率（平均）（%）	24.44	32.95	34.46	33.12	31.41	15.26
净资产收益率（扣除/摊薄）（%）	23.26	29.77	31.54	30.44	29.14	15.24
净资产收益率（扣除/加权）（%）	24.78	33.13	34.84	33.25	31.63	14.19
净资产收益率（扣除/平均）（%）	24.78	33.13	34.84	33.28	31.63	15.26
净资产收益率-增发条件（%）	24.44	32.95	34.46	33.09	31.41	14.19
净资产收益率（年化）（%）	24.44	32.95	34.46	33.12	31.41	30.53

资料来源：Wind 数据库。

为了便于研究，我们可以以 ROE 为筛选器，将上市公司分为以下四种类型。

第一种：ROE ≥ 20%

A 股市场上目前有 4000 多家上市公司，但是仅有 40 多家公司在 2016—2020 年 5 年中的 ROE 均值达 20% 以上。表 7-1 是贵州茅台 2016—2021 年的 ROE，我们在大致浏览后可知，该数据近几年多大于 30%，比 ROE 在 20% 以上的公司水平更高。然而，高回报率并不容易维持，因为每 100 元净资产能产生的盈利是有上限的，而且随着企业盈利不断增加，净资产也会不断增加，如果公司没有办法将不断增加的净资产转化为盈利，ROE 就会下降。公司的净资产规模越大，对其盈利能力的挑战也就越大，毕竟任何行业的增量都有上限，能否继续将 ROE 保持在 20% 以上是这些公司即将面临的最大挑战。

第二种：15% ＜ ROE ≤ 20%

在 A 股市场上，最近 5 年（指 2016—2020 年，下同）的 ROE 均值属于这一档次的公司有 130 多家，大部分行业的龙头企业都能获得 15% 以上的 ROE。此时，行业格局已经明朗，公司进入成长股的赛道，这些公司已经用 ROE 证明了它们的商业模式具备一定可行性，并具备较高的成长确定性。如果能够持续进步，公司的 ROE 说不定可以突破 20%，有持续进步的空间。对于这类公司来说，关键问题在于竞争优势是否稳固，以及公司能否维持自己的龙头地位。

第三种：10% ＜ ROE ≤ 15%

在 A 股市场上，最近 5 年的 ROE 均值属于该档次的公司有 360 多家。当一家公司的 ROE 达 10% 以上，它的投资回报率便勉强赶上大盘指数的回报水平。如果该公司正处于一个高速成长的赛道，且公司本身具备一定的竞争优势，那么当行业逐渐成熟，格局逐渐稳定时，该公司可能在行业中脱颖而出，成为龙头，并利用行业地位获得更强的盈利能力，从而将 ROE 提高到 15% 以上，即提高到一家行业龙头公司应有的水平。在分析这类公司时，应重点判断其是否具备竞争优势，是否有能力成为行业龙头。投资者在分析过程中要谨慎看待影响 ROE 的各类因素，判断公司是否有进步空间。

第四种：ROE ＜ 10%

如果你把过去 10 年（2010—2020 年）的钱都投资给沪深 300 指数，那么不考虑通货膨胀因素，你的真实收益率大约为 10.3%。所以，如果一家公司的投资回报率连 10% 都达不到，意味长远来看，它跑不赢大盘指数。既然如此，你就暂时没有研究它的必要，不如持有一些指数基金。

如果算上通胀率，那么我们对回报率的要求为最好在 13% 以上（仅供参考），许多投资者会选择 ROE 在 15% 及以上的公司进行重点研究。投资界有句名言是"宁数月亮，不数星星"，那些 ROE≥15% 的公司就是市场中的"月亮"。

我们可以在问财中输入"股票简称 + 最近 5 年扣非 ROE"寻找答案。表 7-2 显示的是片仔癀 2016—2020 年的扣非 ROE 状况（倒序排列，下同）。片仔癀 2016 年的 ROE 超过 15%，随着行业持续发展与企业自身也在不断努力、进步，片仔癀的 ROE 终于突破 20%。

表 7-2 在问财中输入"片仔癀最近 5 年扣非 ROE"后显示的结果

盈利能力	时间	指标数值
净资产收益率–扣除非经常损益（%）	2020.12.31	21.93
	2019.12.31	23.26
	2018.12.31	24.56
	2017.12.31	20.32
	2016.12.31	15.71

资料来源：问财。

表 7-3 是某家水产养殖公司的 ROE 情况，它的扣非 ROE 只有在 2018 年是正数，而且只有 1.57%，在其他年份里都是负数。面对这样的回报率，我们根本就没有继续研究的必要，不妨暂时将其搁置，先去寻找那些 ROE 较高且较为稳定的公司。

表 7-3 某家水产养殖公司 2016—2020 年的扣非 ROE 与不扣非 ROE 数据

	2016 年	2017 年	2018 年	2019 年	2020 年
扣非 ROE	−2.85%	−18.07%	1.57%	−96.01%	−2021.27%
不扣非 ROE	8.47%	−101.6%	8.74%	−207.11%	163.61%

资料来源：Wind 数据库。

为什么一定要看扣非 ROE 呢？因为有的上市公司很擅长通过非经常性损益粉饰净利润。从表 7-3 可以看出，这家水产养殖公司的扣非与不扣非 ROE 差异非常大。从不扣非的数据上看，该公司在 2016 年、2018 年、2020 年都是盈利的，可是从扣非的角度看公司却连年亏损。如果不扣掉非经常性损益，投资者很容易做出错误的判断。

你可能还会注意到，该公司的不扣非 ROE 呈现出一年正数、一年负数的"过山车"式特征，这是典型的利润被人为调节过的迹象：今年公司亏损，明年公司可以调节利润使之盈利，后年再亏损，大后年再扭亏为盈，这样公司就能免于退市了，这也是我们一定要看扣非数据的原因。

第 2 步：营业收入

ROE 只是一个整体数据，我们还要从盈利能力、周转能力、杠杆水平三个角度对这一指标进行拆解，了解驱动企业回报率的关键因素，以及它的优缺点。从第二步开始，我们将开始学习如何考察公司的盈利能力。

一家公司的盈利是从卖出产品或服务并产生营业收入开始的，所以营业收入是我们要考察的第二个对象。如果一家公司的营业收入质量不好，那它利润和资产的质量也好不到哪里去。

根据现金流的不同，公司做生意大致有三种销售模式：现款现货、先款后货及赊账。现款现货甚至先款后货肯定具有最好的现金流，但在实际生活中最常见的情况是赊账，此时的营业收入会记录卖出去的货物的价值，但是公司实际收到的现金只有一部分首付款，所以现金流量表上的销售商品、提供劳务收到的现金肯定会比利润表上的营业收入低很多，这也是我们判断营业收入质量的依据之一。

现金收入比率 = 销售商品、提供劳务收到的现金 / 营业收入

现金收入比率也叫作收现比，它指的是 1 元营业收入里有多少为收到的现金。该指标值最好维持在 1 左右，即营业收入与收到的现金相近，笔者个人能接受的最低限度是 0.8（80%）。如果达不到 0.8，说明这家公司有部分收入没有收现，盈利质量不容乐观。

绝大多数软件都会提供这个指标，但值得注意的是，在我们所演示的工具问财里，该指标的计算方法是错误的。问财将经营活动产生的现金流量净额作为现金收入比率的分子，这是不对的（见表 7-4）。所以如果你使用的工具是问财，必须直接输入公式"股票简称 + 最近 5 年销售商品提供劳务收到的现金 / 营业收入"进行搜索，才能得到正确的结果。

表 7-4　在问财中输入"贵州茅台最近 5 年现金收入比率"，
得到错误的公式与计算结果

	2020.12.31	54.44
经营活动产生的现金流量 净额 / 营业收入（%）	2019.12.31	52.92
	2018.12.31	56.20
	2017.12.31	38.05
	2016.12.31	96.37

资料来源：问财。

在问财中直接输入公式之后，结果将如表 7-5 所示，此时得到的才是正确的数据。你会发现 2016—2020 年，贵州茅台的现金收入比率都在 1 以上，也就是说，茅台的营业收入数额与其实际收到的现金数额基本一致。

表 7-5　在问财中输入"贵州茅台最近 5 年销售商品提供劳务收到的
现金 / 营业收入"，得到正确的数据

	2020.12.31[1]	1070.24 亿
销售商品提供劳务收到的 现金（元）	2019.12.31[3]	949.80 亿
	2018.12.31[5]	842.69 亿
	2017.12.31[7]	644.21 亿
	2016.12.31[9]	610.13 亿

（续表）

营业收入（元）	2020.12.31[2]	949.15 亿
	2019.12.31[4]	854.30 亿
	2018.12.31[6]	736.39 亿
	2017.12.31[8]	582.18 亿
	2016.12.31[10]	388.62 亿
[1]/[2]		1.13
[3]/[4]		1.11
[5]/[6]		1.14
[7]/[8]		1.11
[9]/[10]		1.57

资料来源：问财。

茅台的现金收入比率基本大于 1.1，这是因为销售商品、提供劳务收到的现金里包含了增值税，而营业收入没有考虑税的部分，因此即使是完全采取现款现货政策的公司，其现金收入比率依然会大于 1，多出来的那部分就是增值税。读者只须了解这一情况即可，无须深究。

图 7-1 是一家园林景观公司的现金收入比率柱状图，其 2017—2020 年 4 年的数据只有 55.63%、44.10%、37.86%、38.03%。这说明它的营业收入中现金部分只占 1/3 左右，营业收入的现金含量较低。这或许是因为公司的下游客户赊账情况严重，抑或公司有财务造假嫌疑。总而言之，从风险的角度考虑，你可以将这家公司暂时排除在研究名单之外。相对于截图而言，用柱状图或折线图展示数据更为直观，故图 7-1 没有使用问财中的截图，下同。

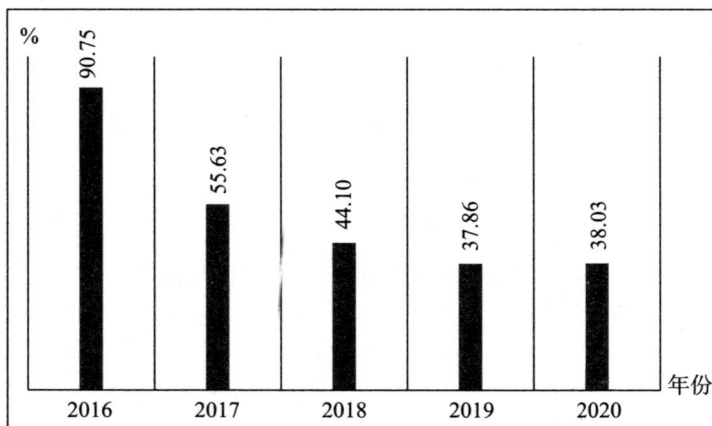

图 7-1　某园林公司的现金收入比率柱状图

资料来源：问财。

第 3 步：毛利率

毛利率即营业成本的加价率，加价率比竞争对手高的产品往往有过人之处，因此毛利率能够在一定程度上代表产品的竞争力，它不一定要比同行高，但至少不能比同行低太多。同样，你必须将一件产品的毛利率与同行的产品进行对比才能分出高低。

如果你想研究某个较为陌生的行业，比如白酒行业，你就可以在问财中输入"股票简称＋竞争对手明细"来寻找数据较为接近的公司作对比，或者在发现数据中搜索"白酒竞争格局"之类的关键词来查找资料。表 7-6 展示了问财的搜索结果：贵州茅台的竞争对手包括五粮液、伊力特、山西汾酒、洋河股份等，在网站列示的所有对比公司中，与茅台的营收规模较为接近的是五粮液和洋河股份。事实上，泸州老窖亦可作为贵州茅台的对比公司，对白酒感兴趣的读者可以自行分析。

表 7-6 问财中输入"贵州茅台竞争对手明细"显示的结果

竞争企业名称	竞争企业类型	上市状态	证券代码	子行业类型	营业收入（元）	净利润（元）	净利润增长率（%）	净资产收益率（%）	资产负债率（%）	经营现金流净额（元）	企业成立时间
五粮液	国营或国有控股	上市	000858.SZ	酒、饮料和精制茶制造业	501.18亿	182.28亿	29.84	25.82	28.48	暂无	1998.04.21
伊力特	国营或国有控股	上市	600197.SH	酒、饮料和精制茶制造业	23.02亿	4.58亿	5.57	16.65	33.06	暂无	1999.05.27
山西汾酒	其他	上市	600809.SH	酒、饮料和精制茶制造业	118.80亿	20.54亿	27.96	28.56	52.55	暂无	1985.12.25
洋河股份	其他	上市	002304.SZ	酒、饮料和精制茶制造业	231.26亿	73.86亿	-8.99	21.07	31.73	67.98亿	2002.12.27
青青稞酒	其他	上市	002646.SZ	酒、饮料和精制茶制造业	12.54亿	2 156.79万	-78.81	0.91	15.88	暂无	2005.01.27

资料来源：问财。

查询"贵州茅台、五粮液、洋河股份最近 5 年毛利率",会发现贵州茅台的毛利率明显高于另外二者(见图 7-2)。

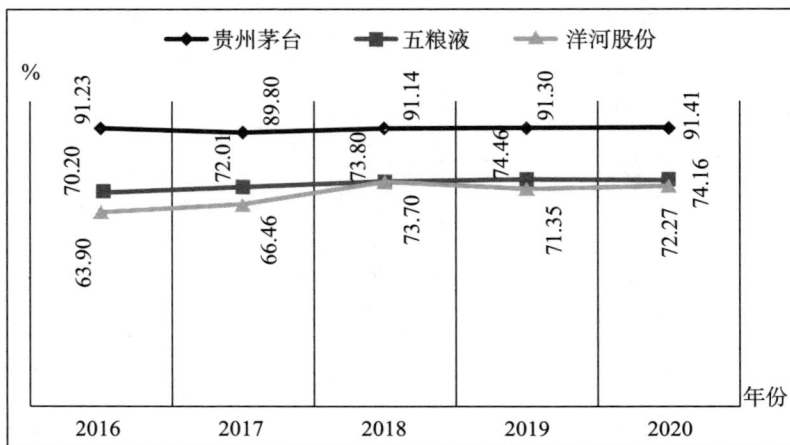

图 7-2　贵州茅台、五粮液、洋河股份 2016—2020 年毛利率对比图

资料来源:问财。

当某种产品的毛利率明显高于同行时,我们要找到其中的逻辑,否则公司很有可能存在造假行为。众所周知,茅台被尊为"国酒",毛利率高于同行不奇怪,存在逻辑上的合理性。

第 4 步:净利润

市盈率是股票估值最常运用的重要指标之一,市盈率和净利润共同决定了一家公司的股价,所以投资者也很看重净利润指标。

每股股价 = 每股净利润 × 市盈率

但也正因为如此,净利润成为造假重灾区,表 7-3 展示的某家水产养殖公司如过山车般的 ROE(不扣非)就是人为调节净利润的结果,我们在分析净利润时需要注意 3 点。

- 净利率的水平如何？
- 净利润的现金含量有多少？
- 净利润有多少水分？

净利率的水平如何

净利率可以帮你判断"一家公司赚不赚钱"。

$$净利率 = 净利润 / 营业总收入$$

青青稞酒和金徽酒都是西北地区的特色酒，二者毛利率水平相近。2020年，青青稞酒的毛利率大约是 64.03%，金徽酒的毛利率大约是 62.51%，可见在消费者眼里，这两个品牌没有太大差异。

但是从净利率上看，青青稞酒 2016—2020 年的净利率水平远低于金徽酒，该公司还有 2 年为亏损状态；相反，金徽酒的净利率水平较为稳定（见图 7-3）。

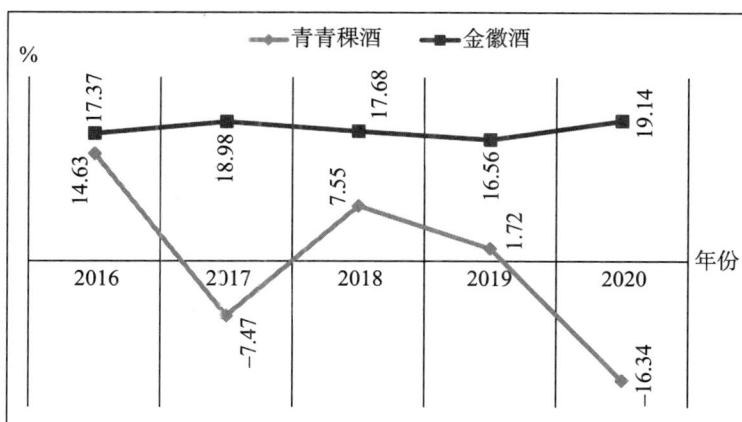

图 7-3　青青稞酒和金徽酒 2016—2020 年的净利率对比图

资料来源：问财。

我们知道毛利润和净利润之间差出一个期间费用，净利率产生剧烈波动大概率也是因为期间费用。2020 年，青青稞酒的销售费用率（销售费用 / 营业收入）是 40.65%，金徽酒的销售费用率才为 12.84%，这意味着青青稞酒花在销售和推广上的费用更多。

净利润的现金含量有多少

同营业收入类似，净利润的现金含量也是我们需要关注的问题，这里要用到的指标叫作净利润现金含量，也叫净现比、盈余现金保障倍数。

净利润现金含量 = 经营活动产生的现金流量净额 / 净利润

净利润现金含量衡量的是：一家公司的净利润里有多少为现金。该数字最好常年维持在 1 左右，这意味着净利润与经营活动赚到的现金净额相接近，笔者个人能接受的最低限度为 0.8（80%）。

如图 7-4 所示，茅台 2016—2020 年的净利润现金含量几首都大于 100%，这 5 年的最低值出现在 2017 年，但也超过了 80%。

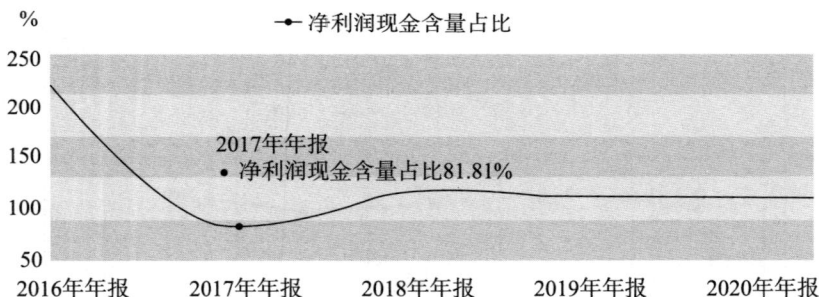

图 7-4 在问财中输入"贵州茅台最近 5 年净利润现金含量"后显示的结果
资料来源：问财。

我们再来看之前那家"坐过山车"的水产养殖公司。如图 7-5 所示，在 2016 年和 2019 年，公司的净利润现金含量都为负数，但是在 2018 年，指标数却高达 900%，在 2020 年甚至高达 1500%。通常来说，一家公司当年的净利润和收到的现金流量净额之间不会有太大的差异，净利润现金含量指标数值太大或太小都属于异常情况，需要加以注意。

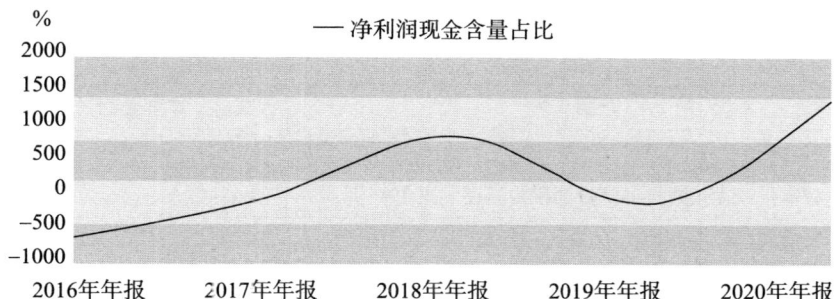

图 7-5　某家水产养殖公司的净利润现金含量情况

资料来源：问财。

净利润有多少水分

非经常性损益主要包括营业外收支、变卖固定资产、股票等金融资产引起的公允价值变动等和公司日常经营无关的项目。增加非经常性损益是一种常见的操纵净利润的方式，表现为不经常发生的、与生意无关的收入突然增加，造成公司营业利润很低，但净利润看起来有很多的假象。比如小明今年生意不好，营业利润很低，他可以通过变卖资产或一些别的方式来增加收入。但是根据会计准则规定，小明又不得不把这些非经常性的收支列入非经常性损益表中供投资者参考。所以，我们只要把挤掉"水分"后的扣非净利润与利润表上公布出来的净利润做对比，就能知道小明公司盈利中的"干货率"是多少了。

扣非净利润占比 = 扣非净利润 / 净利润

表 7-7 是一张非经常性损益表（样表），我们从科目名称就可以看出，这些事项都与主营业务无关或不经常发生，比如各种形式的政府补贴、发生自然灾害导致的减值损失、和公司经营无关的负债产生的损益等。

表 7-7　非经常性损益表（样表）

××公司　　　　　　　　　　　　　　　　　　期间：　　　　　单位：元

项目	行次	本期金额	上期金额
非流动资产处置损益	1		
越权审批或无正式批准文件的税收返还、减免	2		
各种形式的政府补贴	3		
计入当期损益的政府补助，但与公司业务密切相关，按照国家统一标准定额或定量享受的政府补助除外	4		
计入当期损益的对非金融企业收取的资金占用费，但经国家有关部门批准设立的有经营资格的金融机构对非金融企业收取的资金占用费除外	5		
企业合并的合并成本小于合并时应享有被合并单位可辨认净资产公允价值产生的损益	6		
非货币性资产交换损益	7		
委托投资损益	8		
因不可抗力因素，如遭受自然灾害而计提的各项资产减值准备	9		
债务重组损益	10		
企业重组费用，如安置职工的支出、整合费用等	11		
交易价格显失公允的交易产生的超过公允价值部分的损益	12		
同一控制下企业合并产生的子公司期初至合并日的当期损益	13		
与公司主营业务无关的预计负债产生的损益	14		
除上述各项之外的其他营业外收支净额	15		
其他非经常性损益	16		
非经常性损益金额小计	17		
非经常性损益的所得税影响数	18		
扣除非经常性损益后的净利润	19		

　　我们可以在问财中直接输入"股票简称+最近 5 年扣非净利润/净利润"来获取结果，该数值越接近 1，就意味着盈利中的水分越少；如果扣非净利润

与净利润的差距在 20% 以上，即扣非净利润占比小于 0.8 或大于 1.2，我们就需要关注一下。

如图 7-6 所示，汤臣倍健 2016—2018 年的扣非净利润占比情况还算正常，2019 年因为发生大额商誉减值事项导致公司有亏损，故该年数据没有参考意义（图 7-6 已剔除 2019 年数据）。但是到了 2020 年，汤臣倍健的扣非净利润占比仅为 75%，低于 80% 这条警戒线，此时我们最好寻找一下数值下降的原因。

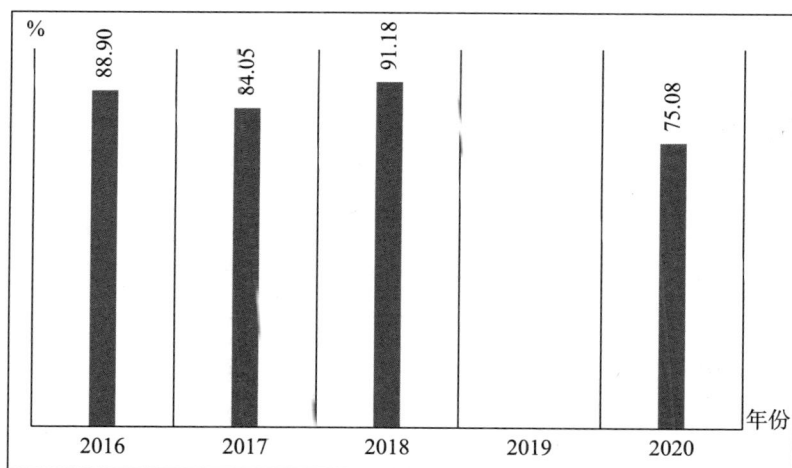

图 7-6　汤臣倍健 2016—2020 年扣非净利润占比（已剔除 2019 年数据）
资料来源：问财。

我们可以打开汤臣倍健的年报，按 "Ctrl+F" 搜索 "非经常性损益表" 来查看明细（见表 7-8）。仔细阅读汤臣倍健 2020 年的非经常性损益表后，我们将发现 "持有（或处置）交易性金融资产和负债产生的公允价值变动损益" 科目数值明显增长。年报也对此做出了解释："主要系公司投资的基金 EVER ALPHA FUND L.P. 持有的股权公允价值变动收益。" 可见，汤臣倍健 2020 年的非经常性损益数值太大，主要兲持有的股票、基金产生浮盈所致。这些计划在短期内买卖获利的金融资产属于流动资产中的交易性金融资产，在第 2 章我们说过，这类金融资产要以公允价值计量，且公允价值的变动要被计入当期损益。汤臣倍健所投资的这只基金虽然只是浮盈，盈利并没有被兑现，但浮盈会影响利润表，提高与主营业务无关的收入占比。

表 7-8　汤臣倍健 2018—2020 年非经常性损益简表

单位：元

	2018 年	2019 年	2020 年
非流动资产处置损益	−160 902.22	2 942 505.59	103 486 408.80
政府补助	65 977 810.47	71 435 347.93	33 181 441.01
持有（或处置）交易性金融资产和负债产生的公允价值变动损益	14 645 868.22	−3 445 190.80	259 718 586.88
其他营业外收支净额	−13 255 832.59	−1 334 617.75	−50 208 434.49
其他项目	37 875 554.23	24 183 381.67	38 825 430.82
非经常性损益项目小计	105 082 498.11	93 781 426.64	385 003 433.02
所得税影响数	19 493 269.96	19 117 822.10	4 822 550.65
少数股东损益影响数	−2 780 844.34	34 299.89	355 601.67
非经常性损益项目合计	88 370 072.49	74 629 304.65	379 825 280.70

资料来源：Wind 数据库。

我们前面说的那家"坐过山车"的水产养殖公司（见表 7-3）的扣非净利润占比是多少呢？其 2016—2020 年的数据分别为 54%、29%、18%、47%、−969%，没有一年超过 80%，难怪它的 ROE（不扣非）呈现出"今年盈利、明年亏损、后年又盈利"的人为调节痕迹。尤其在 2020 年，它的扣非净利润占比是负数，虽然当年该公司公布的净利率为 1.87%，看似刚刚扭亏为盈，但我们扣除非经常性损益，会发现公司仍处于亏损状态（2020 年公司实际亏损约 1.44 亿元）。

第8章　第5步：如何看周转能力

在前面的 4 个步骤里，我们都在考察一家公司的盈利能力。在第 5 个步骤中，我们将专门考察公司的周转能力，其核心指标是总资产周转率。

周转率也要通过对比才能做出判断。除了和同行公司对比，通过对比不同行业公司的周转率，也可以发现不同行业之间的差别，比如京东的总资产周转率一年可达 2 次以上，而宝钢股份的总资产周转率一年不到 1 次，这也反映了轻资产的互联网行业与重资产的制造业之间存在差异。

分别查询"贵州茅台、五粮液、洋河股份最近 5 年的总资产周转率"，我们会发现白酒行业的周转率普遍不高。宝钢股份 2020 年的周转率约为 0.82 次，而白酒企业的周转率居然普遍低于 0.5 次，但是酒企与酒企之间的周转率差别并不大（见图 8-1）。

总资产周转率是营业总收入和平均总资产的比值，假设两家公司有着相同的营收规模，那么造成周转率差异的原因往往就在资产结构上。

若把拆出资金也视为货币资金，则贵州茅台 2020 年的货币资金总额高达 1542.91 亿元，约占总资产的 72.3%。无处可去的现金导致贵州茅台总资产规模庞大，总资产周转率也相应降低。如此看来，茅台有着较低的周转率也并不一定是坏事。此外，茅台的生产方式也决定了它无法进行高速周转，茅台每年生产的基酒，要被存放 4 ~ 5 年才能用来生产成品茅台酒，白酒的低周转率恰恰符合行业本身的特点。

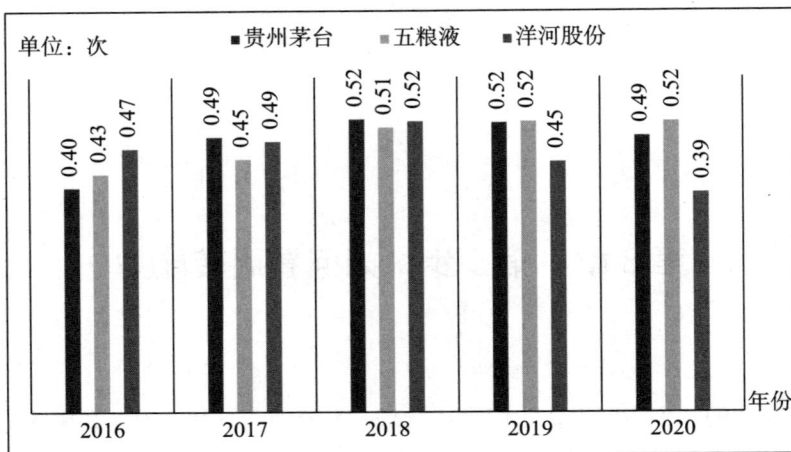

图 8-1　贵州茅台、五粮液、洋河股份的总资产周转率比较情况

资料来源：问财。

　　总资产包括许多科目，常见的包括现金、存货、应收账款、商誉等。其中有两类资产的周转率是我们需要特别关注的，它们就是应收账款周转率（含应收账款、应收票据、应收款项融资）和存货周转率。根据商业模式的不同，二者也各有所侧重。大体上，一家公司的商业模式可以被分为 2C（To Customer，面向消费者）和 2B（To Business，面向企业，广义上还包括面向政府等其他机构）两种。对于 2C 类型的公司来说，更需要注意存货周转率，而对于 2B 类型的公司来说，应收账款周转率可能会更重要一些。

2C 类型的公司

　　2C 即面向消费者的公司。如果小明在建材城开店，目标客户是正在装修新房的个人消费者，他的商业模式就是 2C 的，他在经营过程中要面临的主要问题之一就是备货。他需要在店里储备足够多的产品以满足顾客的要求，也因此承担了存货压力。存货太少会影响做生意，而存货太多会影响资金周转，如果存货过时、生锈、发霉，最后只能被跌价处理甚至被弃置，所以存货周转率对这类公司的影响很大。

存货周转率 = 营业成本 / 平均存货余额

平均存货 =（期初存货 + 期末存货）/2

用平均存货余额来做分母的原因与总资产周转率一样。如果只用资产负债表公布当天的期末存货来做分母，小明就可以在公布报表的前一天把存货调整得少一点，人为地提高存货周转率。

至于为什么不用营业收入而是用营业成本来做分子，是因为存货被卖出后，在利润表上会被记录为营业成本，用营业成本来做分子可以去除销售价格波动带来的影响，相对来说能更准确地反映存货本身的价值。

海天味业、恒顺醋业、千禾味业都是 A 股的调味品公司，商业模式都为 2C 模式，我们在问财上查询"海天味业、恒顺醋业、千禾味业最近 5 年存货周转率"可以发现，海天味业的存货周转率明显高于同行（见图 8-2）。

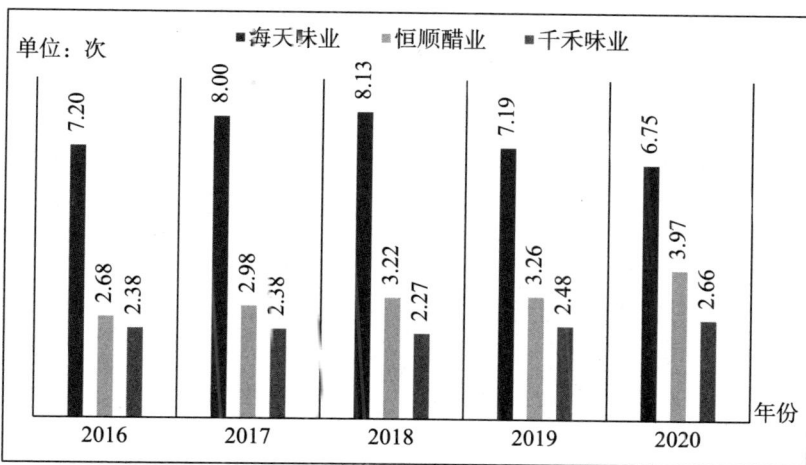

图 8-2　海天味业、恒顺醋业、千禾味业 2016—2020 年存货周转率对比情况

资料来源：问财。

2B 类型的公司

同样是卖建材，小明可以采取完全不同的商业模式。他可以成为房地产公司的上游供应商，将建材直接销售给企业客户，而不是以零售的方式卖给个人消费者，这便是 2B 商业模式。因为 2B 类型的公司做的多为大客户的生意，所以公司容易产生应收账款，尾款能否要回来、账期多久，便成为公司最关心的问题，这一类公司主要看重的指标是应收账款周转率。

应收账款周转率 = 营业总收入 / 平均应收账款余额

分母的平均应收账款余额指的是包含应收票据在内的全部应收款项，当你在问财中输入"应收账款周转率"时，系统会默认将全部应收款项作为分母。要注意的是，通常软件在计算应收账款周转率时并不会考虑应收款项融资，如果一家公司存在应收款项融资，本着实质大于形式的原则，我们应把应收款项融资、应收票据、应收账款都考虑进分母中。

晶瑞电材、中环股份、隆基股份都是半导体材料生产商，它们的下游都为半导体器件供应商。查询"晶瑞电材、中环股份、隆基股份最近 5 年应收账款周转率"，会发现中环股份在 2016—2018 年有最高的应收账款周转率，1 年周转达 6 次以上，这意味着中环股份只需要 2 个月就能收回客户的尾款；晶瑞电材给客户的账期就比较宽松，平均一年周转 3 次，也就是说客户可以欠 4 个月左右的账；隆基股份的应收账款周转率在 2019—2020 年突然升高，超过了中环股份。对下游话语权较强的企业往往拥有更高的应收账款周转率，从而拥有更快的回款速度，现金流的压力相对更小（见图 8-3）。

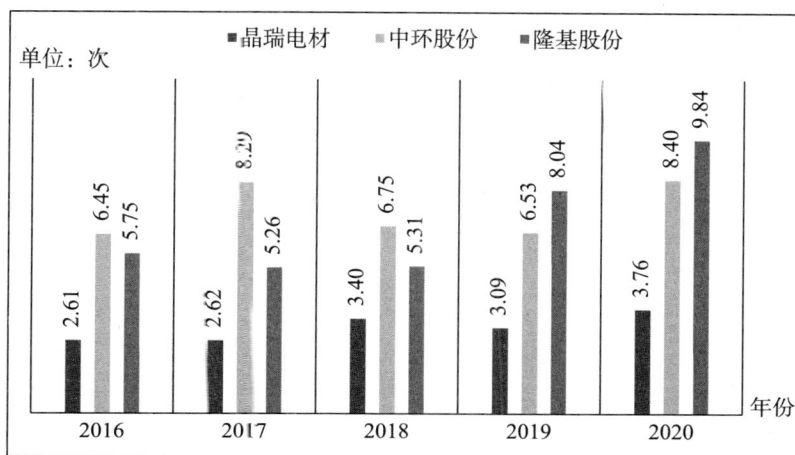

图 8-3　晶瑞电材、中环股份、隆基股份 2016—2020 年应收账款周转率对比情况

资料来源：问财。

　　我们在判断哪一种资产的周转率影响更大时，并不应按照公司属于 2B 模式还是 2C 模式划分，而要看各类资产在总资产中的占比情况。大多数 2C 公司有较多存货，比如三只松鼠 2019 年的存货占总资产的比重约为 50%，而应收账款占比仅约为 5%，对于三只松鼠而言，存货周转率的影响当然更大一些。但是对于从事公共装修业务的金螳螂而言，其应收款项占比接近 70%，而存货占比仅约 0.26%，应收账款周转率的影响自然更大。但是有些公司两类资产的占比数据相近，比如迈瑞医疗 2018 年的存货、应收款项占总资产的比重分别为 7.86%、7.52%，此时我们最好把存货周转率、应收账款周转率都研究一下。

第9章　第6步：如何看杠杆水平

阿基米德有一句名言："给我一根杠杆和一个支点，我能撬动整个地球。"在经营管理中，杠杆即使用负债来扩大总资产的规模，从而获得更大规模的收益，适当的杠杆率可以帮助公司以小博大，实现快速发展。但是杠杆就像一把双刃剑，在放大收益的同时也放大了风险。所以公司应将杠杆率保持在适当的水平上，太高或太低都不妥。

两种性质不同的负债

我们平时所说的负债是狭义的概念，也就是借钱并且支付利息，叫作"有息负债"或"带息债务"。因为要偿还利息和本金，所以这类负债不但有成本，风险也较大。企业在经营顺利的时候，现金流较为充裕，对负债的需求不高，需要借钱的往往是经营困难的时候。有息负债的供应方往往是银行，一旦公司经营不善，银行为了控制风险，倾向于收紧信贷，反而增加了企业的经营压力，所以这类负债的成本和风险都较高。

还有一些负债并非来自传统的债务融资渠道，而是在经营过程中欠上下游的钱，如各类应付、预收款项，这类负债由于无须支付利息，所以被称为"无息负债"。安洁向小明订货，小明向她收取预收款项；小明收了钱，再向上游供应商订货，又欠了供应商钱，计入应付款项，如此一来，上下游的钱都被小明占用了。安洁担心失去小明这个供应商，工厂也担心失去小明这个客户，他们只能答应小明的条件，甚至愿意在必要时为小明宽限几天账期。由此可见，无息负债不是谁都能欠的，只有在产业链中具有话语权的公司才有占用上下游资金的资本（见图 9-1）。

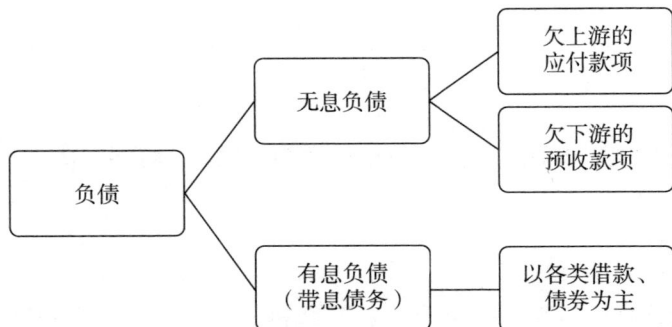

图 9-1　负债分类图

许多投资者习惯于用资产负债率（总负债 / 总资产）来判断一家公司的负债水平，这是不科学的，因为资产负债率仅考虑了公司整体负债水平，并没有将负债区分为有息负债或是无息负债，因此无法客观地评价一家公司的真实负债情况。格力电器是空调巨头，公司总市值超过 1800 亿元，占据中国空调市场近 40% 的市场份额。即使经历了 2021 年的大幅回撤，其股价也从 2016 年起翻了一倍（见图 9-2）。然而格力电器的资产负债率接近 70%，如果只是笼统地看资产负债率，你会认为格力是一家非常"危险"的公司，但是如果我们将有息负债和无息负债分开来看，会发现它的真实负债率并没有那么高。

图 9-2　格力电器 1996—2021 年股价走势图

资料来源：Wind 数据库。

为此我们要用到另一个指标——有息负债率。

有息负债率 = 带息债务 / 总资产

在问财中直接输入"格力电器 + 最近 5 年有息负债率"，会发现该数据在这 5 年中仅为 6% ~ 9%。格力看似"危险"的高负债率背后是极少的带息债务。格力每 100 元的资产中有 70 元的负债，但是在这 70 元的负债里，只有 9 元钱是需要支付利息的，剩下的都是占用上下游的资金，格力不必为这些负债支付利息，而且它极有可能通过谈判获得较长的账期。

有息负债的安全性

有息负债率应为多少才算安全呢？我们可以进行一个极端条件下的压力测试：如果债主们都在同一时间要求公司偿还债务，公司能否承受得起？如果可以，那么这家公司的有息负债率就处于一个绝对安全的水平。

这里要用到的指标就是：现金及其等价物 / 带息债务。

现金等价物就是虽然不以现金的形态存在，但是短期内可以变现，流动性和价值稳定性等价于现金的资产。该指标衡量的是：如果小明的债主们在同一时间要求小明立刻还钱，小明现有的现金及其等价物能否覆盖所有的带息债务。如果这一指标数值大于 1，就意味着小明可以应付极端条件下的偿债风险。

2016—2020 年，格力电器的"现金及其等价物 / 带息债务"指标值都大于 1，2016 年甚至高达 6。这就意味着，格力每借来 1 元负债，它的口袋里便有 6 元现金可供担保。从这个指标上看，格力是很安全的（见图 9-3）。

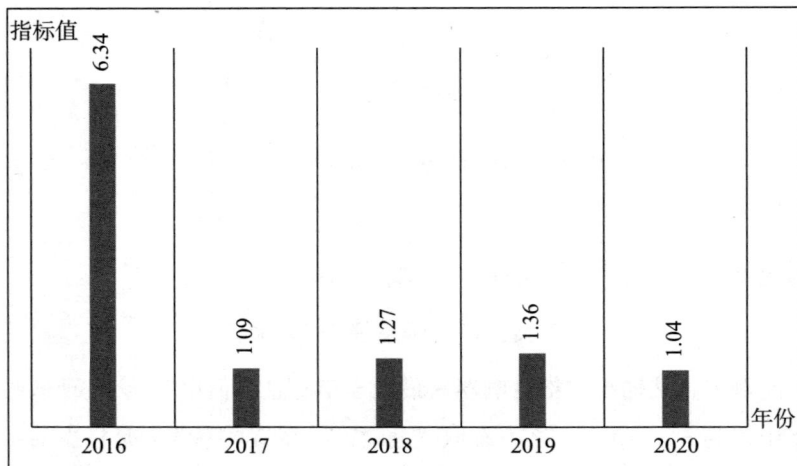

图 9-3　格力电器 2016—2020 年现金及其等价物 / 带息债务指标值
资料来源：问财。

第 10 章　第 7 步：这家公司值不值得我继续研究

漂亮的财务数据并不是一家公司值得被投资的全部理由。一家公司若是值得被投资，其必须满足至少 3 个条件：处于一个好行业、有好生意、有好的财务数据。也就是说，有好的财务数据只是属于好公司的必要不充分条件。它是不充分条件就意味着，一家公司光有好看的财务数据是不足以作为被投资的理由的，它还需要同时满足许多别的条件；它是必要条件又意味着，我们最终决定投资的好公司必然拥有好的财务数据，一家财务数据很差的公司，就像一把缺了腿的椅子，是不牢固的残次品。

这个逻辑可以作为我们筛选研究对象的标准。假设你只打算投资 5 家公司，它们必须同时满足好行业、好生意、好数据 3 个条件才行。目前 A 股市场上有 4000 多家上市公司，如果我们一家一家地检查这些条件，恐怕只能发出"吾生也有涯"的感慨。不过，既然好数据是好公司的必要条件，也就意味着我们可以先以财务数据为筛子，将 4000 多家上市公司筛选一遍，从而缩小研究范围（见图 10-1）。

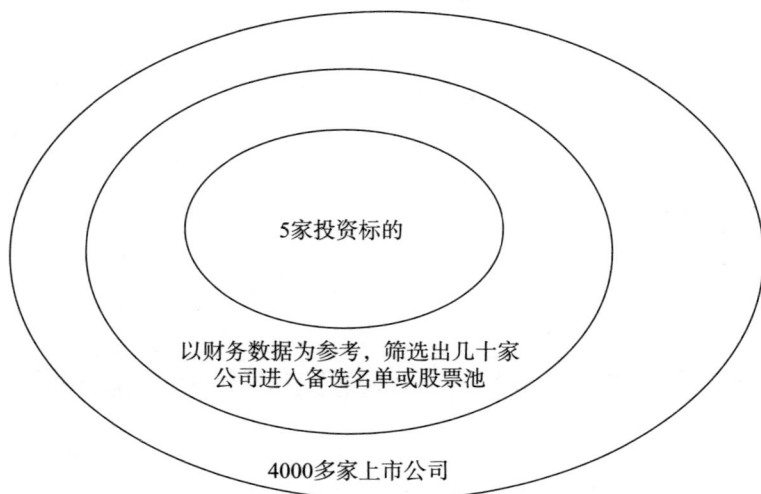

5家投资标的

以财务数据为参考，筛选出几十家
公司进入备选名单或股票池

4000多家上市公司

图 10-1　挑选好公司的逻辑

　　我们在对公司是否满足好行业、好生意两个条件进行判断时，需要用到定性分析方法，没有所谓的"万能公式"，因此对这两个因素的判断存在更大的难度和不确定性。分析财务数据时是以定量分析方法为主的，比较容易筛选出符合条件的公司。但是请注意，根据财务数据选出来的几十家公司只是"好公司"的备选名单，我们可以用财务数据来制定一个股票池，只允许符合条件的公司进入池中，最终的 5 家投资标的将在这一股票池中产生。但是我们目前还不知道它们是谁，只是先利用财务数据来缩小考察范围而已。从前我们要研究 4000 家公司，现在只须从股票池中的几十家公司里挑选即可，极大地节省了时间。

　　所以，本章的标题是判断某家公司是否值得你继续研究，而不是某家公司是否值得我们花钱买入。要买入一家公司，光看其是否有漂亮的财务数据是远远不够的。

　　通过七步成诗法的前 6 个步骤，我们已经对一家公司的财务情况有了基本的了解，最后一步是判断：这家公司值得被我们列入股票池吗？

　　以笔者经验，以下 3 点是最为重要的考察因素。

- ROE 的数值如何？
- ROE 的质量如何？
- ROE 的稳定性如何？

ROE 的数值如何

由于沪深 300 指数最近 10 年扣除通胀后的实际投资回报率约为 10.3%，10 年平均 ROE 约为 14.5%，以此为参照，我们最好选择那些最近 5 年的 ROE 大于 15%，或至少 ROE 常年不低于 10% 的公司，因为长期来看，这些公司具备跑赢大盘指数的潜力。

许多投资者会存在这样的侥幸心理："说不定那些 ROE 很低的公司会在明年突然变好呢？如果我能找到它们，岂不是能获得超额收益率？"诚然，"黑马"确实容易带来超额收益，但是这种情况出现的概率很低。投资并不应该一味地追求高额回报率，而是要在回报率和确定性之间做权衡，在风险可控的前提下获得合适的回报率。"黑马"的回报率固然吸引人，但是它需要我们在确定性方面做出很大的牺牲，反而失去了性价比。

经济世界和物理世界存在相通性。在物理世界，除非有外力作用，否则物体会沿着既定的方向做匀速直线运动，在经济世界也一样，除非出现"黑天鹅"式的强大外力，否则行业格局大概率会维持原样，明年的行业格局大概率还是和今年一样，明年的行业龙头大概率还是那几个老面孔，这就是大概率事件。你所认为的"说不定"并没有你想象得那么容易发生，它们本质上仍为小概率事件。

如果你依然存在"说不定"式心理，最好的办法是付出努力，深入研究，得出更有确定性的结论。假设你很看好一家公司，但是它的平均 ROE 只有 9%，你不甘心将它排除在股票池之外，此时你要做的是用七步成诗法分析它的 3 个业绩驱动力，看看是哪些环节出了问题。如导致它的 ROE 无法跑赢大盘指数的原因是什么，它将来的 ROE 能不能继续提高，如果能，拐点大概出现在什么时候等。如果研究结论是积极的，你不妨给予它一些关注，但是我们的时间和精力是有限的，从 ROE 大于 15% 的公司中寻找理想标的的确定性更大，这也是我们可以将 ROE 的数值作为第一道筛子的原因。如果其余公司也有进步的可能性，你可以等它真的进步了，业绩开始改善了，ROE 突破10% 甚至 15% 时，再对它展开深入研究，那时一切仍然来得及。

ROE 的质量如何

我们不能仅仅根据 ROE 数值判断是否该将一家公司列入股票池，否则前面的分析便没有意义了。

你要思考的是：这家公司的业绩驱动因素是什么？这些驱动因素能否继续保持下去？

同样是 20% 的 ROE，可能来自不同的驱动因素，有的靠很高的净利率，有的靠高效运营，还有的得益于高杠杆率。

有的公司有很高的净利率，但是不一定能够持续维持下去。根据经济学常识，一旦一门生意有很高的利润率，而公司又缺乏竞争优势，那么竞争对手就会进入市场，容易导致供过于求，最终谁都赚不到钱。你必须想清楚的是，该公司的护城河是什么？它是否有一些竞争对手无法模仿的优势？如果答案都是否定的，它的高净利率便只是暂时的，随着竞争不断加剧，它的盈利能力迟早会被侵蚀。知名品牌能够获得消费者的忠诚度，一些调味品牌能够获得用户的口味黏性，有专利权或独特技术的产品具备稀缺性……这些都是一家公司能够保持强大盈利能力的关键。

如果一家公司缺乏护城河，它还可以通过高效运营来获得回报，提升总资产周转率。但是高效运营很依赖管理者的能力，当管理层被替换掉或产生懈怠感之后，公司可能就无法保持之前的高效率了。对于这样的公司，我们要观察它是不是已经建立起高效运营的体系，而不必再单纯依靠管理层的能力。制度化、体系化的戒本优势是可以被长期维持的，但如果一家公司只依赖管理层的个人能力和努力，那么它的竞争优势的生命周期就只有管理层的任期那么长了。

高杠杆率也是一种常见的驱动力，这里的关键是区分负债的性质。有息负债存在利息成本和偿债风险，无息负债率高的公司一般都具有强势的行业地位，这是一种本事，但问题在于公司在产业链中的强话语权能否维持下去。笔者见过一家公司，它最近几年 ROE 增长迅速，杠杆率的提高是最大原因，且公司的有息负债率一直为零。从表面上看，该公司的行业话语权似乎越来越强了，但是笔者仔细分析其预收款项明细后发现，它的预收款项主要来自关联公司。"自己人"自然好说话，可见该公司预收款项的提高有着很强的人为因素，这种情况下，公司的 ROE 质量是存疑的。

七步成诗法中的每个指标都是判断 ROE 质量的依据。如果 A 公司的 ROE 数值略高于 B 公司，但是它的现金流质量更差，现金收入比率和净利润现金含量都很低，那么出于安全考虑，我可能会更倾向于研究 B 公司，而不是"唯 ROE 高是举"。

ROE 的稳定性如何

为什么我们主张至少看 5 年的数据呢，因为 5 年往往是一个经济周期。3 年时间较短，但是在缺乏更长时间数据的情况下，看 3 年的数据也可以接受；如果公司有 10 年以上的数据，我们就可以从这些更完整的数据中看出行业变化情况，从而可以以史为镜，知往鉴来。

以五粮液为例，2012 年，白酒行业因为一系列利空事件遭遇大跌，五粮液也未能幸免，公司营业收入从 2013 年起大降，于 2014 年触底。但是随着行业逐渐走出困境以及消费者结构发生变化，五粮液的营业收入实现触底反弹。仔细阅读公司年报会发现，五粮液的公司战略从 2017 年开始发生了较大变化，管理层开启"二次创业"，先后完成渠道、组织、产品、品牌等多方面变革。外部环境得到改善和内部战略被优化，使得五粮液 2016—2020 年的营业收入在不断增长（见图 10-2）。

单位：亿元

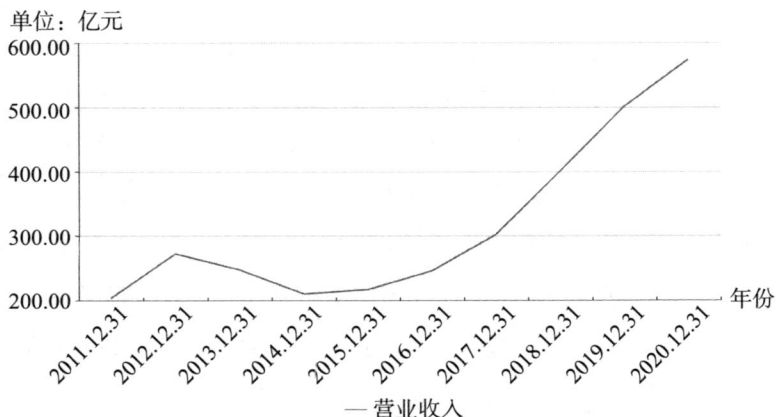

图 10-2　五粮液 2011—2020 年营业收入走势图

资料来源：Wind 数据库。

10 年数据能让你更清晰地了解五粮液乃至整个白酒行业的历史。但是在这 10 年间，行业环境、消费者结构、公司战略都发生了很大的变化，所以我们可以着重考察公司最近 5 年的情况，最近 5 年的数据最好可以保持稳定，偶尔出现波动也是正常的，但是我们要了解造成波动的具体原因。

财务指标之外的因素

ROE 常年大于 10% 甚至 15%、ROE 的质量较好且具有较高的稳定性，是一家公司具备良好财务数据的特征。若满足以上两点，你便可以将这家公司加入备选名单里。但是记住，备选名单只是一个用来缩小研究范围的工具。关于另外两个因素（行业、生意）的判断要更多地依靠定性分析，不存在所谓的万能公式，笔者将在本节粗浅地讲讲自己总结的思维框架。

定性分析没有明确的判断标准，两个经验丰富的基金经理也经常会对同一行业、同一公司产生不同的看法，但是他们都能在自己的认知框架下赚到属于自己的钱。因此市场观点永远存在分歧，读者需要在实践中积累经验，形成自己的主见和判断。图 10-3 为笔者总结的"三好公司"评价体系，经验之谈，仅供参考。

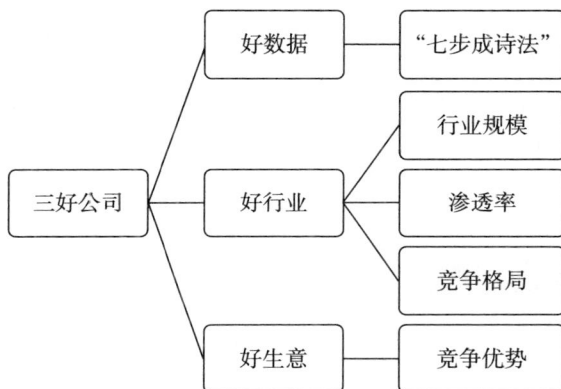

图 10-3　笔者总结的"三好公司"评价体系

好行业

如果把企业比喻为一艘船，那么行业就是河流，在一条宽阔的急流中行船，总会有"浪花淘尽英雄"的风发意气。一个好的行业能为企业带来良好的发展环境，对企业的发展有助力作用。判断一个行业的发展情况时，需要着重注意 3 个指标：行业规模、渗透率和竞争格局。

行业规模

行业就像一块饼，越大的饼越容易填饱肚子。行业是有生命周期的，有的行业处于成长期，饼会越来越大，而有的行业处于衰退期，整块饼都在缩小。我们要用动态的视角看待行业规模，除了这块饼现在有多大，我们还应判断其未来能做到多大。找与行业规模有关的公开数据的渠道有很多，比如统计局官网及各券商分析师的研究报告等。

如果我们想知道中国白酒行业的市场规模，就可以在发现数据上搜索

"白酒行业规模"来查看券商分析师们整理好的数据（见图 10-4）。根据某篇研究报告整理的公开资料，2020 年，中国千元以上白酒行业的市场规模大约为 1400 亿元，增速大约为 20%，如果促使白酒行业规模增长的逻辑没有发生太大变化，那么未来几年，白酒行业的增速大概率还会继续维持在现在的水平上，我们就能以此测算出未来几年的市场规模。对行业规模有着数量级的把握远比在精确数字上钻牛角尖来得重要。不同分析师对白酒市场规模的测算不一定一致，有的说是 1400 亿元，也有的说是 1270 亿元，我们只须把握其市场规模"在 1200 亿元至 1400 亿元之间"即可。只要对数量级的判断没有错误，就不会影响决策。

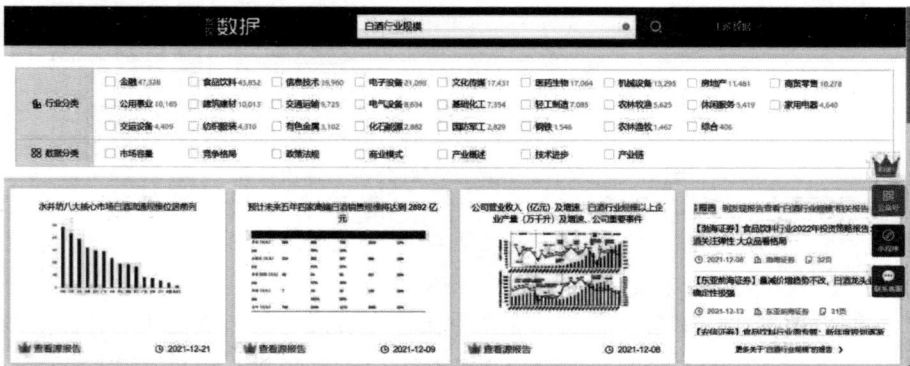

图 10-4　用发现数据查询白酒行业规模数据后显示的结果

资料来源：发现数据。

渗透率

虽然饼很大，但是如果已经被吃掉了大部分，留给你的份额也就不多了，渗透率衡量的就是这方面的数据，它代表了已满足的需求和潜在需求间的比较情况，能够被用来衡量一个市场的成熟度如何。

一般来说，一个行业的渗透率在 10% ~ 50% 为宜，渗透率落在这个区间的行业往往会进入高速成长期。根据中国汽车工业协会公布的数据，2021 年 10 月，中国新能源汽车市场的渗透率约为 16.4%，也就是说，现有的 100 辆车里有大约 16 辆是新能源汽车，且随着消费者意识的转变及环保政策的推进，余下的 80 多辆燃油车也很有可能在将来被替换成新能源汽车，市场处在一个成长期。但是中国的空调市场几乎饱和了，虽然我国空调行业规模达 4000 余亿元，但是"饼"已所剩无几，整个行业已进入低速增长甚至不增长阶段。

渗透率太低则意味着行业不成熟，市场存在极大的不确定性。当前，"元宇宙"概念火爆，但是目前 VR 设备的渗透率其实不到 1%。渗透率太低的行业尚未达到全面普及的阈值，行业的拐点也尚未真正到来，处于这一行业的公司，其业绩必须经过多年时间的沉淀和发展，才能迎来真正的高速发展期，这就需要投资者有极大的耐心。10% ~ 15% 的渗透率是一个较为理想的范围。

竞争格局

如果一块饼足够大，而且渗透率远未饱和，那么就会有很多人想来分一杯羹，市场竞争将不可避免，商家充分竞争之后呈现的结果就是竞争格局，我们通常以市场占有率作为衡量竞争格局状况的主要指标。根据波士顿咨询公司创始人布鲁斯·亨德森（Bruce Henderson）提出的三四定律，在一个稳定的市场中，有影响力的竞争者数量不会超过三个，且最大竞争者的市场份额不会超过几者中市场份额最小者的四倍。也就是说，在一个成熟的行业中，真正能获得理想回报率的公司只有行业前三名，剩下的公司都将挣扎在生存边缘。前三家龙头公司亦将呈现出明显的马太效应，即前一名的份额为下一名的 1.5 ~ 2 倍，第四名及以后的公司将只能吃到残羹冷炙。三四定律并非绝对，它只是亨德森在观察各个行业的发展历史后总结的经验法则，但是在许多成熟行业中，我们确实可以看到这种"赢家通吃"的现象。

行业竞争就像赛跑，当发令枪刚响起的时候，我们是看不出谁是赢家的。此时不妨等等，等到竞争格局刚开始形成时，也就是比赛刚开始拉开差距时，再投资给那些能够成为行业前三名的公司。一旦竞争格局开始形成，龙头大概率会持续拉开与其他公司的差距，持续蚕食其他公司的市场份额，直到行业格局稳定并呈现三四定律描述的状态。此时投资，我们也许能享受高成长的红利，但是在确定性方面会做出一定牺牲，龙头可能跑着跑着摔了一跤，被后来者赶上也说不定。

竞争格局的形成与渗透率的提高往往是相伴的，当赛跑进入后半段时，行业逐渐进入成熟期。此时渗透率将逐渐饱和，行业的增量也将放缓，市场份额将逐渐稳固。通过蚕食存量市场份额带来的成长空间将变得有限，各大企业的力量对比已成定局。只要不出意外，首个冲向终点线的就是那家跑在最前面的企业，你不要指望短期内会出现什么神秘力量颠覆这一行业格局。所以对于格局已经稳固的成熟行业，我们只须关注前三名龙头企业即可。

成熟行业的优点在于确定性强，缺点在于行业内已经形成了共识，龙头的地位已经被绝大多数投资者所认可，享受很高的估值。此外，成熟行业的增长率一般也会放缓，因此不会有太令人惊喜的回报率。上文说过，我们在投资时并不能一味地追求高回报率，而应在适当的回报率与确定性之间做取舍，因此成熟行业也同样会得到许多保守型投资者的青睐。

第一种要避开的是竞争格局不明朗的行业，因为你无法确定谁会成为行业龙头，可能你重仓的公司最终会在竞争中败下阵来，随着时间的推移，它的份额会被真正的龙头逐步蚕食。确定性和成长性之间存在一定冲突，请考虑自己的偏好和承受能力。一些保守的投资者喜欢投资格局已经成熟的行业，虽然其成长性较低，但确定性较高。

第二种要避开的是竞争格局永远无法集中的行业，比如餐饮行业呈现碎片化格局。餐饮行业规模大，但是众口难调，不同地区的消费者有不同的口味偏好，加上开餐饮店的门槛不高，尤其中餐的炒菜技术很难被标准化，因此餐饮店多以夫妻店、个体户的形式存在，彼此之间缺乏壁垒。每年都有无数家新店进入市场，也有无数家老店因经营不善而退出。每座城市、每条街都有自己的特色餐馆。时至今日，我们也很难说出一个具有绝对优势地位的中餐馆的名字。但是有一些菜系在供给端能够被复制和被标准化，在需求端符合绝大多数人的口味偏好，这就能避免分散化的市场格局，产生行业集中效应，并通过需求端的品牌优势与供给端的规模经济获得护城河，常见的例子有火锅店等。

好生意

在一个行业里，人人都想成为龙头老大，凭什么你是最后的赢家？这一问题就与竞争优势相关。一家能够胜出并成为行业前 3 名的公司，必然有一门好生意，而它能打败竞争对手的核心逻辑就是具备竞争优势，巴菲特称之为"护城河"。

什么是竞争优势？笔者给它的定义是"**别人没有，也很难拥有的那个优势**"，是一家公司比竞争对手更厉害的理由。比如，小明和隔壁老王、老李、老张都想成为建材龙头，结果小明赢得了胜利，并稳固地维持着自己的市场份额和回报率。那么小明的成功一定不是凭运气，而是凭借某种特别的优势，老王他们即使知道这种优势是什么，也无法轻易学到。

你应该听说过很多典型竞争优势，比如品牌、网络经济、规模经济、专利、转换成本等，这些都是竞争优势的外在形式，它们都必须具备一个必要条件，那就是稀缺性，一个很容易被忽略的特征。如果小明的竞争优势是老王、老李、老张也能获得的，它就会成为行业共性，称不上优势了。许多企业家认为，自己的产品"价格低、质量好"，这种特质是缺乏稀缺性的，不能被称为竞争优势。单以价格而言，如果公司没有靠机制和系统打造起低成本体系，总会有被出价更低的竞争对手打败。但是有的企业靠长年累月的积累形成的庞大体量，从而获得规模经济优势，以至于它们的售价甚至能比竞争对手的成本还低，竞争对手又无法在短时间内获得如此庞大的规模，这样的低价优势才具备稀缺性。所谓的质量好也是缺乏稀缺性的，因为只要竞争对手愿意，它也能把一个产品的质量做得很好，但是如果你有某项独特专利或技术，竞争对手想做都做不出来，这种质量好便具有稀缺性。

ROE 是衡量投资回报率的关键指标，但是为什么有些公司的 ROE 能超过 20%，而有的公司连 10% 都达不到呢？如果某一门生意有着很高的投资回报率，为什么没有新的公司进入这个行业，从而拉低回报率呢？原因很简单，不是它们不想进来，稀缺性决定了它们没有能力进来。

如果小明、老王、老李、老张的产品之间并没有什么差异，彼此的运营模式、运营效率也都一样，但是他们都有很高的 ROE，最大一个可能就是开建材店的人太少了，出现了供不应求的状况。于是，老钱、老赵等人就会在高回报率的驱使下纷纷进入这个行业，在小明旁边开起一家又一家建材店，从而导致供给增加，价格下降，小明只能无奈地看着自己赚的钱一天天减少，ROE 一天天下滑。

但是小明可以想办法找到自己的稀缺性，从而建立起竞争优势。比如，他可以走高科技路线，研发拥有独家专利权的隔音涂料，并维持高毛利率。老王等人虽然羡慕，但是难以获得相关技术，自然难以和小明竞争。如果小明入行比较早，产品种类比老王等人的更加丰富，企业规模也比他们的大，他也可以发挥规模经济优势，和经销商签订有排他性的独家经销协议。毕竟小明有成本优势，还能提供其他人没有的产品，省心又省钱，经销商自然更愿意和小明合作。通过这样的策略，小明把经销商变成了稀缺性资源，从而也可以建立起竞争优势。

总而言之，稀缺性是打造竞争优势的关键，是"你为什么赢"的理由，是判断是否属于好生意的主要标准。

好管理层

一些有经验的读者会发现，我们似乎没有在本章内容中提到管理层的重要性。公司就像一辆赛车，赛车本身的性能固然重要，但是好的赛车手能够充分挖掘车辆的性能，因此考察管理层的能力水平十分有必要。但是，一家公司如果能够常年维持一个好的财务数据，并常年在好赛道中保持自己的竞争优势，那么它的管理层大概率是较为可靠的。所以"好行业、好生意、好财务数据"依然是最核心的衡量指标。

第三部分

案例实践

第 11 章 分析"茅台型"公司

接下来我们会用七步成诗法来分析 3 种不同类型的公司。本章选择了 3 家"茅台型"公司,这类公司的成绩主要来自较高的盈利能力,以消费品类和科技类公司为主。鉴于同类书已经讲了太多关于茅台的案例,本书在进行案例分析时选择的企业是:海天味业、欧普康视和云南白药。[①]

海天味业

海天味业是酱油界的龙头,2020 年的营业额已经超过 200 亿元。酱油是老百姓天天吃的东西,属于必需消费品,容易形成一定的口味黏性,这种黏性形成了调味品牌的护城河。截至 2020 年,这家公司已经覆盖全国所有的地级市,触达 5.2 亿消费者,渗透率高达 73%,创始人身家过千亿。小小酱油竟有这般影响力,真是不简单。

---

① 本章所有公司案例仅为配合讲解七步成诗法的具体应用过程,内容不构成投资建议;本章所列举的数据均来自上市公司公开披露的财务年度报告;所有涉及数据分析的内容均基于以往年度真实数据,不用于趋势预测。——编者注

第 1 步：扣非 ROE

海天味业 2016—2020 年的扣非 ROE 均值约为 31.97%，这可是罕见的高水平（见表 11-1）。除了 2016 年，海天味业的扣非 ROE 均超过 30%。2017—2020 年 4 年中，扣非 ROE 均大于 30% 的 A 股上市公司只有 47 家，海天味业便位列其中。

表 11-1　在问财中输入"海天味业最近 5 年扣非 ROE"后显示的结果

	2020.12.31	33.71
净资产收益率–扣除非经常损益（%）	2019.12.31	33.38
	2018.12.31	32.18
	2017.12.31	31.09
	2016.12.31	29.50

资料来源：问财。

恒顺醋业、中炬高新、加加食品、千禾味业都是 A 股中知名的调味品公司。通过与同行的扣非 ROE 进行横向对比，我们可以发现海天味业的扣非 ROE 与同行有着显著的差距（见图 11-1）。

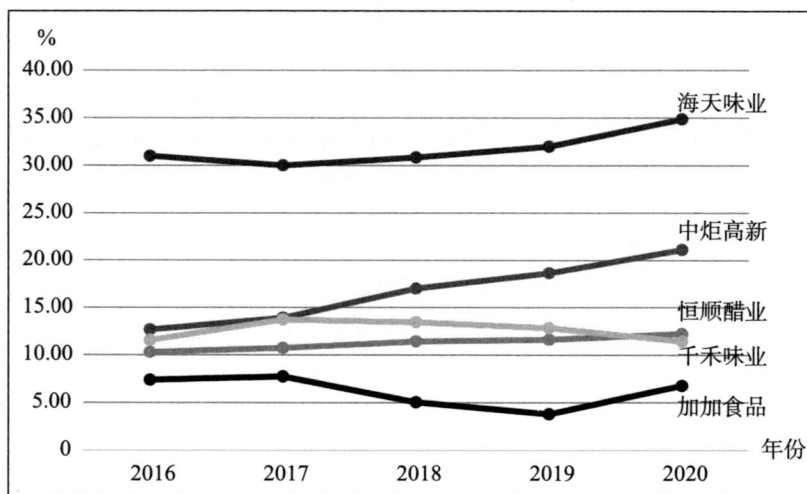

图 11-1　海天味业和其他调味品公司的扣非 ROE 对比

资料来源：问财。

第 2 步：营业收入

在问财中分别输入"海天味业、恒顺醋业、中炬高新、加加食品、千禾味业最近 5 年营业收入"，可以查看各家公司的营业收入体量。2020 年，海天味业的营业收入是 227.92 亿元，达百亿级；中炬高新是 51.23 亿元；恒顺醋业、加加食品的营业收入大约为 20 亿元；千禾味业则为 16.93 亿元。通过对比营业收入数据我们可以看到，不同公司在规模方面存在差异（见表 11-2）。

表 11-2　海天味业和其他调味品公司 2020 年营业收入情况

股票代码	营业收入（元）	时间
600305 恒顺醋业	20.14 亿	2020.12.31
600872 中炬高新	51.23 亿	2020.12.31
002650 加加食品	20.73 亿	2020.12.31
603288 海天味业	227.92 亿	2020.12.31
603027 千禾味业	16.93 亿	2020.12.31

资料来源：问财。

比起体量，我们更应该关心营业收入的质量，尤其是营业收入的现金含量。通过查询"海天味业最近 5 年销售商品提供劳务收到的现金 / 营业收入"（问财中的"现金收入比率"算法有误，你需要直接输入公式），我们会发现，其 2016—2020 年的现金收入比率都大于 100%（见图 11-2）。

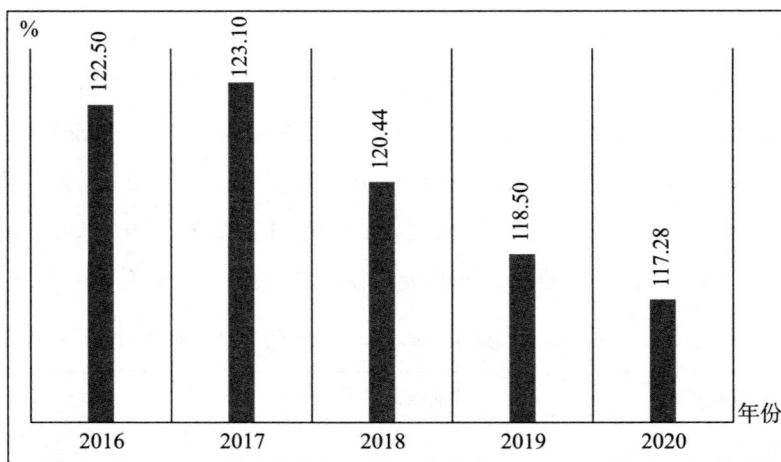

图 11-2　海天味业 2016—2020 年的现金收入比率

资料来源：问财。

营业收入的现金流状况太差，大多是公司的赊账过多所导致的，你可以查看海天味业的应收款项占营业收入的比重来加以验证。经查询，海天味业 2020 年的应收款项占营业收入的比重为 0.18%，前几年更是低至 0.01%，几乎可以忽略不计，可以看出海天味业的销售模式多为现款现货甚至先款后货，赊账销售部分极少。

第 3 步：毛利率

对比各家公司的毛利率之后发现，海天味业的毛利率并没有非常突出，在 2016—2020 年 5 年中，毛利率的平均值大约为 45%。除了加加食品，其他公司也处在一样的数量级上。若只看 2020 年的数据，毛利率最高的是千禾味业，约为 43.85%，略高于海天味业的 42.17%。这是不是意味着海天味业的产品竞争力下降了呢（见图 11-3）？

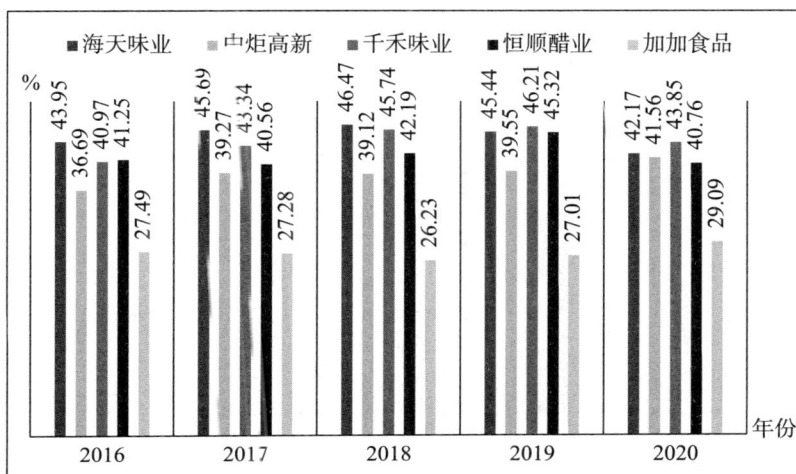

图 11-3　海天味业及其他调味品公司的毛利率

资料来源：问财。

商业分析必须定量与定性相结合，不能教条地看数据，何况极小的差距说明不了问题。酱油只是老百姓的家常调味品，很难像白酒和手机一样被卖出数千元的价格。由于消费者存在口味黏性，因此调味品牌最重要的功能是方便消费者识别自己喜欢的口味，即让消费者一眼就能通过包装识别出某个品牌，从而减少购买时的认知成本。这种竞争优势将反映在更低的销售费用率上，而非更高的毛利率上。酱油的产品特性决定了它不可能卖出太高的溢价，海天酱油的毛利率不会比同行更差，这便足够了。

第 4 步：净利润

各大调味品公司的毛利率总体上较为接近，但是从净利率上看，海天味业的净利率水平显著高于同行。如果毛利率和净利率出现巨大差异，我们往往要在期间费用率上找原因（见图 11-4）。

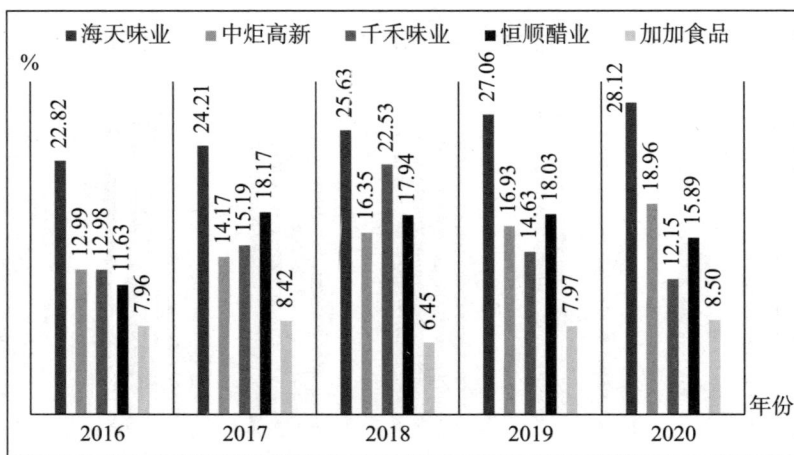

图 11-4　海天味业及其他调味品公司的净利率

资料来源：问财。

对消费品来说，广告、渠道是支出的大项，我们可以先看看销售费用率。经查询，海天味业拥有同行中最低的销售费用率，大约为 6%，其他公司如千禾味业的销售费用率则在 16% 左右，这就意味着每卖出 100 元的货，海天味业只要花 6 元来做推广，而千禾味业要花 16 元。因为海天味业在消费者中培养了口味黏性，所以其有着较低的销售费用率，净利率自然更高，消费者口味黏性的竞争优势就在期间费用率上体现出来了。一些新品牌正处在市场培育期，往往需要支出大量销售费用，导致净利率和 ROE 降低。一旦该新品牌被培育起来并被消费者所认可，那么久而久之，它的销售费用率就会下降，净利率和 ROE 就会提高。

一些不具备消费者黏性的公司则不得不持续花费庞大的期间费用，永远难以获得更高的净利率和 ROE。比如有些公司虽然注册了一个商标，但是从商标到品牌还有很长的路要走，消费者与它们的产品之间并不存在黏性。因此，它们的产品无法享受高溢价（毛利率），公司还不得不持续花钱维护市场（销售费用），因为销售费用一旦减少，现有的市场份额就会降低，消费者会被竞争对手抢走。对于这样的公司而言，销售费用率是没有下降的逻辑的，因此它们的净利率和 ROE 也难有提高的可能。

接下来我们再来考察净利润的质量、净利润的现金含量如何，以及净利润中的水分有多少。

海天味业 2016—2020 年的净利润现金含量都大于 100%，净利润现金含量最低的时候是在 2020 年，但也达到 108.55%（见图 11-5）。

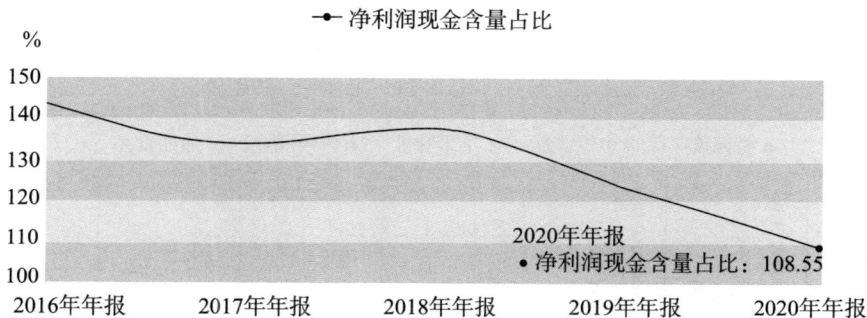

图 11-5　海天味业 2016—2020 年净利润现金含量情况

资料来源：问财。

海天的扣非净利润占比几乎接近 100%，这意味着它有着很少的非经常性损益（见图 11-6）。

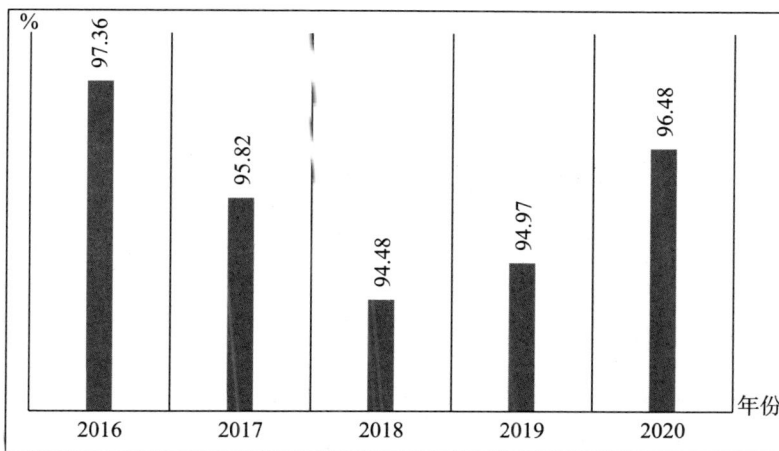

图 11-6　海天味业 2016—2020 年扣非净利润占比情况

资料来源：问财。

第 5 步：周转能力

各大调味品公司之间的总资产周转率没有较大差异。总的来说，海天味业的总资产周转率确实更高一些，但也没有特别明显。到了 2020 年，5 家公司的总资产周转率几乎接近，从 2020 年的资产负债表上看，海天味业的货币资金与交易性金融资产合计 220.13 亿元，占总资产的比重达 74.53%。同茅台类似，庞大的现金量拖累了海天味业的周转率指标（见图 11-7）。

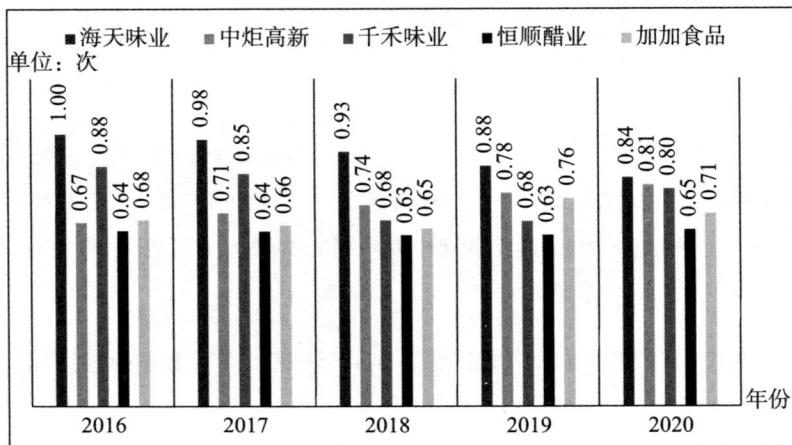

图 11-7　海天味业及其他调味品公司的总资产周转率对比情况

资料来源：问财。

海天味业是典型的 2C 模式，它面向的都是个人消费者，其存货占比高达 20%，却几乎没有应收款项，所以我们应该着重研究一下它的存货周转率。如图 11-8 所示，它的存货周转率也显著高于其他公司。

第 6 步：杠杆水平

海天味业的资产负债率大约是 30%，但是有息负债率几乎为零。从年报上看，该公司在 2020 年时有一笔 9300 万元的短期借款，其相比 300 多亿元的总资产来说，可忽略不计。但是仍有一个问题，既然海天味业有充裕的现金，它为什么还要借钱呢？我们可以到年报中按"Ctrl+F"搜索"短期借款"

来查看明细（见图 11-9）。

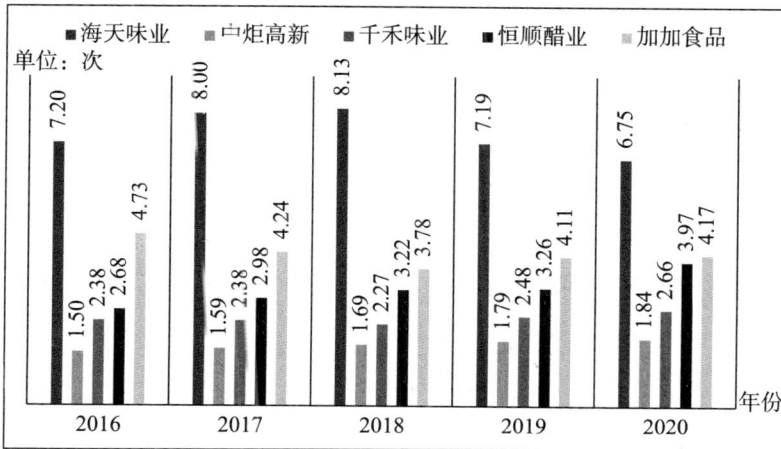

图 11-8　海天味业及其他调味品公司的存货周转率对比情况

资料来源：问财。

图 11-9　海天味业 2020 年年报中关于短期借款的说明

资料来源：海天味业 2020 年年报，巨潮资讯网。

　　从年报中可知，海天味业旗下的两家子公司产生了借款事项。子公司、母公司皆独立运作，但是子公司会和母公司并表，所以在合并后的资产负债表上产生了一点借款。那么这笔借款的安全性如何呢？ 2020 年，海天味业的"现金及其等价物 / 带息债务"值为 167.57，也就是说，它每欠 1 元债务，都有 167 元现金可供担保，安全性较高。

第 7 步：做判断

我们已经大致了解了海天味业的财务状况，在最后一个步骤中，我们要决定是否应把它列入自己的备选名单。

ROE 的分数如何？公司 2016—2020 年的 ROE 指标值都大于 20%，甚至在 30% 以上。

ROE 的质量怎么样？公司盈利能力强，但是周转能力一般，财务杠杆合理且安全。由于一家公司很难同时兼顾三种能力，而海天味业的长处在于盈利能力，因此其他两项能力只要不拖后腿即可。

ROE 的稳定性如何？公司 2016—2020 年的 ROE 较为稳定。

综合来看，海天味业可以被加入我们的深入研究备选名单，但现在决定是否买入还为时过早，我们还需要考虑一些其他因素。酱油虽然是家家户户必备的调味料，具有庞大的市场规模，但是其市场已接近饱和，市场格局也已经稳固，呈现"一超多强"的局面，整个市场已经进入成熟期。为了寻找新的增长点，公司近年来又推出了蚝油、调味酱、醋、鸡精等产品，这些产品能否复制酱油的奇迹还是一个未知数。

对于 ROE 大于 20% 的公司来说，如何保持好成绩是它们面临的最大挑战。海天优秀的盈利能力会导致净资产的增加，从而提高 ROE 的分母。但是为了保持 30% 的 ROE，海天必须尽快将这些净资产转化为盈利，否则若分母的净资产变大，分子的盈利没有跟上，ROE 水平将难以被保持下去。

欧普康视

海天味业是典型的消费品公司，接下来我们再看一家科技公司。

欧普康视的主营业务是 OK 镜。

第 1 步：扣非 ROE

欧普康视 2016—2020 年的扣非 ROE 都大于 20%，2016 年甚至高达 36.89%。5 年中扣非 ROE 的最低点在 2018 年，但也在 20% 以上（见表 11-3）。

表 11-3　欧普康视 2016—2020 年扣非 ROE 情况

	2020.12.31	25.76
净资产收益率–扣除非经常损益（%）	2019.12.31	22.70
	2018.12.31	20.74
	2017.12.31	24.18
	2016.12.31	36.89

资料来源：问财。

为什么欧普康视在 2016 年的 ROE 超过了 30%，后面两年却在逐渐下降呢？因为欧普康视的上市时间是 2017 年，上市募资后现金会增加，从而净资产增加，但是公司需要一段时间来消化这些资金，所以盈利的实现是滞后于净资产的增加的，一家公司的 ROE 在上市后下降是一个正常现象。

第 2 步：营业收入

欧普康视 2020 年的营业收入规模大概为 8.71 亿元，如果不和同行业进行对比是看不出这一规模的大小的。欧普康视的同行都有谁呢？如果你不了解眼科医疗器械这个行业，不知道还有谁在做 OK 镜的生意，可以在发现数据搜索 "OK 镜品牌" 来查看国内已上市的 OK 镜品牌列表（见图 11-10）。2020 年，全国从事 OK 镜业务的厂商只有 9 家，其中只有欧普康视、爱博医疗为国产厂商，因此我们只能选择爱博医疗来作为对比公司。在券商给出的研报中，我们还可以得知欧普康视的市场占有率大约为 24%，而爱博医疗的 OK 镜在 2019 年才上市，还没有放量。2020 年，爱博医疗的营业收入大约为 2.73 亿元，比欧普康视少 6 亿元。

图 11-10　在发现数据中搜索 "OK 镜品牌" 后显示的结果

资料来源：发现数据。

欧普康视营业收入的现金含量如何？直接输入公式 "欧普康视最近 5 年销售商品提供劳务收到的现金 / 营业收入"，结果显示，这 5 年的数据都大于 1。

第 3 步：毛利率

2016—2020 年，欧普康视的毛利率基本维持稳定，5 年的平均值约为77%，而爱博医疗的毛利率呈现明显的上升趋势。OK 镜属于三类医疗器械，需经过严格审批才能上市，行政审批形成了进入该行业的壁垒之一。医疗器械又属于高科技产品，尤其是用于眼睛这类器官的 OK 镜，更是对材料和工艺有着严格的要求。这些壁垒使得其他公司即使觊觎这一市场的回报率，也无法轻易进入该市场，进而使得行业内企业可以维持一个较高的毛利率（见图 11-11）。

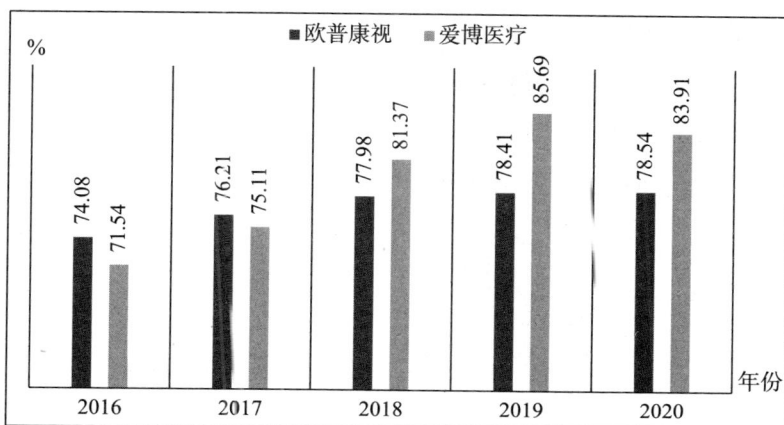

图 11-11　欧普康视和爱博医疗的毛利率对比情况

资料来源：问财。

但是从 2018 年开始，爱博医疗的毛利率就超过欧普康视了，我们对于数字的拐点性变化要多加关注，任何细节都要深入年报，去寻找更隐蔽的信息。

打开爱博医疗的年报并查看它的业务结构，我们可以发现：爱博医疗的主营业务并非 OK 镜，其 90% 的业务都来自人工晶状体，这是用于治疗白内障的植入性耗材，人工晶状体业务的毛利率高达 87%；OK 镜只是 2019 年刚上市的新产品而已，营收占比仅为 15%，所以整家公司的综合毛利率被人工晶状体拉高了。如果光从 OK 镜这个产品来看，爱博医疗的毛利率大约为 75%，和欧普康视的水平差不多。

爱博医疗的人工晶状体多用于治疗白内障，OK 镜多用于矫正近视，前者的消费群体多为老年人，而后者的消费群体多为青少年。两种产品针对的是不同的人群，因此爱博医疗和欧普康视的毛利率可比性并不高。但是市场上的国产 OK 镜厂商当时也只有这两家，我们只能选择它们来进行近似性对比。

第 4 步：净利润

欧普康视以 77% 左右的毛利率创造了接近 50% 的净利率，而爱博医疗也正处于不断上升的状态。其于 2016 年、2017 年经历了亏损，并于 2019 年、2020 年一跃成为拥有 30% 以上净利率的公司（见图 11-12）。

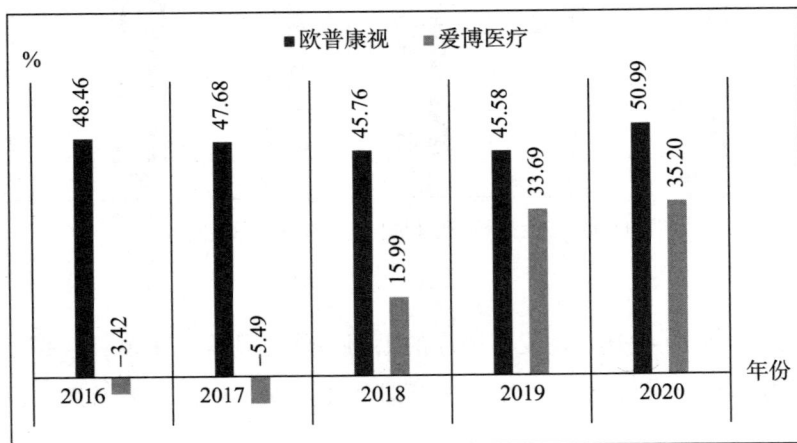

图 11-12　欧普康视和爱博医疗的净利率对比情况

资料来源：问财。

为什么爱博医疗在前两年的净利率是亏损状态呢？因为爱博医疗是 2020 年 7 月在科创板上市的，科创板对企业盈利方面没什么要求，所以很多正在亏损的高科技企业都选择在科创板上市。对于科创板企业而言，其前两年的亏损不一定是经营不善导致的，只是科创板的上市规则较为特殊而已。但是对于非专业投资者来说，科创板的新规则提高了普通投资者的研究难度，因为以前的上市公司被要求具有稳定的盈利性，这就意味着公司的经营相对成熟，投资者面临的风险相对较低。而科创板则不同，由于许多公司暂时没有盈利，你需要具备相关行业知识与技术知识才能判断它未来的盈利能力如何。对于普通投资者来说，七步成诗法原则也可以被用来研究科创板企业，你可以用它将稳定盈利的公司筛选出来，这样风险也会更低一些。

接下来，别忘了看净利润的现金含量和水分。2016—2020 年，欧普康视的扣非净利润占比几乎年年接近于 1，但是其 2018 年的净利润现金含量不到 70%，属于异常值，需要我们深入了解一下原因（见图 11-13）。

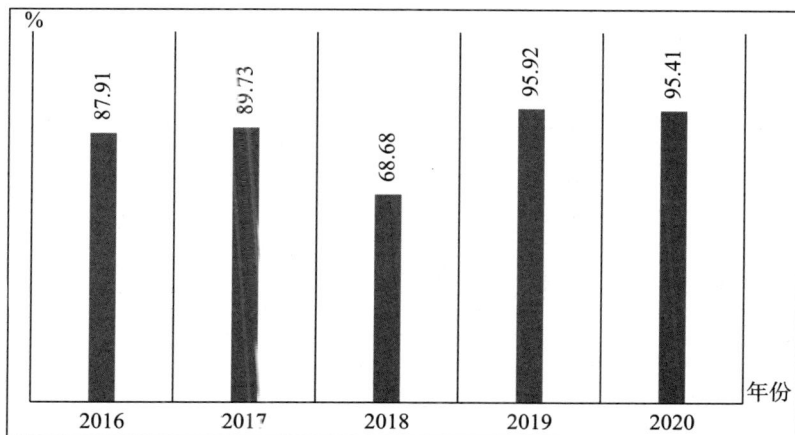

图 11-13　欧普康视 2016—2020 年净利润现金含量

资料来源：问财。

欧普康视 2018 年的现金流量表中有一笔比较大的现金支出，年报上的解释是由于"增加采购备货等所致"。欧普康视是在 2017 年上市的，笔者推断可能是公司融资之后增加了备货以应对后续的市场扩张。到了 2019 年、2020 年，公司的净利润现金含量回升了。投资者对于财务数据中的任何异常值都要加以注意，并要到年报里去查找原因，判断背后的风险、风险的大小，以及自己能否接受这样的风险。举个例子，某医药上市公司的净利润现金含量也很低，原因是现金流量表中的"支付其他与经营活动有关的现金"太多，然而公司年报并没有披露所谓的其他支出的明细，笔者找不到相关异常值存在的原因和风险来源，自认为无法承担相应风险，只好放弃了这家公司。

第 5 步：周转能力

从总资产周转率上看，欧普康视的总体水平高于爱博医疗，但是从绝对数上看，欧普康视的周转速度和茅台是一样的，甚至其绝对数还低于一些重资产制造业公司（见图 11-14）。

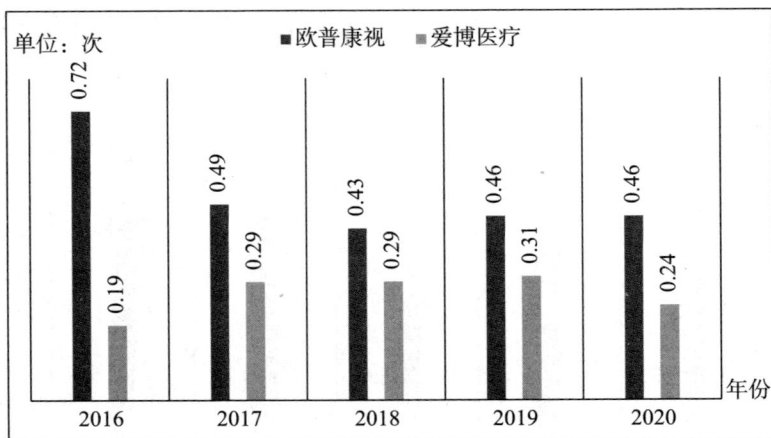

图 11-14　欧普康视和爱博医疗的总资产周转率对比情况

资料来源：问财。

　　对总资产周转率深入分析的关键在于看分母端的总资产。在欧普康视的资产负债表中（书中暂无参考表格，读者可自行查找资料），流动资产占比约为 75%，其中约 60% 都是现金和交易性金融资产，也就是说，欧普康视充裕的现金拉高了总资产的数额，从而降低了总资产周转率。

　　那么，欧普康视是 2B 还是 2C 模式的公司呢？从定性上看，OK 镜的终端用户主要是消费者端的个人消费者，然而医疗器械有不同于其他产品的特殊性。根据国家相关规定，OK 镜必须在符合资质的医疗机构中才可以被验配，因此欧普康视的直接下游其实是企业端客户。当你拿不定主意的时候，你可以从各项资产的占比情况中寻找答案。

　　2020 年，欧普康视的存货占总资产比重约为 3.27%，而应收款项占比大约为 6.5%，应收款项的数额比存货还多，但是两类资产的绝对占比值都不大。为了深入研究，我们可以把公司的存货周转率和应收账款周转率都分析一遍。

　　从存货周转率上看，欧普康视较爱博医疗而言更高，自从欧普康视于 2017 年上市后，存货周转率便有所下降，这可能是如上文所说的，由于备货增加导致分母端的存货数值变大的缘故。两家公司的主营产品不一样，它们在存货周转率上的对比情况也仅供参考（见图 11-15）。

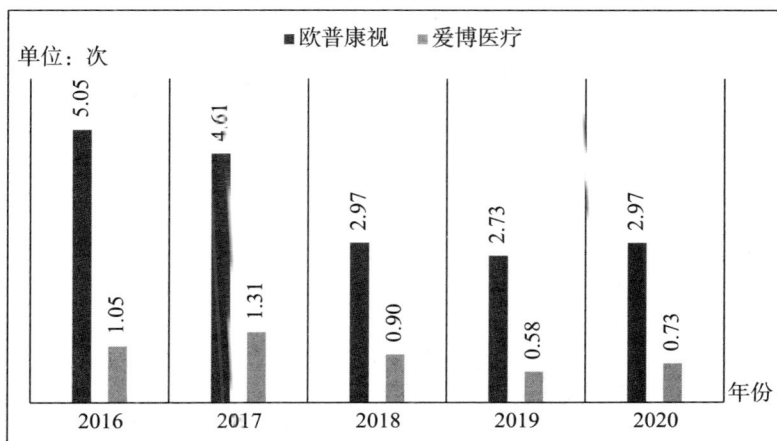

图 11-15　欧普康视和爱博医疗的存货周转率对比情况

资料来源：问财。

从应收账款周转率上看，欧普康视的水平也明显更高，但是因为两家公司的主营业务不同，二者针对的人群、适应症也不同，所以应收账款周转率对比情况仅供参考。但是除了爱博医疗，欧普康视目前已找不到更合适的参照对象了（见图 11-16）。

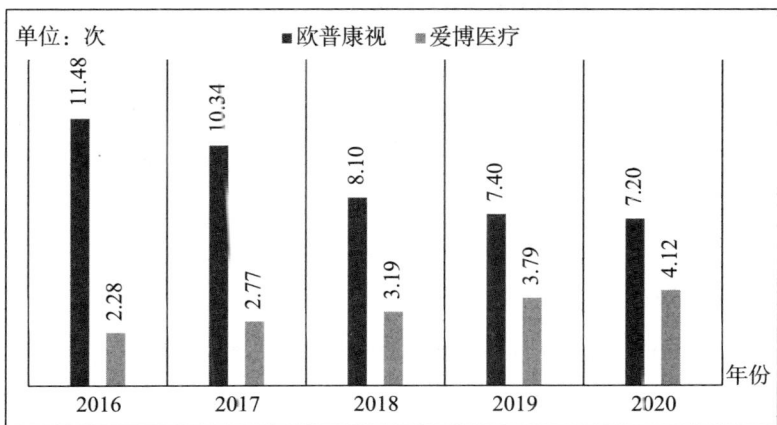

图 11-16　欧普康视和爱博医疗的应收账款周转率对比情况

资料来源：问财。

第 6 步：杠杆水平

欧普康视的有息负债率是多少呢？全部为零。如图 11-17 所示，欧普康视的杠杆率甚至比贵州茅台还低。于是就有人认为，如果欧普康视稍微增加借款以提高杠杆率，ROE 就能更高了，果真如此吗？

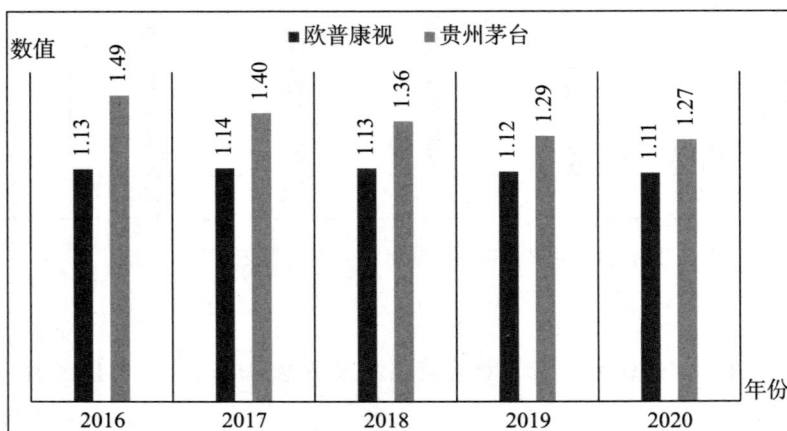

图 11-17　欧普康视和贵州茅台的权益乘数对比情况

资料来源：问财。

如果欧普康视增加了借款，货币资金就会相应地增加，从而总资产量也将增加，总资产周转率会降低，刚好抵消杠杆率提高带来的正效应；如果公司借的是有息负债，那么利润表上的财务费用就会增加，净利率也会降低，所以公司通过人为地提高杠杆率来提高 ROE 是行不通的，ROE 的三个驱动因素往往无法兼得，一家公司只要把一个能力发挥到极致就足够了。

第 7 步：做判断

欧普康视 2016—2020 年 5 年的 ROE 都大于 20%，驱动力主要来自接近 50% 的净利率。虽然欧普康视的周转率较低，但这也是公司现金太多所导致的，可以接受。此外，公司的杠杆率低，没有带息债务，较为安全。

ROE 的稳定性如何？欧普康视的每个关键财务指标都相对稳定，仅净利润现金含量在 2018 年稍低，但是我们也在年报中得知了数据异常的原因，至于其他人能否接受这样的风险就见仁见智了。

OK 镜的投资回报率这么高，会不会有竞争对手进入这个行业，把回报率拉低呢？这就要寻找欧普康视的护城河了。除了三类医疗器械的行政准入壁垒，需求端医生的习惯黏性与生产端的经验曲线也是欧普康视的护城河所在。三类医疗器械由于会被植入人体，有较高的使用风险，三级也是医疗器械分类中的最高级别。对于医生来说，他们倾向维持原来的使用习惯以避免尝试新产品带来的风险。同时，OK 镜需要对角膜塑形，需要精密而复杂的工艺，行业龙头已在较长的时间里积累了足够多的经验，并提升了验配效率和良品率，竞争对手如果想要获得同样的竞争优势，需要投入大量的时间成本，因此模仿并非易事。但是，OK 镜自 20 世纪 90 年代末引入中国以来已经发展超过了 20 年，渗透率依然较低，消费者对 OK 镜的接受度如何？行业渗透率为什么一直难以大幅度提高？欧普康视能否维持现有的 ROE？这些都是我们需要注意的问题。

云南白药

中国只有很少的几款中药被列为"国家绝密配方"，拥有强大的护城河，片仔癀和云南白药便是其中较为著名的两款。

1914 年，曲焕章创制了云南白药，在战争年代，战士们受伤后一抹白药，很快就能痊愈，所以云南白药也有着"伤科圣药"的美名。这家公司的投资回报率如何呢？

第 1 步：扣非 ROE

2016—2020 年，云南白药的 ROE 呈下降趋势，2016—2018 年，公司的 ROE 都大于 15%，但是到了 2019 年、2020 年，ROE 降至 7% 了。通过七步成诗法，我们可以找出云南白药 ROE 产生变化的原因（见图 11-18）。

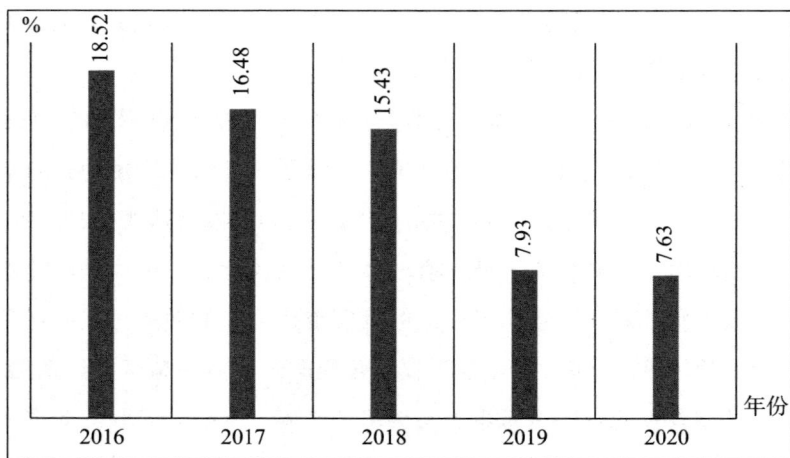

图 11-18　云南白药 2016—2020 年的扣非 ROE

资料来源：问财。

第 2 步：营业收入

相比另一个"国家绝密配方"片仔癀，云南白药的营业收入规模多了一个数量级：2020 年，云南白药的营业收入为 327.43 亿元，片仔癀为 65.11 亿元，截至 2021 年，云南白药的总市值却仅约为片仔癀的一半。

2016—2020 年，云南白药的现金收入比率都大于 1，营业收入的质量并没有问题。

第 3 步：毛利率

片仔癀的平均毛利率约为 45%，而云南白药的仅约 30%，为什么同样是国家绝密级中药，毛利率却有如此显著的差异呢？对于任何异常数据，我们都要找到背后的逻辑，挖掘出真正的原因。两款中药在行业中的地位接近，按常理来说，毛利率不应该有这么大的差别，云南白药的综合毛利率很有可能是被公司的其他业务拉低了（见图 11-19）。

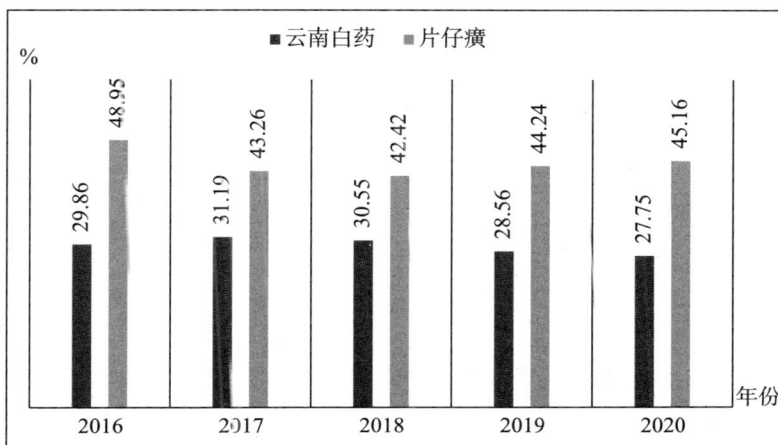

图 11-19　云南白药和片仔癀 2016—2020 年的毛利率对比情况

资料来源：问财。

　　根据年报，云南白药的业务较多且杂，公司除了生产传统的白药，还生产包括牙膏、茶叶、面膜、绷带、口罩、眼罩、创可贴、洗发水、护手霜、卫生巾等产品。粗略估计了各个业务板块的营收占比之后，笔者发现，传统白药产品的营收占比大约只有 10%，而营收占比最大的业务是批发零售，也就是开药店。云南白药集团并购了云南省医药有限公司，后者是云南省最大的医药流通企业之一。批发零售业务的规模往往很大，达到百亿级并不稀奇，但是这类业务的毛利率非常低。年报显示，批发零售业务的毛利率大约只有9%，但是包括传统白药产品在内的自主产品的毛利率都超过了 60%，因为批发零售的营收规模太大，整家公司的综合毛利率被摊薄了。

　　再来看片仔癀，它的传统中药产品的毛利率也达到 80%，但是片仔癀公司也从事批发零售业务，综合毛利率也被摊薄了。它的批发零售业务占比并没有云南白药的那么大，毛利率被摊薄的程度更低一些。我们在分析财务数据时一定不能放过任何异常值，只要觉得数据有逻辑上说不通的地方，就要深入年报，寻找原因。图 11-20 为云南白药各业务板块的营业收入占全公司营业总收入的比重情况，图中数据皆为笔者毛估的数据，仅供参考。

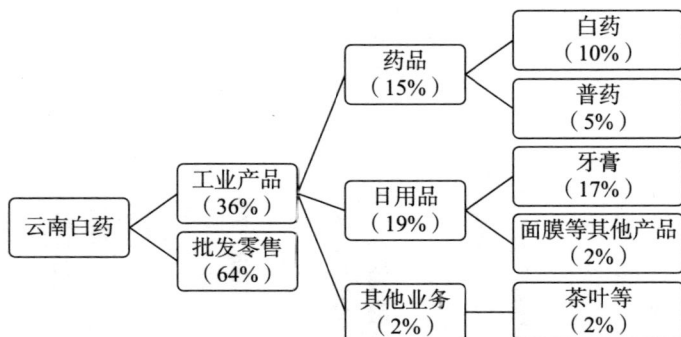

图 11-20　云南白药各业务板块的营业收入占全公司营业总收入的比重情况

经笔者个人统计，云南白药的药品业务（含传统的白药产品，以及感冒灵等几十款普药）营收占比大约只有 15%，而日用品的占比大约为 19%。也就是说，云南白药已经开始往日用品公司方向转型了。

第 4 步：净利润

对比两家公司 2016—2020 年的净利率，云南白药的净利率平均值约为 14%，而片仔癀的净利率平均值则大约为 23%。由于两家公司的毛利率有较大的差异，净利率也产生了较大差异（见图 11-21）。

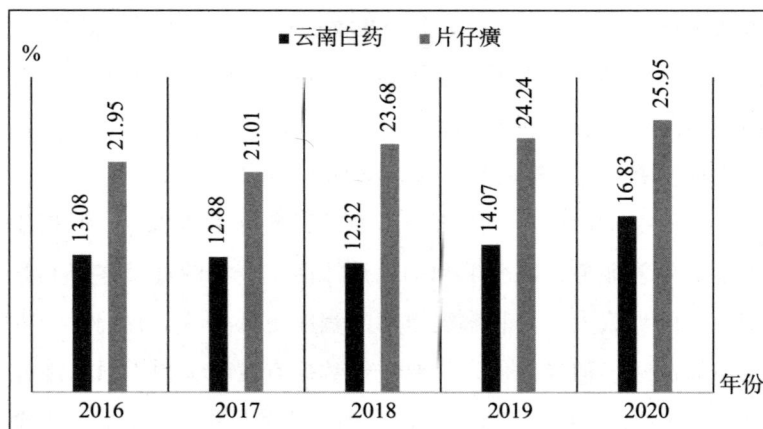

图 11-21　云南白药和片仔癀 2016—2020 年的净利率对比情况

资料来源：问财。

160

那么，公司净利润的质量如何呢？

2016—2020 年，云南白药的净利润现金含量分别为 1.02、0.37、0.44、0.50、0.69，同时期的扣非净利润占比分别为 0.92、0.88、0.84、0.55、0.53，低于我们的警戒值。

我们不能放过任何异常的数据，一定要去年报中寻找原因。如表 11-4 所示，云南白药 2020 年的非经常性损益表中有一个高达 26.18 亿元的大数字，来自公允价值变动损益。我们知道，公允价值变动往往来自公司持有的股票、债券、基金等金融资产。再深入研究年报我们可以发现，云南白药持有小米、伊利、腾讯、恒瑞等其他上市公司的股票，此外还持有一部分债券和基金，不稳定的非经常性损益就源于这些股票的价格波动。从 2021 年三季报的非经常性损益表中，我们可以看到，云南白药持有的交易性金融资产造成约 11 亿元的浮亏，同时公司通过变卖非流动资产赚了约 5.5 亿元，总体共导致 -4.8 亿元的非经常性损益，2020—2021 年公司的扣非净利润占比不稳定，和这些科目的变动有很大关系。

表 11-4　云南白药非经常性损益表

单位：万元

报告期	2018.12.31	2019.12.31	2020.12.31	2021.09.30
	年报	年报	年报	三季报
非流动资产处置损益	-733.73	1 217.01	1 322.69	55 203.98
税收返还减免				
政府补助	8 967.79	21 711.80	17 811.30	8 605.44
资金占用费				
企业合并产生的损益				
非货币性资产交换损益				
委托投资损益				
资产减值准备				
债务重组损益				
企业重组费用				

（续表）

报告期	2018.12.31	2019.12.31	2020.12.31	2021.09.30
	年报	年报	年报	三季报
交易价格显失公允产生的损益				
同一控制下企业合并产生的子公司净损益		109 781.67		
预计负债产生的损益			479.65	
持有（或处置）交易性金融资产和负债产生的公允价值变动损益	32 097.87	16 255.94	261 840.15	−110 066.35
单独进行减值测试的应收款项减值准备转回				
对外委托贷款取得的收益				
公允价值法计量的投资性房地产价值变动损益				
法规要求一次性损益调整影响				
受托经营取得的托管费收入				
其他营业外收支净额	155.04	55.08	−510.26	−175.69
其他项目		43 867.83	23 708.04	
非经常性损益项目小计	40 486.97	192 889.33	304 651.57	−46 432.62
所得税影响数	1 456.81	3 400.99	43 001.28	1 617.92
少数股东损益影响数	149.79	39.40	−69.17	29.36
非经常性损益项目合计	38 880.37	189 448.94	261 719.46	−48 079.90

资料来源：Wind 数据库。

第 5 步：周转能力

两家中药公司的总资产周转率没有显著差异，如果对比存货周转率，云南白药比片仔癀周转的速度更快一些。2020 年，片仔癀的存货周转率是 1.67 次，云南白药是 2.08 次，原因大致为云南白药正向日用品方向转型，而日用品具有快速消费品的属性（见图 11-22 ）。

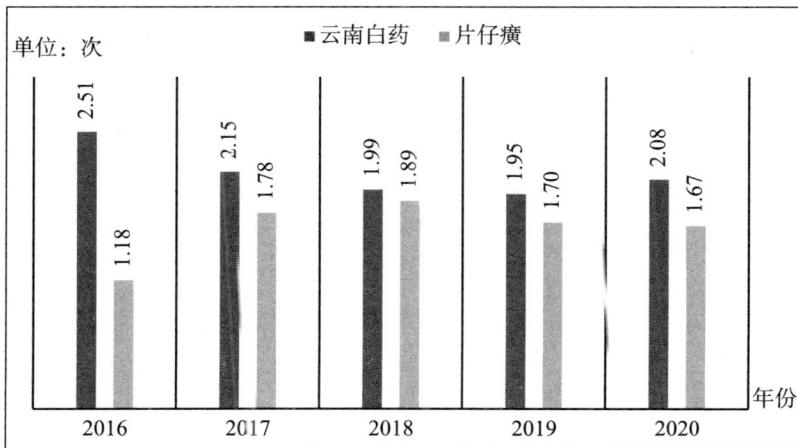

图 11-22　云南白药和片仔癀 2016—2020 年总资产周转率对比情况

资料来源：问财。

第 6 步：杠杆水平

两家公司的权益乘数值基本一样，云南白药的带息负债率仅为 6%，2020 年的"现金及其等价物╱带息债务"值为 3.99，有着较高的安全性。

第 7 步：做判断

我们通过七步成诗法拆解了云南白药的财务数据，分析了其 2019—2020 年 ROE 下降的主要原因。云南白药虽然销售净利率、总资产周转率、权益乘数都比较稳定，但不要忘了我们看的 ROE 是扣非后的数据。云南白药买入了较多交易性金融资产，而这类资产的公允价值变动会影响利润表，这也是公司最近两年扣非净利润占比较少的原因。

一方面，不可否认的是，作为家喻户晓的中药，云南白药的知名度和口碑都经历了时间的考验，"国家绝密配方"更是构成云南白药的护城河，任何竞争对手都无法知晓白药的配方并进行模仿。另一方面，社会的疾病谱也会随着生产力的发展而变化。在战争年代，"伤科圣药"十分受欢迎，但在现代社会，基础设施越来越发达，人们的自我保护意识越来越强，发生跌打损伤的情况也越来越少。在这种形势下，云南白药以"防止牙龈出血"为卖点，推出了牙膏，正好契合了白药"止血"的特点，抓住了现代人的需求，获得了极大成功，但是公司后续推出的产品一直没有复制出牙膏的神话。至于云南白药今后的发展如何，我们只能交给时间评判了。

第 12 章　分析"沃尔玛型"公司

能够产生差异化的产品毕竟是少数，比如各家超市里卖的产品几乎没有什么差别，货架上放着一样的苹果，你并不会觉得其中一家的苹果应该比另一家卖得贵，如果其中一家超市的苹果价格高于另一家，你就会一直去便宜的那家购买。

大规模生产的工业产品也很难形成差异化，工厂为品牌商提供代工服务，品牌商提供需求，工厂根据需求提供定制生产服务，彼此生产出来的产品都没有差别，此时，谁的生产效率更高、成本更低，谁就会获得下游客户的订单。

对于这类公司而言，提升运营效率是驱动业绩增长的关键。本章我们选择的案例分析对象为晨光文具、双汇发展和家家悦。①

---

① 本章所有公司案例仅为配合讲解七步成诗法的具体应用过程，内容不构成投资建议；本章所列举的数据均来自上市公司公开披露的财务年度报告；所有涉及数据分析的内容均基于以往年度真实数据，不用于趋势预测。——编者注

晨光文具

大多数人在购买圆珠笔的时候，并不会特意选择某个品牌，而是在购买时顺手在纸板上画两笔，觉得书写流畅就买下了，所以圆珠笔品牌并不像酱油一样存在消费者黏性。人们购买圆珠笔的目的只是满足基本的书写需求，由于圆珠笔的生产门槛不高，竞争者可以在较短的时间内开设一家圆珠笔工厂，从而导致供给增加。从表面上看，包括圆珠笔在内的文具行业似乎并不存在进入壁垒，在位企业没有需求端的客户黏性，也没有供给端的特殊工艺，应该很难获得竞争优势，只要这一行有利可图，竞争者就会进入并拉低投资回报率。

事实果真如此吗？晨光文具是一家综合性的文具供应商，我们来看一下它的财务数据。

第 1 步：扣非 ROE

如图 12-1 所示，晨光文具的扣非 ROE 自 2017 年起，3 年都超过了 20%，且连续几年都维持高位。如果文具行业真的缺乏竞争壁垒，又是什么原因让晨光文具能够常年维持着 20% 以上的 ROE 呢？

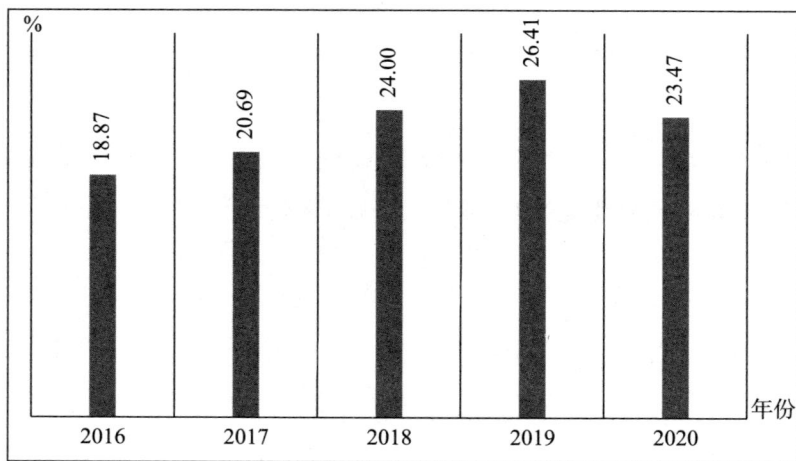

图 12-1　晨光文具 2016—2020 年的扣非 ROE 情况

资料来源：问财。

我们可以先对比一下其他公司的 ROE 情况。通过搜索相关的行业图表，我们可以知道，该行业的上市公司还包括齐心集团和广博股份。接着我们通过问财分别查询"晨光文具、齐心集团、广博股份最近 5 年扣非 ROE"来对比三家文具上市公司的数据，发现另外两家对比公司的 ROE 都低于 10%（见图 12-2）。

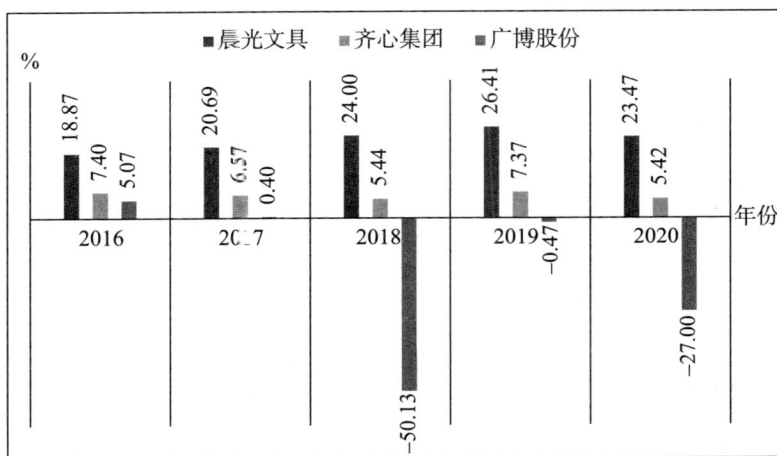

图 12-2　晨光文具和另外两家文具公司的扣非 ROE 对比情况

资料来源：问财。

第 2 步：营业收入

从营业收入的体量上看，晨光文具规模达百亿级，公司 2020 年营收规模约为 131.38 亿元；齐心集团约为 80 亿元；广博股份约为 26 亿元。

那么，晨光的收入质量如何？我们通过问财查询后可知，2016—2020 年，晨光文具的现金收入比率都大于 1。为了进行交叉验证，我们还可以查询它的应收款项占比，2019 年，晨光文具的应收款项占营业收入的比重不到 10%，2020 年虽然有所提高，但也不到 12%，可见晨光文具的赊销收入不多。我们在年报中可以找到公司 2020 年应收款项增加的原因：晨光文具开拓了 2B 模式的业务，也就是直接将办公文具卖给大机构客户，应收款项的增加是公司的商业模式发生了改变所致,这也是可以理解的,晨光在开设 2B 模式的业务之前,它的应收款项占营业收入的比重甚至只有 2%。

第 3 步:毛利率

晨光文具的毛利率比较稳定,2016—2020 年的毛利率都超过了 25%。在第 11 章里,我们知道海天味业的平均毛利率大约为 45%,可见文具的毛利率并不比酱油高。毛利率代表了产品的溢价能力,可以在一定程度上反映产品的差异化程度。我们从文具和酱油的毛利率差异可以看出,文具的差异化程度更低,酱油可以通过口味偏好产生一定的客户黏性,但文具却不行(见图 12-3)。

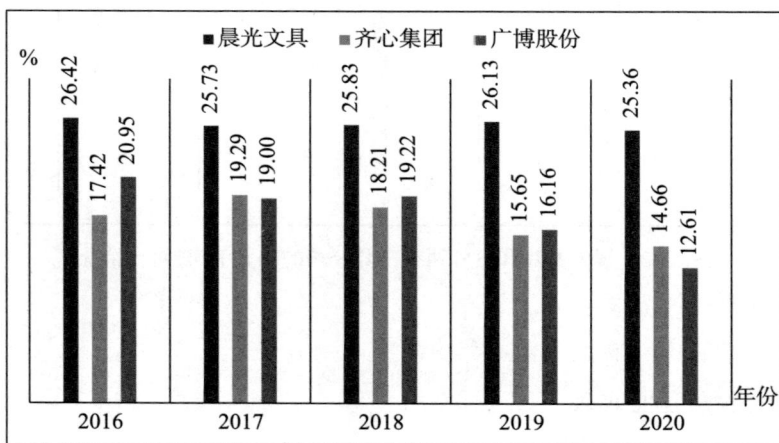

图 12-3　晨光文具和竞争对手的毛利率对比情况

资料来源:问财。

第 4 步:净利润

如果毛利率太低,就会影响最后的净利率数值,三家文具公司的平均净利率都低于 10%。我们知道晨光文具的 ROE 超过了 20%,要用不到 10% 的净利率来驱动 20% 以上的 ROE 是比较困难的,所以晨光文具的高 ROE 必然是别的因素所导致的（见图12-4）。

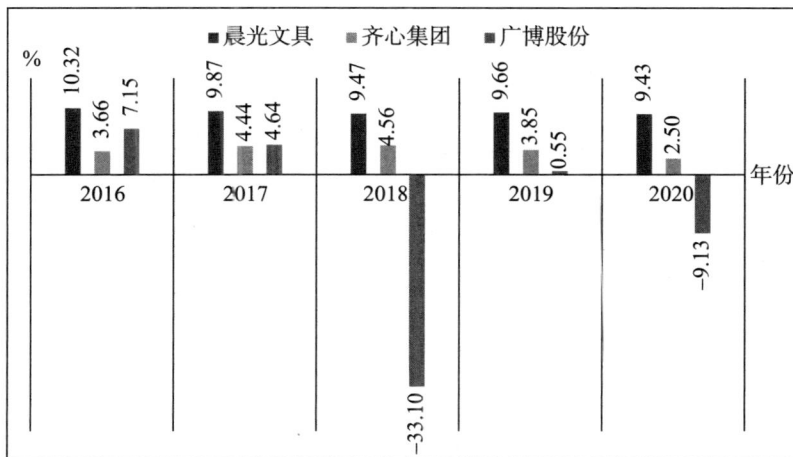

图12-4　晨光文具和竞争对手的净利率对比情况

资料来源：问财。

在2016—2020年5年中，晨光文具的净利润现金含量每年都超过100%，公司5年的扣非净利润占比分别为0.88、0.86、0.93、0.95、0.88，净利润的质量并不存在问题。

第5步：周转能力

2016—2020年，晨光文具的总资产周转率基本都大于1.5次，如果你不清楚这个总资产周转率大概算什么水平，可以将晨光文具和其他行业的公司做一下对比，以体会不同行业间的区别。我们在第11章分析了各家调味品公司的总资产周转率，海天味业、中炬高新、千禾味业的总资产周转率大约是0.8次，而晨光文具的周转率约为它们的2倍（见图12-5）。

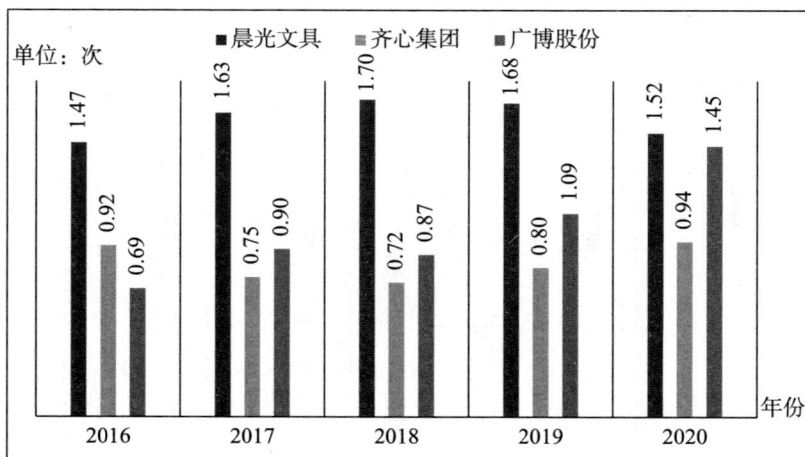

图 12-5　晨光文具和竞争对手的总资产周转率对比情况

资料来源：问财。

　　前面我们也知道了，晨光文具主要以 2C 模式为主，应收款项占比很少，所以我们可以重点关注它的存货周转率。2016—2020 年，晨光的存货周转率还算稳定，5 年均值约为 6.3 次，和海天味业的水平差不多。虽然齐心集团的存货周转率明显更高，但是它整体的运营效率低于晨光文具（见图 12-6）。

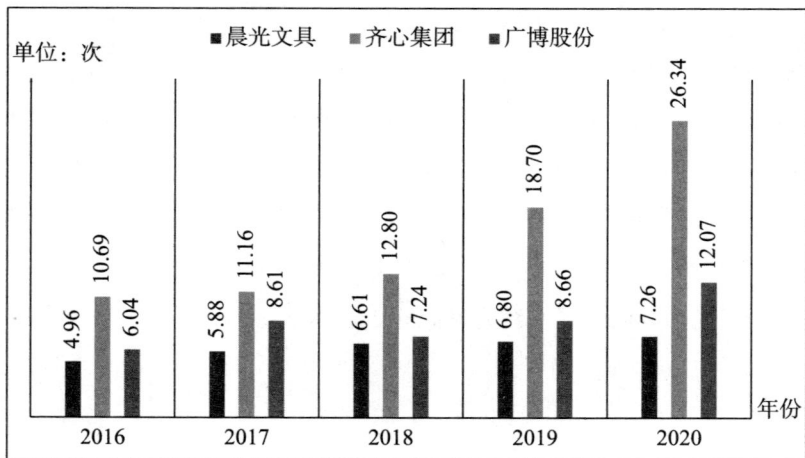

图 12-6　晨光文具和竞争对手的存货周转率对比情况

资料来源：问财。

第 6 步：杠杆水平

2020 年，晨光文具的权益乘数约 1.78，但是有息负债率仅为 3%，且"现金及其等价物 / 带息债务"值约为 7，也就是说，晨光文具每欠 1 元钱，公司就有 7 元钱可供担保。

第 7 步：做判断

通过对晨光文具的 ROE 进行拆解，我们发现，它的净利率还不到 10%，但是它有着优秀的总资产周转率，再加上适当的权益乘数，晨光文具的 ROE 超过了 20%。问题在于，晨光文具能维持住这样的 ROE 吗？它的护城河是什么？

在案例的开头，我们从常识上对文具行业进行了初步判断，这个行业似乎并不具备下游的客户黏性，生产技术也并不稀缺，但是晨光文具通过独特的策略构建了自己的稀缺性资源。

晨光文具的护城河首先在于规模经济。根据公开数据，截至 2019 年，晨光已经掌握了 8.5 万个零售终端，零售点多分布在国内学校周边的商圈，覆盖率高达 80%，且已建立起多层次的经销体系。公司除了规模较小的样板店，其余 9000 多家加盟店、5000 多家办公店存在一定的排他性。

排他性协议为晨光构建了稀缺性，也使其获得了下游经销商的黏性，这种黏性使得晨光的市场规模得以被维持，规模经济又让晨光能够拥有低成本优势和产品线优势。对于有些行业而言，体量本身就是竞争力。从供给端来看，晨光文具的规模经济使之拥有低成本优势和更为丰富的产品线，对于经销商而言，与晨光合作是一个顺理成章的策略。晨光每签下一家大经销商，留给竞争对手的资源就少一家。从需求端来看，多达 8.5 万个零售终端的市场规模支持着晨光在生产端的规模经济。竞争对手短时间内达不到晨光的规模，也无法获得更低的成本和更高的运营效率，因此不一定能提供比晨光更有吸引力的条件，经销商也就没有更换供应商的必要，由此，需求端也产生了黏性。需求端与供给端的竞争优势互相加强，使得晨光可以一直维持一个较高的 ROE。

但是，文具行业虽然规模大，但是渗透率难以有更大的增长空间，而且随着人口出生率下降，信息化教学、办公模式在不断发展，文具行业在 2018 年的增长率只有 4%。晨光在稳住传统文具基本盘的基础上做了大量尝试，比如开始为政府、公司等企业端市场提供办公解决方案，该业务的营业收入从 2013 年的 1 亿余元增长到 2020 年的 50 亿余元，如今已经贡献了总业务量的 1/3。在消费者端，晨光开拓了新零售业务，成立了晨光生活馆和九木杂物社，但是截至目前，新零售业务占总营收的比重只有 5% 左右。同云南白药一样，晨光能否顺利实现破局，要由时间来验证。

双汇发展

双汇集团的前身是漯河肉联厂，1991 年，漯河肉联厂耗资 1600 万元从国外引进 10 条火腿肠生产线，并于 1992 年生产出第一根火腿肠。30 多年过去了，双汇除了各类香肠，还推出了包括猪肝、牛肉在内的熟食，也参与到养殖、屠宰、包装等全产业链的其他环节中，营业收入突破了 700 亿元大关。30 多年来，双汇一直专注于主业，并没有从事不相关的多元化业务。

第 1 步：扣非 ROE

2016—2020 年来，双汇的扣非 ROE 都超过了 25%，其中 2018 年、2019 年的 ROE 超过了 30%，但是 2016 年、2017 年、2020 年的 ROE 又掉到了 30% 以下，ROE 整体呈现较为明显的波动性（见图 12-7）。

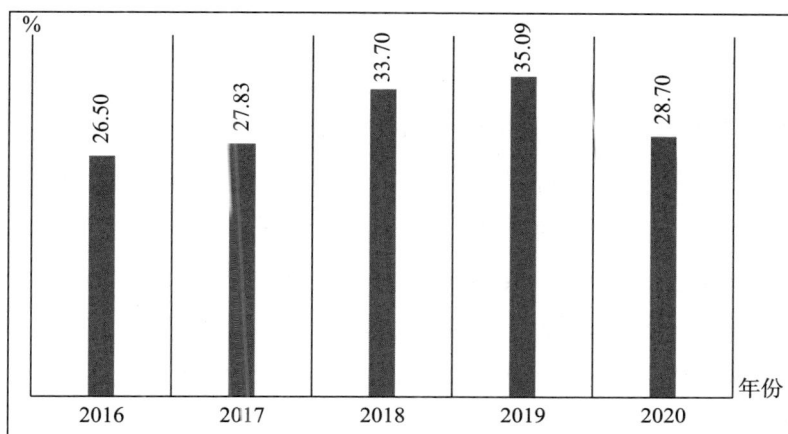

图 12-7　双汇发展 2016—2020 年的扣非 ROE 情况

资料来源：问财。

第 2 步：营业收入

在发现数据中搜索"双汇发展竞争对手"，可以找到双汇发展的对比公司：龙大肉食、华统股份、得利斯。我们可以到问财中查询"双汇发展、龙大肉食、华统股份、得利斯最近 5 年的营业收入"，来对比不同公司的营业收入体量。从 2020 年的数据上看，双汇的营收体量超过了 700 亿元，龙大肉食超过 200 亿元，而华统股份、得利斯的营收体量则不足 100 亿元（见图 12-8）。同时，我们还可以发现，双汇发展 2016—2020 年的现金收入比率几乎稳定在 1.08 左右，且应收款项占营业收入比重约为 0.38%，从这一点可以看出，双汇发展的营业收入很少是由赊账带来的。

序号	股票代码	股票简称	现价(元)	涨跌幅(%)	营业收入(元) ⑦				
					2020.12.31 ↓	2019.12.31	2018.12.31	2017.12.31	2016.12.31
1	000895	双汇发展	25.95	1.25	738.63亿	603.10亿	487.39亿	504.44亿	518.22亿
2	002726	龙大肉食	10.25	-0.87	241.02亿	168.22亿	87.78亿	65.73亿	54.50亿
3	002840	华统股份	10.42	1.07	88.36亿	77.06亿	51.18亿	47.15亿	39.92亿
4	002330	得利斯	5.47	-1.44	32.81亿	23.46亿	20.19亿	16.09亿	15.76亿

图 12-8　双汇发展和竞争对手的营业收入对比情况

资料来源：问财。

第 3 步：毛利率

从行业整体的毛利率上可以看出，肉食行业缺乏差异性，毛利率普遍较低（见图 12-9）。双汇的毛利率在 2018 年时超过了 20%，但是其余年份的 ROE 仅为 18% 左右，这种情况同云南白药类似：双汇除了卖火腿肠等零售产品，还通过产业链一体化的方式进入了利润不高、规模较大的生猪屠宰业务。在双汇近 740 亿元的营业总收入里，有大约 480 亿元来自屠宰业务，而该业务的毛利率仅为 7.17%。如果光看肉制品的毛利率，它已经超过了 30%。庞大的屠宰业务拉低了整家公司的综合毛利率，从这里我们也可以看出，双汇高达 30% 的 ROE 绝非由盈利能力驱动。

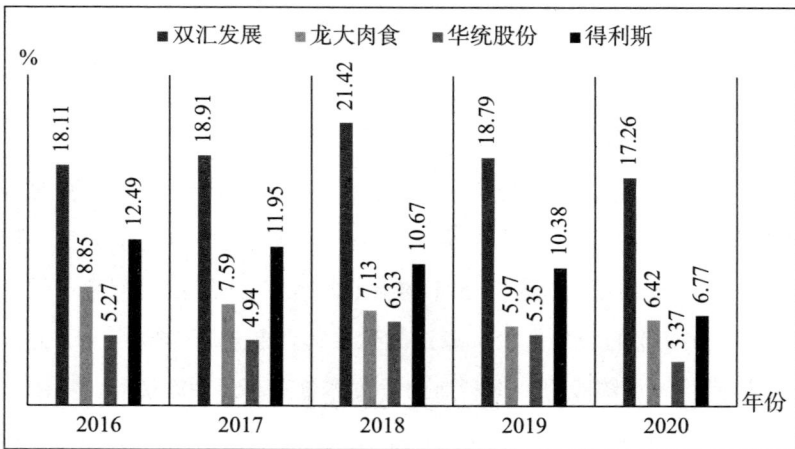

图 12-9　双汇发展和竞争对手的毛利率对比情况

资料来源：问财。

第 4 步：净利润

扣除其他费用以后，双汇的平均净利率仅有 9.2%。从图 12-10 来看，双汇的净利率呈现较大的波动性，2018 年达到 10.41%，但是其余年份较低。此外，另一家同行公司——华统股份的净利率也呈现出与双汇类似的周期性波动。

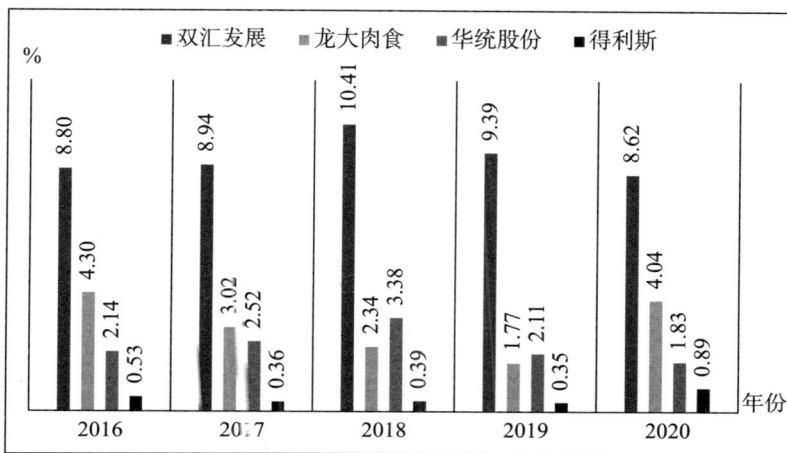

图 12-10　双汇发展和竞争对手的净利率对比情况

资料来源：问财。

接下来看净利润的质量。双汇发展 2016—2020 年的净利润现金含量分别为 1.26、1.3、0.99、0.81、1.41，扣非净利润占比也基本大于 90%，几乎没有非经常性损益。从这些数据上也可以看出双汇在主业上的专注，公司 30 年来一直专注于肉食产业链，这些都从财务数据上得到了体现。

第 5 步：周转能力

很显然，不到 10% 的净利率是无法支撑起双汇将近 30% 的 ROE 的，双汇拥有高回报率的原因并不在盈利能力上。

通过查询四家公司的总资产周转率，我们可以发现，该行业的周转速度普遍较高。2019 年、2020 年，龙大肉食的周转率甚至超过了 3 次，而双汇发展 2016—2020 年的总资产周转率也超过了 2 次，甚至快于晨光文具（见图 12-11）。

第 6 步：杠杆水平

2020 年，双汇的权益乘数是 1.44，且存在一定的带息债务，公司 2016—2020 年的有息负债率分别为 7%、14%、16%、14%、10%。查询"双汇发展最近 5 年现金及其等价物 / 带息债务"，我们发现风险较高的年份分别是 2016 年、2018 年和 2019 年，这几年的指标数值都低于 1，但是到了 2020 年，该数值提高到了 2.44，说明公司的偿债能力有所提高（见图 12-12）。

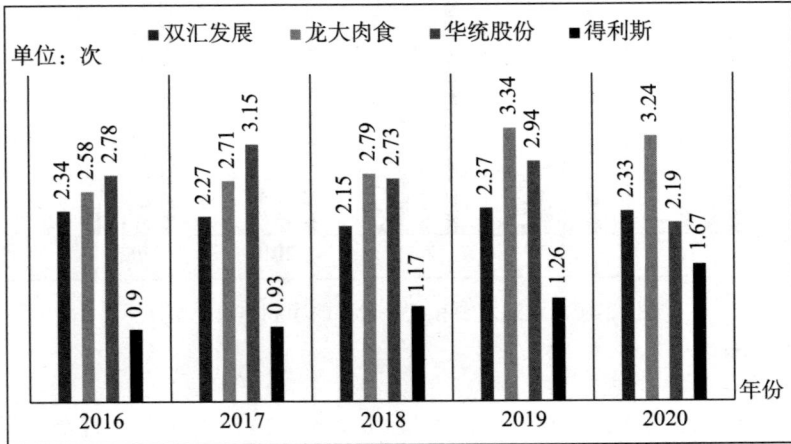

图 12-11　双汇发展和竞争对手的总资产周转率对比情况

资料来源：问财。

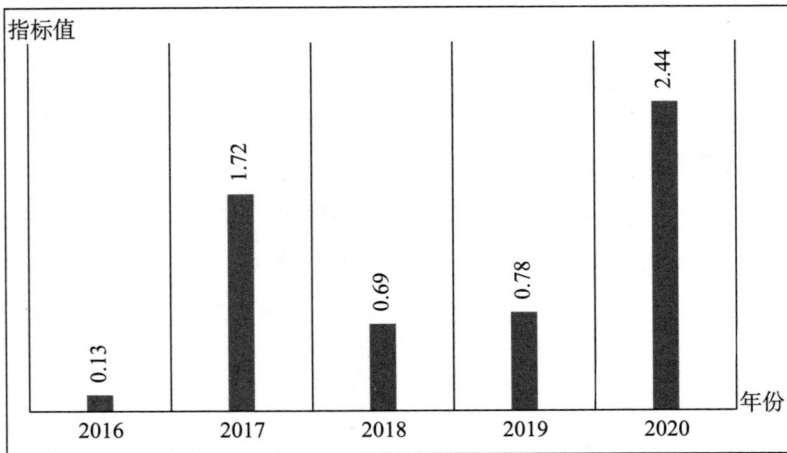

图 12-12　双汇发展 2016—2020 年的"现金及其等价物 / 带息债务"指标值

资料来源：问财。

第 7 步：做判断

双汇发展 2016—2020 年的 ROE 一直维持在 20% 以上，2018 年、2019 年甚至超过了 30%。如果双汇的投资回报率很高，是否会吸引竞争者的加入？双汇还能否持续保持这样的回报率？

双汇竞争优势的逻辑与晨光文具类似，它也搭建起了一张庞大的经销网络以获得规模经济优势。截至 2020 年年末，双汇共有约 1.73 万家经销商，网点达 100 多万个，遍布全国，其产品在绝大部分省份可做到朝发夕至。即使新进入者财大气粗，也无法在短时间内获得这么多的渠道和网点，无法形成这么大的市场规模。需求端的市场规模支撑起供给端的规模经济，使得双汇获得了成本优势、提升了运营效率，加上双汇已经打通了上下游产业链，实现了一体化发展，此举巩固了它的高效率和低成本优势。

但是，双汇 ROE 呈现的不稳定性也需要引起我们的注意。猪肉是典型的周期性行业，如果我们拉长时间，以 10 年为一个周期观察双汇发展的毛利率，会发现其 2011—2021 年的毛利率呈现一个典型的周期性波动状态，这是典型的"猪周期"[①] 特征（见图 12-13 ）。

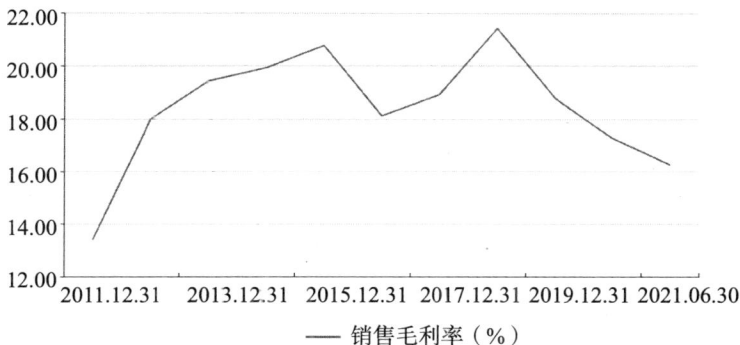

图 12-13　双汇发展 2011—2021 年的毛利率走势图

资料来源：Wind 数据库。

---

① 猪周期是一种经济现象，指"价高伤民，价贱伤农"的周期性猪肉价格变化怪圈。猪周期的循环轨迹一般是：肉价高——母猪存栏量大增——生猪供应增加——肉价下跌——大量淘汰母猪——生猪供应减少——肉价上涨。——编者注

如果我们要生产圆珠笔，只须打开机器，几天就能出货。但是养猪需要时间，存在一个较长的成长周期，因此市场供需经常错配，造成行业的周期性。当市场供不应求的时候，人们就开始养猪。但是一个完整的生猪繁衍周期超过 3 年，等猪长大待宰的时候，市场可能已经供过于求了，于是供应商们又纷纷退出这个行业，市场又变得供不应求，这就是猪周期的成因。一般来说，我国的生猪周期为 2～4 年。若我们不是该行业的从业者，则很难准确判断周期的拐点在哪里。

家家悦

家家悦是位于胶东地区的一家生鲜卖场，2019 年，公司在胶东地区的营收占比高达 84.4%，但是采购网络遍布全国，公司还建立起自动化物流、中央厨房等系统。家家悦官网显示，截至 2021 年上半年，公司共有直营连锁门店 942 家，会员总数达 1052 万人，除了山东，家家悦还进入了北京、河北、安徽、内蒙古、江苏等地区。

第 1 步：扣非 ROE

超市是贴近老百姓日常生活的业态，每个地区都有知名的超市品牌。比如福建的永辉超市和新华都、浙江的三江购物、湖北的中百集团、深圳的人人乐、四川的红旗连锁等。我们可以对比一下家家悦、永辉超市、新华都、三江购物、中百集团、人人乐、红旗连锁几家公司 2016—2020 年的扣非 ROE 情况（见表 12-1）。

表 12-1　各大超市 2016—2020 年的扣非 ROE 对比情况

单位：%

	2016 年	2017 年	2018 年	2019 年	2020 年
家家悦	14.20	12.51	14.68	15.51	13.70
永辉超市	6.92	9.07	4.56	5.38	2.94

（续表）

	2016 年	2017 年	2018 年	2019 年	2020 年
新华都	−10.07	−3.15	−0.86	−50.63	16.98
三江购物	4.62	5.71	3.97	3.40	3.26
中百集团	−7.36	−1.59	0.92	0.99	1.49
人人乐	−4.33	−23.16	−23.70	−14.00	−23.91
红旗连锁	5.25	6.62	12.48	17.41	14.06

资料来源：问财。

2016—2020 年，家家悦的 ROE 情况较为稳定，5 年平均值约为 14%。永辉超市、三江购物的 ROE 低于 10%，而新华都、中百集团、人人乐几家公司则呈现出较大的不稳定性。

除此之外，红旗连锁的 ROE 则呈现明显的改善趋势。2016 年、2017 年，红旗连锁的 ROE 都低于 10%，但是在 2018—2020 年 3 年中，公司出现明显的进步。

第 2 步：营业收入

从营业收入的体量来看，2020 年，永辉超市有着近 1000 亿元的水平，家家悦和中百集团的规模大约在百亿级，其余超市的则都为几十亿级（见图 12-14）。由于消费者到超市购物都是付现款、提现货，甚至会留下预付款（比如预先储值的会员卡），所以各超市的现金收入比率都大于 1。

第 3 步：毛利率

各超市的毛利率水平相接近，大部分位于 21% ~ 25% 的水平，其中家家悦的平均毛利率约为 22%。另一个很明显的结论是，红旗连锁的毛利率最高，在 2019 年甚至超过了 30%。不过总的来看，各超市在毛利率上的差别很小，我们几乎可以忽略不计（见表 12-2）。

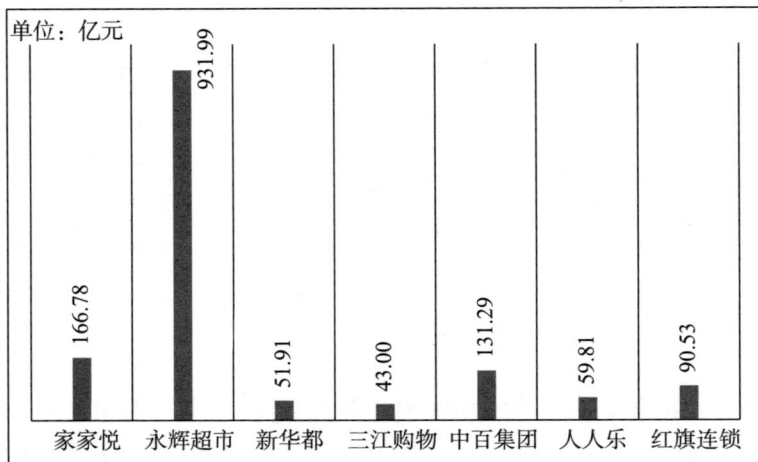

图 12-14　各大超市 2020 年营业收入对比情况

资料来源：问财。

表 12-2　各大超市 2016—2020 年毛利率对比情况

单位：%

	2016 年	2017 年	2018 年	2019 年	2020 年
家家悦	21.68	21.58	21.77	21.85	23.48
永辉超市	20.19	20.84	22.15	21.56	21.37
新华都	21.61	21.32	22.38	21.77	23.97
三江购物	21.34	23.66	24.03	24.47	24.34
中百集团	21.03	21.78	22.49	22.33	23.90
人人乐	23.10	21.06	25.18	23.87	25.59
红旗连锁	27.21	27.72	29.36	30.89	29.45

资料来源：问财。

　　为什么红旗连锁的毛利率能达到 30%，而家家悦只有 22% 呢？这就要回到定性分析上了。超市的商业模式就是进货、卖货赚差价，赚的就是流通的钱，超市的毛利率只能代表其赚取差价的能力，它不能像消费行业或科技行业企业一样，将毛利率视为产品竞争力和差异化的指标。对消费者来说，红

旗连锁卖的土豆和家家悦卖的并没有什么不同，红旗连锁的高毛利率可能来
自供给端的采购优势，也就是在卖价相同的情况下，红旗连锁拥有更低的成
本，也有可能源于红旗连锁所处的四川市场和家家悦所处的山东市场存在物
价差异。

第 4 步：净利润

除了红旗连锁，其他超市的净利率几乎都不到 4%，而红旗连锁 2016—
2020 年的历史最高净利率也仅有 6.6%。家家悦 2016—2020 年的平均净利率
大约是 2.8%，如果你在家家悦购买 100 元的蔬菜，他们最终净赚 2.8 元。但
是，如果你去中百集团和人人乐购买 100 元的蔬菜，他们仅净赚 5 角钱（见
表 12-3）。

表 12-3　各大超市 2016—2020 年净利率对比情况

单位：%

	2016 年	2017 年	2018 年	2019 年	2020 年
家家悦	2.33	2.74	3.34	2.93	2.41
永辉超市	2.47	2.88	1.41	1.71	1.77
新华都	0.73	−0.98	0.00	−12.19	3.50
三江购物	2.47	2.88	2.70	4.03	2.85
中百集团	0.06	0.50	2.88	0.08	0.50
人人乐	0.60	−6.08	−4.37	0.48	0.58
红旗连锁	2.28	2.38	4.46	6.60	5.57

资料来源：问财。

由于超市多为现款现货的商业模式，该行业的净利润现金含量大体上比
较好。2016—2020 年，家家悦的净利润现金含量总体上都大于 1，扣非净利
润占比也都接近于 1。

第 5 步：周转能力

仅有 2.8% 的净利率是很难支撑得起 14% 的 ROE 的，我们要继续在周转率上寻找答案，各超市的周转速度都比较快。2020 年，家家悦的周转率约为 1.82 次，而红旗连锁为 1.61 次。在 2016—2020 这 5 年中，家家悦有 3 年时间的周转率处于对比公司中的最高水平（见表 12-4）。

表 12-4　各大超市 2016—2020 年总资产周转率对比情况

单位：次

	2016 年	2017 年	2018 年	2019 年	2020 年
家家悦	2.05	1.85	1.90	1.95	1.82
永辉超市	1.98	1.88	1.95	1.85	1.72
新华都	1.85	1.92	1.92	1.81	1.58
三江购物	1.49	1.38	1.15	0.89	0.95
中百集团	1.74	1.81	1.93	1.81	1.40
人人乐	1.71	1.62	1.64	1.61	1.27
红旗连锁	1.66	1.67	1.59	1.58	1.61

资料来源：问财。

超市的客户都是个人消费者，超市是典型的 2C 模式产业，我们可以着重分析一下各超市的存货周转率状况。总体上，它们在存货周转率上的差距并不大，从 2020 年的数据来看，家家悦和永辉超市的存货周转率都超过了 6 次，大于行业平均水平 5.7 次，而三江购物则高达 8.27 次（见表 12-5）。

表 12-5　各大超市 2016—2020 年存货周转率对比情况

单位：次

	2016 年	2017 年	2018 年	2019 年	2020 年
家家悦	6.82	6.96	7.83	7.00	6.08
永辉超市	8.16	8.46	8.01	6.51	6.31
新华都	6.79	6.54	6.45	6.44	5.63
三江购物	7.84	8.47	10.06	7.88	8.27

（续表）

	2016 年	2017 年	2018 年	2019 年	2020 年
中百集团	6.60	7.76	9.28	7.75	5.65
人人乐	5.07	5.12	4.78	4.16	3.02
红旗连锁	4.90	4.78	4.98	5.00	5.18

资料来源：问财。

第 6 步：杠杆水平

家家悦的权益乘数也比较高，2016—2020 年公司的权益乘数值都在 2.5 以上，甚至在 2020 年超过了 3。3 倍的权益乘数相当于 67% 的资产负债率，也就是说，公司每 100 元的总资产里，有将近 70 元为欠别人的钱（见表 12-6）。

表 12-6　各大超市 2016—2020 年权益乘数对比情况

	2016 年	2017 年	2018 年	2019 年	2020 年
家家悦	2.58	2.53	2.55	2.77	3.04
永辉超市	1.53	1.61	2.04	2.56	2.75
新华都	2.23	2.18	2.23	3.57	3.55
三江购物	1.67	1.69	1.42	1.44	1.42
中百集团	3.02	2.39	2.21	2.58	2.76
人人乐	2.45	2.97	3.30	3.27	3.22
红旗连锁	1.83	1.86	1.83	1.67	1.78

资料来源：问财。

这些都是欠谁的钱呢？家家悦在 2016 年、2017 年的有息负债率都是零，2018 年、2019 年为 2%，但是到了 2020 年，有息负债率却上升到 11%。从"现金及其等价物 / 带息债务"指标值看，2020 年，家家悦每欠下 1 元的带息债务，公司都有 1.84 元现金可供担保。虽然有息负债率上升了，但总的来看，公司的财务状况仍较为安全。

接下来，我们来深入研究一下关于带息债务的两个问题。

问题 1：为何公司的有息负债率在 2020 年突然提高

带息债务主要由短期借款和长期借款构成。2019 年，家家悦的短期借款是 1.6 亿元，可是到了 2020 年，借款增加至 5.26 亿元，变化较为明显。再看长期借款，家家悦虽然没有直接向银行借款，但是它发行了 5.58 亿元的债券，这属于有息负债。那么，家家悦为何突然增加债务融资呢？

我们可以打开 2020 年的年报，用"Ctrl+F"搜索"短期借款"来查看明细。公司的解释是："短期借款增长 228.71% 主要系本年度借入借款所致。"这样的解释多少有些牵强，这就像是说"我借款增加的原因是借款增加了"一样（见表 12-7）。

表 12-7 家家悦 2020 年报中对短期借款的解释

短期借款分类的说明：
短期借款 2020 年末较 2019 年末增长 228.71%，主要系本年度借入借款所致

资料来源：家家悦 2020 年年报，巨潮资讯网。

我们再来仔细研究公司应付债券的明细，会发现公司在 2020 年 6 月 5 日发行了一笔可转换公司债券。我们可以顺藤摸瓜，找到公司 2020 年 6 月 3 日发布的《公开发行可转换公司债券募集说明书》，探索本次发债的目的，发现公司发债的目的为：计划改造连锁超市和建设物流园（见表 12-8）。

表 12-8 家家悦 2020 年发行可转换公司债券的目的

单位：万元

序号	项目名称	投资总额	募集资金投入金额
1	连锁超市改造项目	20 310.09	20 300.00
2	威海物流改扩建项目	17 723.60	17 700.00
3	烟台临港综合物流园项目	45 000.00	25 500.00
4	补充流动资金	1 000.00	1 000.00
	合计	84 033.69	64 500.00

资料来源：家家悦 2020 年 6 月 3 日发布的《公开发行可转换公司债券募集说明书》，巨潮资讯网。

通常来说，企业需要发展，会有庞大的投资性现金流出，当经营性现金流无法满足扩张的需求时，上市公司就需要通过筹资活动来获得资金。家家悦计划投入 8.4 亿元改造连锁超市并建设物流园，但是其 2020 年全年的经营性现金流量净额仅为 7.27 亿元，这显然无法满足资金需求，因此其试图通过债务融资来获取资金的举动也就不难理解了。

问题 2：为何有息负债率不高，但权益乘数很高

家家悦的有息负债率不高，接近 70% 的资产负债率大多由无息负债构成，主要为公司欠上游的应付款项及欠下游的预收款项。

2020 年，家家悦的预收款项（含合同负债）大约为 18.87 亿元，应付款项有 26.91 亿元，分别占公司总资产的 19.26% 和 27.46%，二者加起来几乎占公司总资产的一半，以上还不包括公司其他零零碎碎的应付款项，如应付职工薪酬、应交税费、应付退货款等。从年报的明细上看，家家悦欠上游的钱多为采购货款，而欠下游的钱多为预收的货款，以及一部分会员积分。事实上，许多卖场型公司兼具高周转和高杠杆特征，擅长占用上下游的欠款以支持公司自身发展。比如苏宁易购，有着 2.76 倍的杠杆率，而国美的杠杆率甚至超过了 5 倍。

第 7 步：做判断

家家悦 2016—2020 年的 ROE 情况总体比较稳定，那么，它是如何持续保持着 14% 的回报率的呢？超市是赚取价差的生意，因此它的盈利能力带来的贡献是有限的。这使得它必须依赖高效运营模式和低成本优势。

从供给端来看，生鲜超市存在一定的服务半径，为了保证食材新鲜，其供应链的辐射范围有限。如果超市需要扩张，就需要建设比普通超市更庞大的物流和冷链系统，这些对资金的需求很大，这也是家家悦需要通过发行债券来满足投资需求的原因，这种局限性使得生鲜超市呈现一定的区域化特征。再从需求端来看，各地的消费习惯不同，某地区常常出现一些较为熟悉当地居民购物习惯的本地超市品牌，当地人习惯到本地的超市品牌购物，因此各地呈现本地品牌和全国性品牌共存的情况。

我们从家家悦的年报中可知，公司采取"区域密集"的网络战略，在山东省铺设了庞大的营销网络。截至 2020 年，家家悦共有 897 家连锁门店，其中山东省内自有物业门店为 59 家，租赁物业门店为 755 家，可见其绝大多数门店集中于山东省省内。家家悦通过在一个区域性市场中密集布网，形成了规模经济优势。在这个区域性市场中，家家悦有足够大的市场份额，服务半径也不算太大，足以支撑生鲜供应链体系的高效运作。根据 2020 年年报，家家悦有 27 万平方米的仓储面积，其中常温仓日均吞吐量约为 27 万件，生鲜仓日均吞吐量为 3000 吨。如果有竞争者进入相关市场，它无法在短期内建立起遍布全省的销售终端，更没有办法支撑起庞大的后端物流仓储系统，也就没有办法获得规模经济效应，因此它也难以获得成本优势和运营效率优势，而这些恰恰是一家超市可以胜出的关键性因素。

因此，家家悦可以在有限区域内（如山东省）获得规模经济优势。但也正因为生鲜超市的服务半径有限，使得扩张变得十分困难。扩张需要极大的资金投入，公司自己的护城河也成了高墙，别人很难打进来，自己也很难打出去。综上，要想在超市行业胜出，一家公司需要有足够多的资金以及强大的供应链管理能力。

第 13 章　分析"银行型"公司

银行的财务报表较为特殊，会有很多传统报表上没有的科目，比如拆出资金、同业存入及拆入、卖出回购金融资产款等，不适合初学者研究，所以我们本章所选择的案例分析对象依然来自非金融行业：美的集团、绿地控股、金螳螂。[①]

美的集团

美的是知名的中国家电品牌，产品线很多，涉及空调、电冰箱、洗衣机、电风扇、电吹风等。空调虽然依然是美的集团的主要产品，但是随着产品线的丰富、完善，空调业务占比越来越小，美的开始实行平台化改造。

美的是靠什么来驱动业绩的呢？有的人认为，美的是知名品牌，应该像海天味业一样，是通过高净利率来驱动业绩的，而有的人认为，家电的净利率不高，它应该是像晨光文具一样，走的薄利多销路线，事实上，他们都错了。

---

① 本章所有公司案例仅为配合并解七步成诗法的具体应用过程，内容不构成投资建议；本章所列举的数据均来自上市公司公开披露的财务年度报告；所有涉及数据分析的内容均基于以往年度真实数据，不用于趋势预测。——编者注

第 1 步：扣非 ROE

美的、格力、海尔是中国家电行业规模排名前三的公司，所以我们要对比分析美的集团、格力电器、海尔智家 2016—2020 年的扣非 ROE 情况。总体而言，3 家公司的 ROE 在这 5 年中都有下降趋势，格力的 ROE 在 2019 年降至 30% 以下，2020 年又降至 20% 以下；美的的 ROE 也于 2020 年降至 5 年来的最低值，但总体上为平稳状态，5 年都在 20% 以上，公司于 2019 ROE 年超过了格力；海尔智家的 ROE 在 2019 年以后低于 15%。可见，ROE 在 2019 年、2020 年的下降是行业普遍现象，其中包括一些显而易见的因素，比如新冠肺炎疫情造成的冲击。此外，ROE 也反映了不同公司在较差年景中的抗压能力（见图 13-1）。

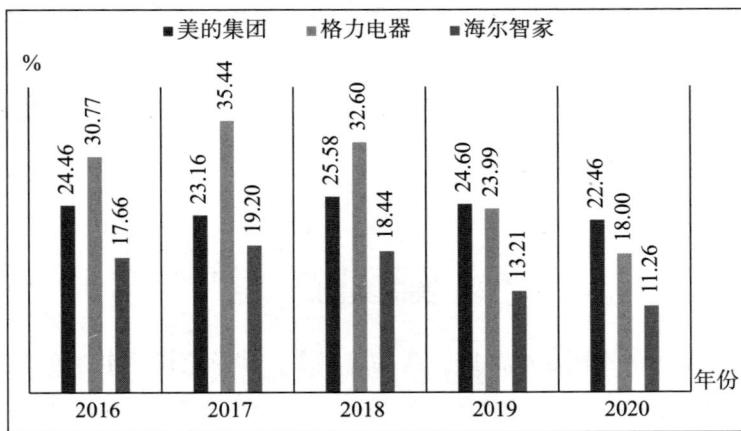

图 13-1　美的集团、格力电器、海尔智家 2016—2020 年扣非 ROE 情况对比

资料来源：问财。

第 2 步：营业收入

从营业收入的体量上来看，3 家公司的差别并不大。美的、海尔的营业收入都在 2000 亿级，格力在 2018 年和 2019 年差一点突破 2000 亿元，却在 2020 年遭遇营业收入下滑。目前（2020 年），美的和格力的营业收入差距大

约在 1000 亿元（见图 13-2）。

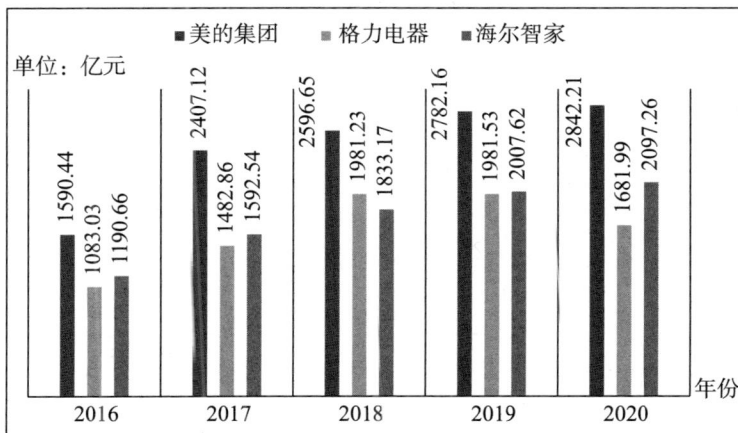

图 13-2　家电三巨头的营业收入体量情况对比

资料来源：问财。

　　我们可以在年报的营业收入明细中，或在问财中输入"美的集团营业收入"来查看公司的营业收入结构，即不同业务的占比情况。从结构上来看，2020年，美的集团的暖通空调营收占比已经低于 40% 了，其他消费电器的占比已逐渐接近空调的体量，这意味着美的在空调之外的市场中已经站稳了脚跟。如果你查询格力电器的营业收入结构，会发现格力的空调占比依然达到 70%，如果把格力卖给供应商的空调零配件也算进去，那么与空调有关的业务占比应该超过 90% 了。美的的营业收入之所以能突破 2000 亿元，在于它突破了空调行业的天花板，从而实现了二次增长。同时，我们查询美的集团的现金收入比率可以发现，美的集团营业收入的现金含量基本都在 80% 以上（见表 13-1）。

表 13-1　在问财中输入"美的集团营业收入"后看到的明细资料

业务名称	营业收入（万元）	收入比例（%）	营业成本（万元）	成本比例（%）	营业利润（万元）	利润比例（%）	毛利率（%）
暖通空调	1 212.15 万	39.49	919.25 万	39.47	292.90 万	39.54	24.16
消费电器	1 138.91 万	37.10	791.13 万	33.97	347.78 万	46.95	30.54

（续表）

业务名称	营业收入（万元）	收入比例（%）	营业成本（万元）	成本比例（%）	营业利润（万元）	利润比例（%）	毛利率（%）
其他业务收入	227.47万	7.41	200.48万	8.61	26.98万	3.64	11.86
机器人及自动化系统	215.89万	7.03	172.98万	7.43	42.91万	5.79	19.88
材料销售收入	201.91万	6.58	193.78万	8.32	8.13万	1.10	4.03
物流	47.80万	1.56	44.56万	1.91	3.25万	0.44	6.79
其他业务收入——其他	25.56万	0.83	6.70万	0.29	18.85万	2.55	73.78

资料来源：问财。

第3步：毛利率

从 2016—2020 年三家公司毛利率的平均值上看，美的、格力、海尔的毛利率分别约为 26.8%、29.9%、30.1%。三家公司的毛利率比较接近，除了 2019 年，美的集团的毛利率都略低于另外两者。总体而言，这样的差距并不算大（见图 13-3）。

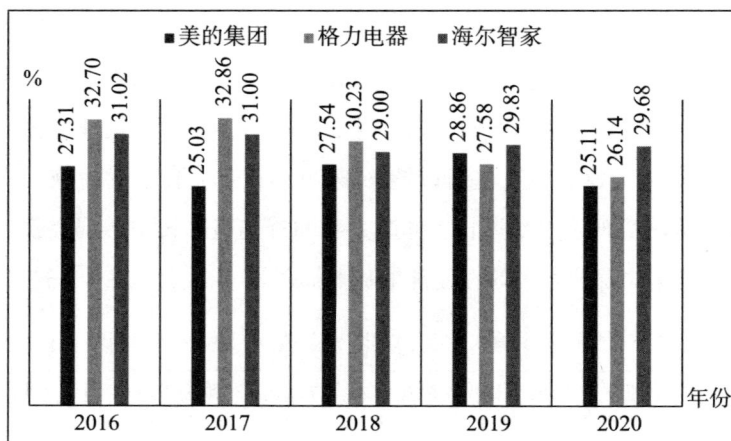

图 13-3　家电三巨头的毛利率对比情况

资料来源：问财。

还是那句话，我们不能仅仅通过表面的数据来简单地评判不同公司的产品竞争力。我们在前面分析过不同公司的营业收入占比，比如云南白药、双汇发展等，公司的综合毛利率显然会受到产品结构的影响，家电企业也不例外：格力的空调业务占业务的绝大多数，美的的空调业务占比情况与其他电器占比情况差不多，海尔的电冰箱和洗衣机业务占了半边天（见表13-2），三家公司的毛利率差异并不是品牌溢价所致。

你可以在问财中输入"海尔智家营业收入"来查看公司的业务结构。海尔的电冰箱、洗衣机的毛利率都超过了30%，但是空调的毛利率只有27.41%，可见，海尔的综合毛利率之所以略高于格力、美的，是因为高毛利率的电冰箱和洗衣机业务占比较多（见表13-2）。

表13-2　在问财中输入"海尔智家营业收入"后看到的明细资料

业务名称	营业收入（万元）	收入比例（%）	营业成本（万元）	成本比例（%）	营业利润（万元）	利润比例（%）	毛利率（%）
电冰箱	615.38 万	29.34	415.68 万	28.25	199.70 万	32.49	32.45
洗衣机	484.52 万	23.10	324.03 万	22.02	160.50 万	26.11	33.13
厨卫电器	313.61 万	14.95	214.21 万	14.56	99.41 万	16.17	31.70
空调	299.99 万	14.30	217.76 万	14.80	82.23 万	13.38	27.41
装备部品及渠道综合服务	273.86 万	13.06	246.14 万	16.73	27.72 万	4.51	10.12
水家电	98.57 万	4.70	53.49 万	3.64	45.08 万	7.33	45.73
其他业务	11.33 万	0.54	—	—	—	—	—

资料来源：问财。

第 4 步：净利润

三家公司的净利率有较大差异：2016—2020 年，格力的净利率都超过了 10%；美的 2016—2020 年的平均净利率不到 9%，海尔则约为 5.6%（见图 13-4）。

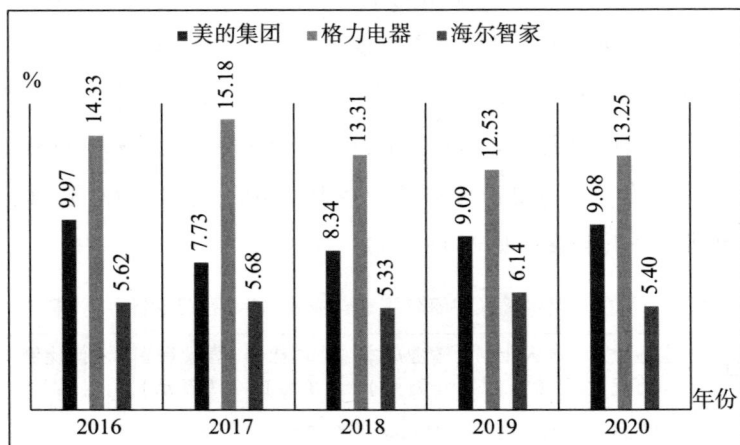

图 13-4　家电三巨头的净利率对比情况

资料来源：问财。

三家公司的毛利率水平差异不大，其中，海尔的毛利率还略高一些，为什么它的净利率水平不如前二者呢？格力的净利率能一直保持在 10% 以上的原因又是什么？考察净利率和毛利率的差异主要应分析期间费用，其中销售费用对消费品牌的影响可能更大一些。

通过对比三家公司的销售费用率，我们会发现，自 2018 年以来，格力的销售费用率开始低于另外两家公司，且呈现出不断下降的趋势，而美的的销售费用率则相对稳定。海尔的销售费用率一直维持在高位，到了 2020 年已经超过了格力的两倍（见图 13-5）。

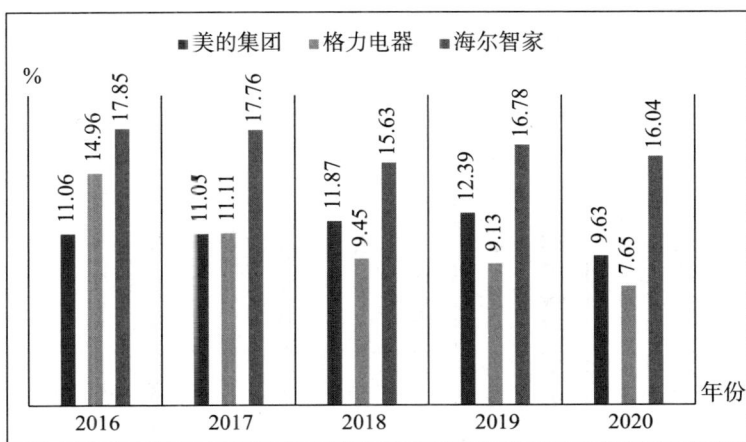

图 13-5　家电三巨头的销售费用率对比情况

资料来源：问财。

费用率这么高到底是好是坏，这不是一个非黑即白的问题，它与三家公司的战略意图不同有关。格力一直专注于空调业务，而空调行业已经进入了成熟期，竞争格局和现金流都比较稳定，投钱打广告带来的边际效益不大；海尔则积极地推进成为"全球领先的智慧家庭解决方案提供商"战略，推出了食联网、衣联网、全屋用水、智能制造等业务，销售费用率自然更高。格力虽然守住了空调主业，业务稳定，但是其发展战略缺乏想象空间，而海尔虽然积极推进智慧家庭业务，但是公司战略的不确定性较高，二者各有得失，没有谁优谁劣之分。

第 5 步：周转能力

美的集团的净利率不到 9%，却能获得 20% 以上的 ROE，它靠的是薄利多销吗？

查看总资产周转率的数据之后我们会发现，家电行业的周转率总体上并不高。2016—2020 年，美的集团总资产周转率的平均值约为 1 次，但是在第12 章里，我们发现双汇发展一年的周转率在 2 次以上，晨光文具也能达到 1.5次。一年一次的总资产周转率无法带来乘数效应，美的高于 20% 的 ROE 并不来自周转率（见图 13-6）。

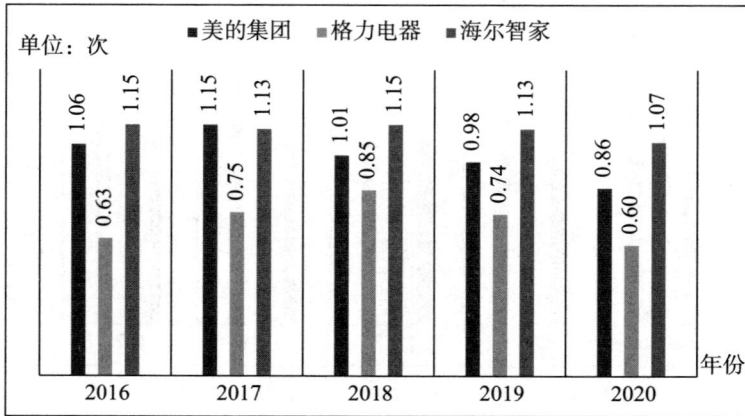

图 13-6　家电三巨头的总资产周转率对比情况

资料来源：问财。

　　作为 2C 模式公司，家电企业的存货周转率指标可能更具有参考性。三家公司的存货周转率差别不大，光从存货周转率来看，家电企业和晨光、双汇的情况更为接近（见图 13-7）。

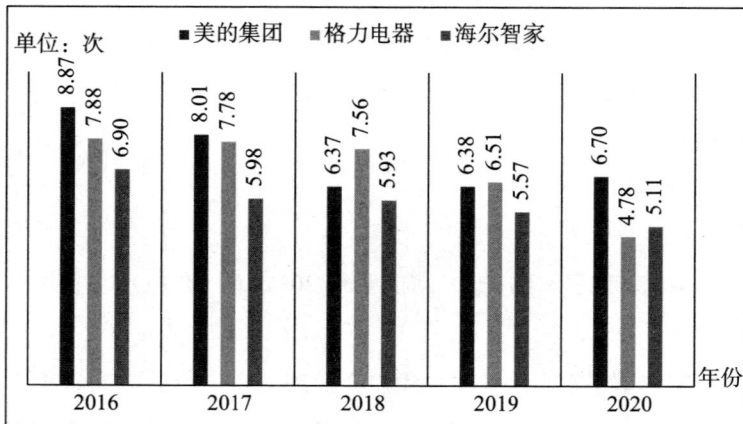

图 13-7　家电三巨头的存货周转率对比情况

资料来源：问财。

为什么美的集团的存货周转率超过 6 次，而总资产周转率却只有 1 次呢？原因还是在分母端的总资产上。美的集团 2020 年的资产负债表上有着大约 812.1 亿元的现金，以及价值 282.4 亿元的交易性金融资产，二者加起来已经超过了 1000 亿元，占总资产的 30.37%。此外，美的还有高达 330.8 亿元的其他流动资产，从明细上看，该科目下记录的大多为存放在金融机构里的固定收益理财产品，如果把这部分资产也视为货币资金，那么美的账上的钱约占总资产的 40%。可见，美的总资产周转率上不去的"烦恼"源于其货币资金太多。

但是毕竟美的的净利率还不到 9%，假设它的净利润现金含量维持在 100%，那么它所创造的经营性现金流量净额也不会很高。它是怎么赚到这么多的现金的？这些钱不是它赚来的，而是它欠下的。

第 6 步：杠杆水平

我们可以通过对比不同行业中的公司的权益乘数来直观感受不同行业的差别。如图 13-8 所示，三家家电企业的权益乘数和晨光文具、双汇发展存在显著差距。相比之下，家电企业借的钱明显更多，杠杆率更大，因此放大了 ROE。2016—2020 年，美的的平均杠杆率约为 2.8（见图 13-8）。

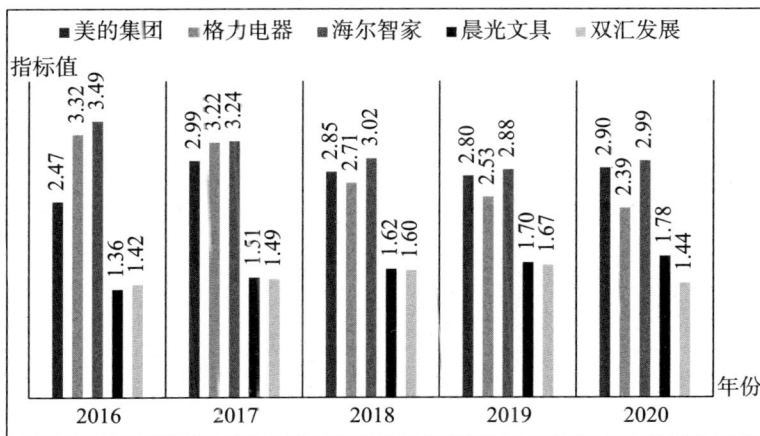

图 13-8　家电三巨头和晨光文具、双汇发展的权益乘数对比情况

资料来源：问财。

美的向谁借来了这么多钱？ 2017—2020 年，美的集团的有息负债率只有 16%，但是总体的资产负债率却高达 65%。美的确实存在一些银行借款，但这支撑不起近 3 倍的杠杆率。

既然如此，高杠杆率只能是由无息负债带来的了，也就是公司欠上游的应付款项和欠下游的预收款项。根据美的集团 2020 年的资产负债表，它光是欠上游的应付款项就高达 821.8 亿元，占总资产的 22.8%，此外公司还有 498.52 亿元的其他流动负债，从年报披露的明细，我们可以知道，该科目主要为公司预提给下游经销商的销售返利，它也可以被视为一种应付款项，这两笔欠款加起来超过 1300 亿元，占总资产的 36.63%，所以美的能有 1000 亿元的现金也就不足为奇了。

但是，细心的读者可能会发现另一个问题：美的已经有超过 1000 亿元的现金了，为什么还有 16% 的带息债务呢？

其实，格力电器也有一样的情况。2020 年，格力电器的货币资金高达 1364.13 亿元，同时也有着 203.04 亿元的短期借款和 18.61 亿元的长期借款。早在 2015 年，就有投资者在股吧上向格力电器的董秘问过这个问题，董秘的回答是："为了规避汇率风险，公司开展了相关外汇资金交易业务"，并建议投资者去看《2015-008 号公告》(见图 13-9)。

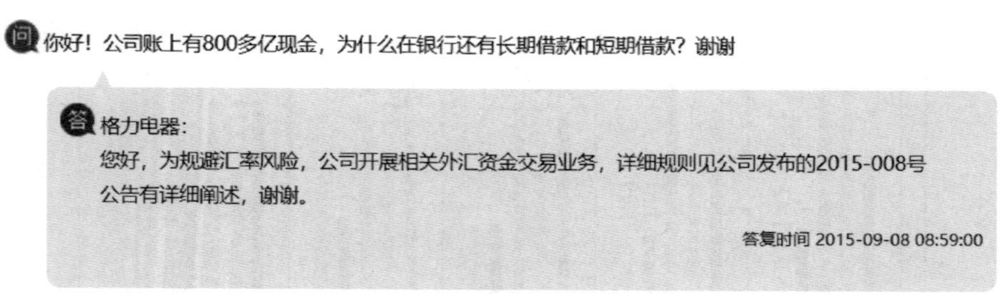

> 你好！公司账上有800多亿现金，为什么在银行还有长期借款和短期借款？谢谢
>
> 格力电器：
> 您好，为规避汇率风险，公司开展相关外汇资金交易业务，详细规则见公司发布的2015-008号公告有详细阐述，谢谢。
>
> 答复时间 2015-09-08 08:59:00

图 13-9　格力电器董秘对于借款目的的回答

资料来源：股吧，东方财富网。

我们可以顺藤摸瓜，找到格力电器于 2015 年 4 月 28 日发布的那篇 008

号公告——《2015 年开展外汇资金交易业务的专项报告》。根据该报告，格力
电器产生有息负债的大致原因为：公司的进出口业务越来越多，常常需要用
外币交易，但是美元对人民币的汇率经常波动。由于格力的资金量太大，这
种波动会造成不少汇兑损失，所以格力就和银行签订了一项协议：格力以人
民币存款为质押，向银行贷入美元，并锁定未来的汇率，这样就规避了汇率
波动带来的风险。从格力的公告来看，规避汇兑损失的逻辑是说得通的，而
且几年下来，格力、美的也没有因为借款而出现爆雷的情况。

美的并没有在年报中披露太多关于借款的信息，但是借款明细显示，公
司借入了大量欧元等外币，所以格力、美的借钱的目的应该具有相似性。

第 7 步：做判断

从 ROE 的数值、质量来看，美的集团并没有什么太大的问题，只是要注
意带息债务的偿债能力，美的集团 2016—2020 年的"现金及其等价物 / 带息
债务"值只有 0.5 左右。虽然美的集团的货币资金有 800 余亿元，带息债务仅
有 500 余亿元，但是别忘了货币资金中可能包含一些暂时无法动用的钱，这
些钱的存在影响了货币资金的流动性，导致公司的现金及其等价物少于带息
债务。至于读者能不能接受这个风险，就见仁见智了。

再从 ROE 的稳定性来看，美的承受住了 2019 年、2020 年的冲击，ROE
维持在 20% 的水平。它是怎么做到的呢？美的在危机面前的表现是不是偶然
的？从美的的发展史中，我们可以看出它在危机面前具有韧性。

美的创立于 1968 年，凭借珠三角产业优势、中国"入世"、消费升级等
时代红利发展至今，到了 2010 年，美的的营业收入已经超过 1000 亿元。虽
然规模越来越大，但其盈利不见增长，公司陷入"增收不增利"的境地。

2011 年，美的集团董事长深刻地意识到，中国已经进入中高速增长的
"新常态"，盲目追求规模的时代已经过去了，高质量发展才是未来的主题。
于是，2011—2015 年，美的进入转型的阵痛期；2012 年，公司的营业收入首
次出现负增长；随后一直到 2014 年，公司的营业收入才回到 2011 年的水平。

但是从 2015 年起，美的似乎开启了二次增长之路，公司的营业收入突然持续、高速增长，并于 2018 年突破了 2500 亿元大关（见图 13-10）。

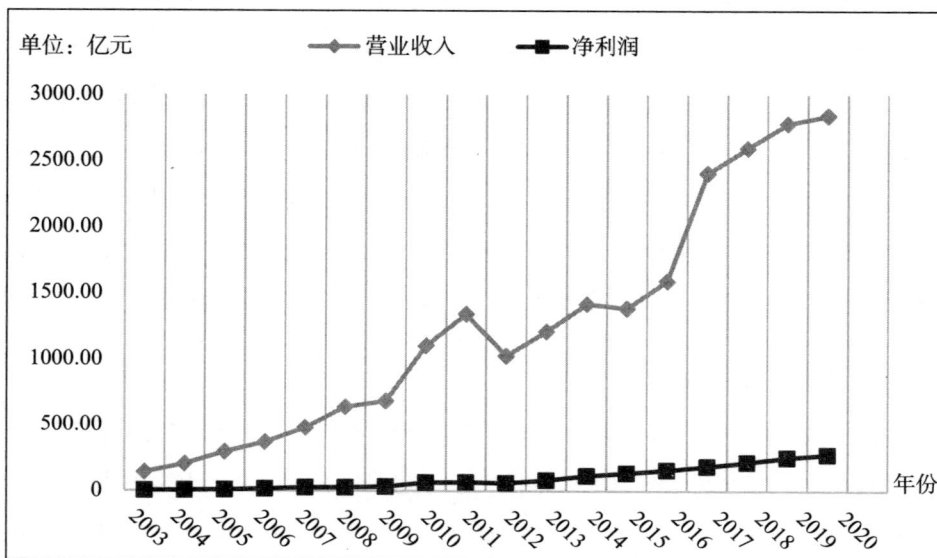

图 13-10　美的集团 2003—2020 年营业收入及净利润情况

资料来源：美的集团 2003—2020 年年报，巨潮资讯网。

如果仔细观察美的在 2011—2015 年转型期的净利率和毛利率，会发现它们处在一个非常明显的爬坡期，与近乎停滞甚至负增长的营业收入产生鲜明的对比。要知道净利率和毛利率是比率而非绝对数，从 1 亿元到 100 亿元是一个时间问题，但是每 100 元营业额能产生多少元的净利润是有上限的，净利率能呈现明显的爬坡形态，足以证实美的为了转型付出了多大的努力（见图 13-11）。

这时候的美的到底做了什么？ 2010 年以前，美的几乎没有多少专利，2011 年以后，公司专利数量大增（见图 13-12）。可见在转型期内，美的放弃了对规模的追求，开始重视技术方面的投入，最终破茧重生。2016 年以后，美的的市值发展也开启了加速度，公司终于在 2017 年 2 月 15 日那天突破了 2000 亿元大关。

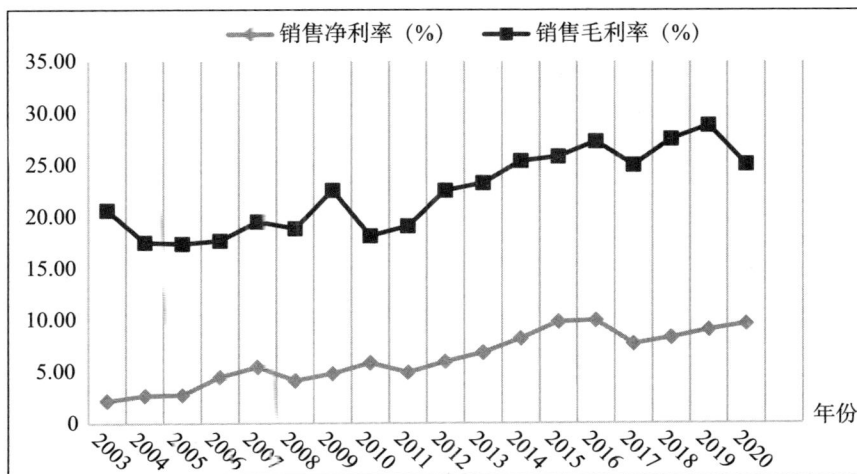

图 13-11　美的集团 2003—2020 年的毛利率和净利率情况

资料来源：美的集团 2003—2020 年年报，巨潮资讯网。

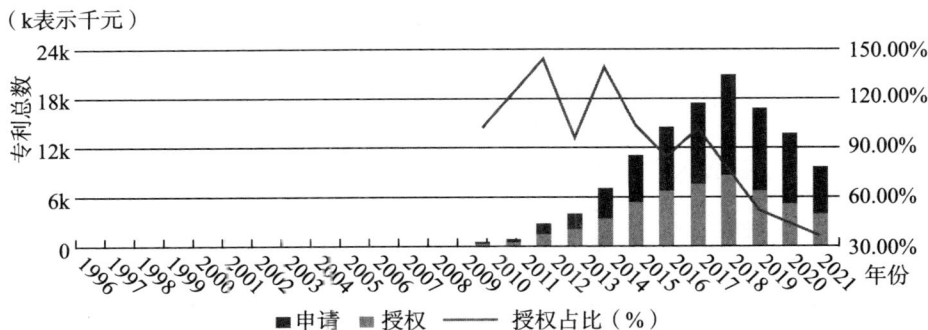

图 13-12　美的集团 1996—2021 年专利总数与授权占比情况

资料来源：Wind 数据库。

绿地控股

绿地的官网上写着"绿地集团，世界 500 强企业"。这也是我对这个企业的第一印象。

在集团介绍中，绿地这样描述自己的业务："以房地产、基建业为主业，消费、金融、健康、科创等产业协同发展。"

　　房地产和基建是绿地的两大主业，合计贡献了 90% 以上的营业收入。房地产好理解，基建就是承接轨道交通、高速公路、市政桥梁等重大基础设施建设的项目。除了两大主业，绿地的业务还包括大消费（进口商品、旅游、会展等）、大金融（股权投资）、健康产业（医疗中心）、科创产业（人工智能、智慧城市等）。随着房地产黄金时代的落幕，房企也纷纷寻求转型，构建房地产周边的生态系统和投资新兴产业就成了房企常见的战略转型方式。

第 1 步：扣非 ROE

　　我国不乏知名的房地产公司，但我们要找的是和绿地控股有可比性的几家，我们可以查找房地产公司的排名，并根据归母净利润的规模进行挑选，笔者挑选的几家较有可比性的公司是：万科[①]、保利发展、新城控股、金地集团。

　　查询"绿地控股、万科 A、保利发展、新城控股、金地集团最近 5 年扣非 ROE"，会发现几家房企的扣非 ROE 基本上都超过 15%。虽然"调控"的声音已经持续了好几年，但房企还是有着不错的回报率（见图 13-13）。

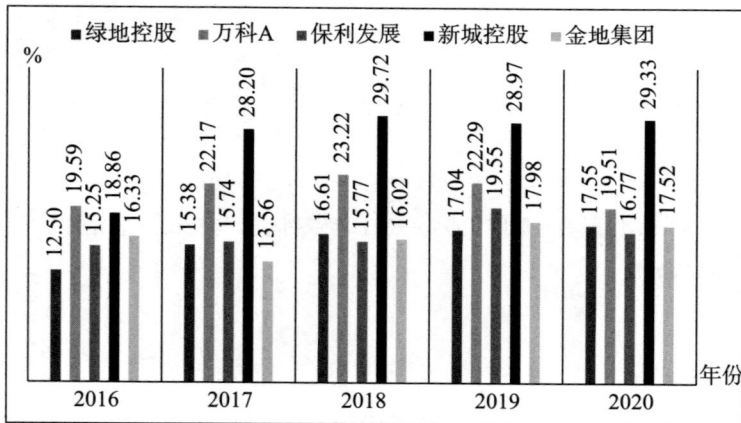

图 13-13　5 家房企的扣非 ROE 对比情况

资料来源：问财。

---

① 万科企业股份有限公司，证券简称为万科 A。——编者注

第 2 步：营业收入

从 2020 年各家房企的营业收入上来看，绿地、万科拥有最大的体量，都超过 4000 亿元，保利发展约为 2400 亿元，新城控股约为 1400 亿元，而金地集团则不足 1000 亿元（见图 13-14）。再从现金收入比率上看，各房企的营业收入质量都很不错，除了金地集团 2016 年、2020 年的现金收入比率分别为 0.93、0.92，其余公司 2016—2020 年的数据都大于 1。

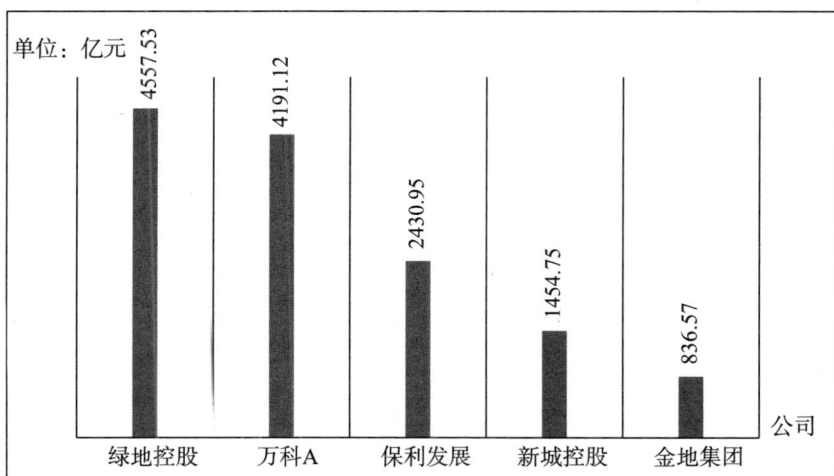

图 13-14　5 家房企 2020 年的营业收入对比情况

资料来源：问财。

第 3 步：毛利率

接下来的数据比较出乎意料，房企的毛利率并没有想象中的高：5 家房企 2016—2020 年的毛利率最高值出现在金地集团，但也仅有 42.68%，万科的平均毛利率大约是 33.3%，绿地的平均毛利率仅为 14.9%（见图 13-15）。

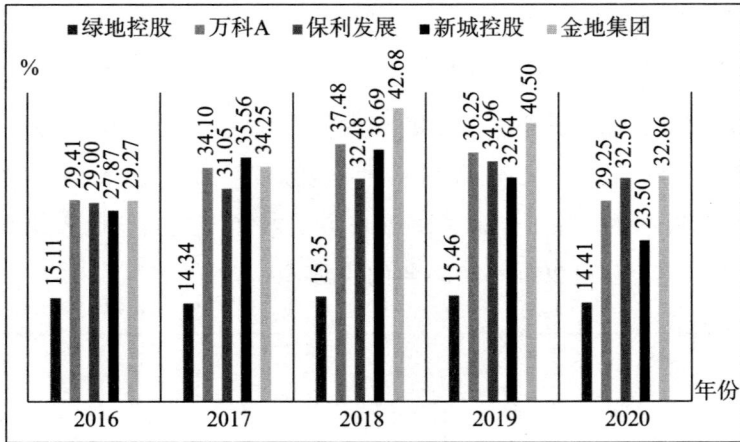

图 13-15　5 家房企的毛利率对比情况

资料来源：问财。

房地产的成本中，40% 是土地成本，30% 是建安工程。老百姓抱怨房价太高，可房企看着不到 30% 的毛利率，心中很委屈，因为它们的成本并不低。

数据证明，房地产并不是暴利行业，房地产的平均毛利率甚至不如酱油（约 45%），更别提与医药（约 80%）和茅台酒（约 90%）比了。房地产的毛利率水平比文具、猪肉和家电略高，但远称不上暴利。

同时你应该也注意到了，同样是房企，绿地的毛利率和同行产生了显著差距，而想查明其中的原因只能通过查询年报中的明细。绿地控股 2020 年的年报显示，公司的老本行房地产业务的毛利率其实达到 26.39%，与其他房企的差距不大，但是公司另一主业建筑及相关产业（即基建业务）的毛利率只有 4.56%。基建业务的营收占比很高，甚至超过房地产业务，从而拉低了整家公司的综合毛利率，这种情况与云南白药、双汇发展十分类似（见表 13-3）。

表 13-3　绿地控股 2020 年年报中披露的不同业务板块的毛利率情况

单位：元

主营业务分行业、分产品、分地区情况

主营业务分行业情况

分行业	营业收入	营业成本	毛利率（%）	营业收入比上年增减（%）	营业成本比上年增减（%）	毛利率比上年增减（%）
房地产及相关产业	194 783 019 655.01	143 375 658 103.15	26.39	0.24	1.88	减少 1.19 个百分点
建筑及相关产业	233 438 203 846.24	222 789 969 460.25	4.56	23.85	23.53	增加 0.25 个百分点
商品销售及相关产业	32 136 584 755.10	30 905 877 445.02	3.83	-32.02	-32.27	增加 0.35 个百分点
其他收入	29 393 481 987.83	26 780 093 137.56	8.89	-1.82	0.69	减少 2.28 个百分点
减：内部抵销数	39 353 682 530.56	36 128 462 219.94	8.20	7.90	5.87	增加 1.76 个百分点
合计	450 397 607 713.62	387 723 135 926.04	13.92	6.34	7.94	减少 1.28 个百分点

资料来源：绿地控股 2020 年年报，巨潮资讯网。

第 4 步：净利润

这 5 家房企的毛利率不高，净利率也并不出彩。从 2020 年的数据上看，净利率最高的金地集团净利率不足 20%，而绿地控股的净利率不到 5%。总而言之，房企的盈利能力较为一般，达不到暴利的程度，但是它们的营业收入体量大，可达几千亿元，净利润的总量依然很可观（见图 13-16）。

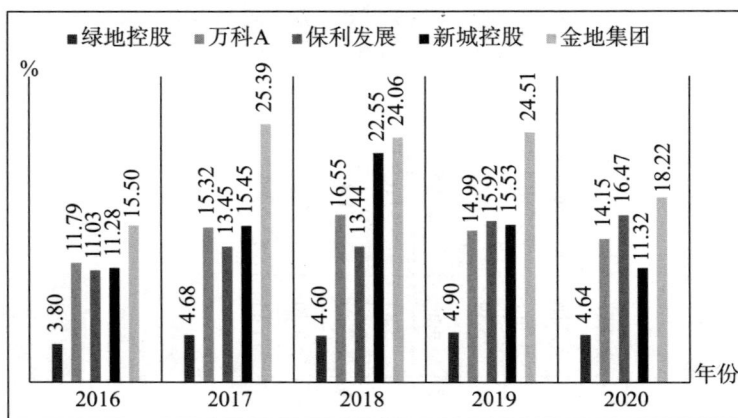

图 13-16 5 家房企的净利率对比情况

资料来源：问财。

我们再来看一下净利润的质量。绿地的扣非净利润占比基本大于 90%，但是净利润现金含量波动剧烈。绿地 2016 年的净利润现金含量为负数，到了 2017 年却高达 651.3%，随后的 2018 年、2020 年也有 300% 左右的现金含量（见图 13-17）。

不要放过任何异常数据，原因要回到年报中找。绿地控股 2020 年的现金流量表，显示其有着 4500 余亿元的因销售商品、提供劳务而收到的现金，其当年的营业收入为 4557.53 亿元，因此现金收入比率较为正常。但是在此之外，经营活动的现金流部分还记录了一笔 1750 余亿元的“收到的其他与经营活动有关的现金”。因为现金收入比率没有考虑这 1750 余亿元的其他项，所以才出现了现金收入比率正常，但净利润现金含量较大的情况。

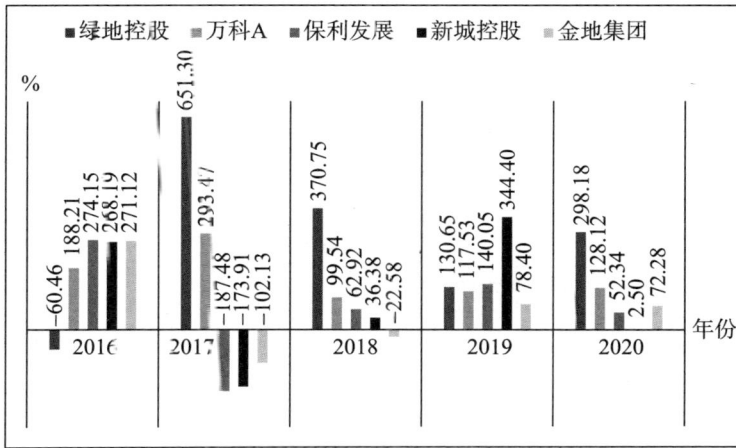

图 13-17　5 家房企的净利润现金含量情况

资料来源：问财。

　　我们可以进一步在年报中搜索该科目的明细，以各类往来款居多，其中较大的是一笔约为 1248.67 亿元的与非关联单位的往来，以及一笔约为 357.2 亿元的与关联单位的往来，但是年报中并没有披露这些单位的具体信息（见表 13-4）。

表 13-4　绿地控股 2020 年现金流量表中"收到的其他与
经营活动有关的现金"明细情况

收到的其他与经营活动有关的现金　　　　　　　　　　　　　　　　　　单位：元

项目	本期发生额	上期发生额
收到非关联单位往来款	124 866 541 980.11	116 044 457 072.32
收到关联单位往来款	35 720 393 242.92	16 558 191 047.82
收到押金及保证金	6 550 514 840.86	13 044 610 107.74
收到政府补助（其他收益、递延收益、营业外收入）	533 337 436.89	691 925 311.79
财务费用中的利息收入	967 277 616.32	710 290 440.34
违约赔偿金收入	137 043 066.66	119 698 757.99
收到其他营业外收入	42 235 971.70	92 848 440.49

（续表）

项目	本期发生额	上期发生额
购房意向金	2 618 480 972.02	4 280 388 288.28
受限资金转入	3 191 518 694.69	3 032 858 271.10
其他	459 446 403.68	22 177 349.72
合计	175 086 790 225.85	154 597 445 087.59

资料来源：绿地控股 2020 年年报，巨潮资讯网。

第 5 步：周转能力

2016—2020 年，绿地的 ROE 基本都超过 15%，然而净利率却不到 5%，是什么提高了它的 ROE 呢？是高周转率吗？抬头看看满是钢筋水泥的楼房，我觉得像房地产这么厚重的资产，似乎并不那么容易实现高周转。

还是用数据说话吧。对比 5 家公司的总资产周转率之后发现，房地产行业的周转率普遍很低，几乎不到 0.3 次，我们的主角绿地控股这 5 年的周转率平均值也仅约 0.37 次（见图 13-18）。

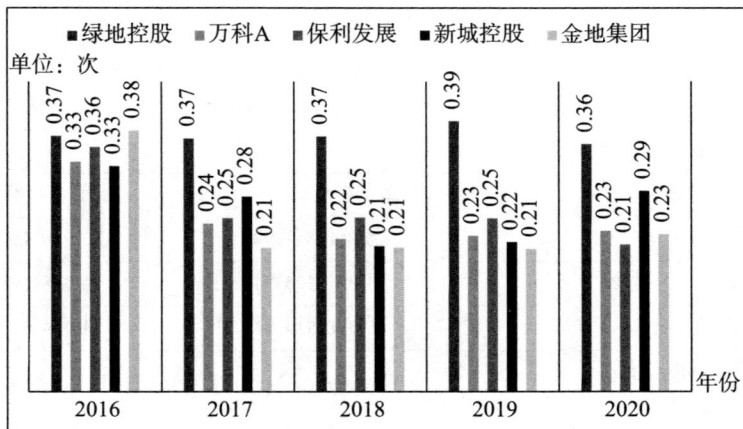

图 13-18　5 家房企的总资产周转率对比情况

资料来源：问财。

是什么导致了房企周转率这么低呢？阅读绿地 2020 年的资产负债表，我

们会发现资产端占比最高的是存货，也就是待售的房产，价值高达 7239.7 亿
元，占总资产的 51.81%，相比之下，绿地账上 1000 多亿元的现金相形见绌。
其实在这几年，绿地已经为去库存做了不少努力，存货占总资产的比重从
2014 年的 74.49%，逐步降到 2020 年的 51.81%，已经有了很大改善。大量的
房产存货决定了房企的重资产属性，大量资产降低了整家公司的周转速度。

房企不但净利率一般，周转率还很低，不到 1 次的周转率根本无法实现乘
数效应，甚至会让 ROE 大打折扣，我们只能从杠杆率上寻找答案了。

第 6 步：杠杆水平

2016—2020 年 5 年中，绿地控股的杠杆率平均值高达 9.2，相当于 90%
的资产负债率[①]。绿地的股东每投入 100 元的净资产，就对应着 900 元的杠杆，
以此撬动了 1000 元的总资产（见图 13-19）。

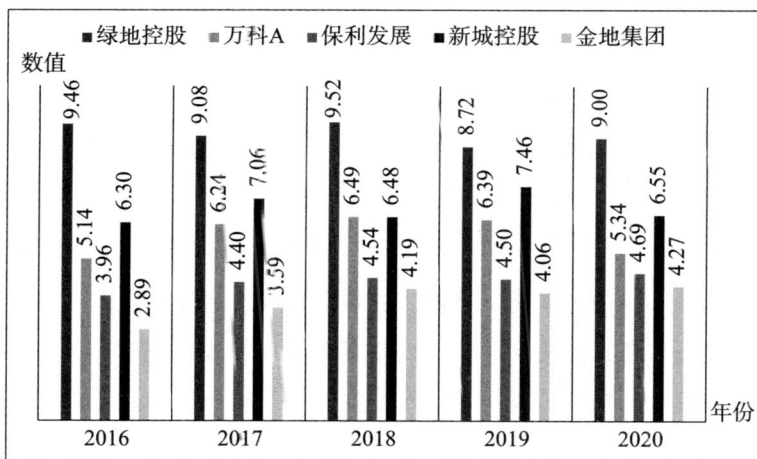

图 13-19　5 家房企的权益乘数对比情况

资料来源：问财。

这些负债的构成如何？绿地的有息负债率是 23% ~ 39%，已经占了总资

---

① 权益乘数 =1/（1- 资产负债率）。——编者注

产的 1/3。再从 2020 年的资产负债表上看，绿地控股的应付账款与合同负债占总资产的比重分别是 23.49% 和 30.15%。我们知道合同负债其实是附带了某些条件的预收款项，所以你若查看绿地在 2020 年的预收款项，会发现该科目金额为零，其实是因为本应属于预收款项的钱都被归入新科目——合同负债中了。

现在我们知道绿地的债务结构了。绿地有着高达 9 倍的杠杆，其负债来源于三个地方：银行借款、欠上游的应付账款、预收下游的合同负债（预收款项），三者各占据 1/3。绿地从这三个来源筹到钱，再用这些钱支撑自己的运营。

第 7 步：做判断

2020 年 8 月，有关部门对房企提出了"三道红线"的具体要求，即剔除预收款的资产负债率不得大于 70%，净负债率不得大于 100%，现金短债比不得小于 1 倍。这让本来就依赖高杠杆的房企纷纷感受到压力，ROE 也呈现出较大的波动。2016—2020 年，绿地控股的"现金及其等价物 / 带息债务"值分别为 0.20、0.24、0.26、0.27、0.27，这在房企中不是个例，也是近年来某些房企爆雷的原因之一。

怎么办呢？"十四五"规划中明确提出要发展新能源、新材料、高端装备等战略性新兴产业，要实现国家科技的自立自强，这让房企找到了转型的方向。既然自己不懂高科技，那就将钱投资给高科技的创业者。因此，包括绿地在内的各大房企都纷纷成立了股权投资基金，以此探索从房地产到高科技的转型之路：碧桂园转型"幸福生活提供商"，进军教育（博实乐）、社区生鲜（碧优选）、现代农业等领域，并大手笔投资建筑机器人（博智林），现在的碧桂园已不称自己为房企，它的官网上赫然写着"碧桂园是为社会创造幸福生活的高科技综合性企业"。从房地产起家的华熙集团投资山东福瑞达，成为 A 股玻尿酸龙头华熙生物，实现华丽转身。但是，由于房地产与高科技行业并不具备太大的相似性，所以转型成功的依然是少数。

金螳螂

买了房子，下一步就是装修了。在中国建筑装饰协会的官网上挂着历届"装饰百强"企业名单，金螳螂、亚厦股份、广田集团常年占据前三名。金螳螂官网称其已经连续 19 年被评为行业第一名，同时它也是中国民营企业 500 强，连续 3 年被福布斯评为亚太地区上市公司 50 强。

金螳螂以公装为主，公装即公共建筑的装饰装修，比如机场、车站、图书馆等，承包方要有一定的资质和实力，这使得金螳螂能够避开 C 端市场的激烈竞争，进入壁垒较高、竞争者较少的公装领域，成长为市值过百亿的装修巨头。金螳螂经手的案例都有一定的知名度，包括鸟巢、国家大剧院、国家博物馆、北京大兴机场等。

第 1 步：扣非 ROE

"装饰百强"榜单已经给出了可供对比的公司：金螳螂、亚厦股份、广田集团，金螳螂 2016—2020 年的扣非 ROE 平均值约为 16.5%（见图 13-20）。

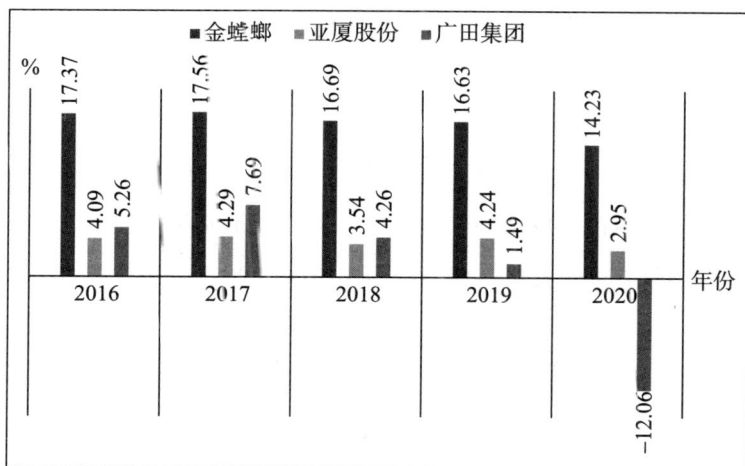

图 13-20　金螳螂及其竞争对手的扣非 ROE 对比情况

资料来源：问财。

第 2 步：营业收入

从营业收入的体量上看，2020 年金螳螂的营业收入为 312.43 亿元，亚厦股份、广田集团分别是 107.87 亿元和 122.46 亿元，再看金螳螂的现金收入比率，基本上大于 90%，且比率值较为稳定（见图 13-21）。

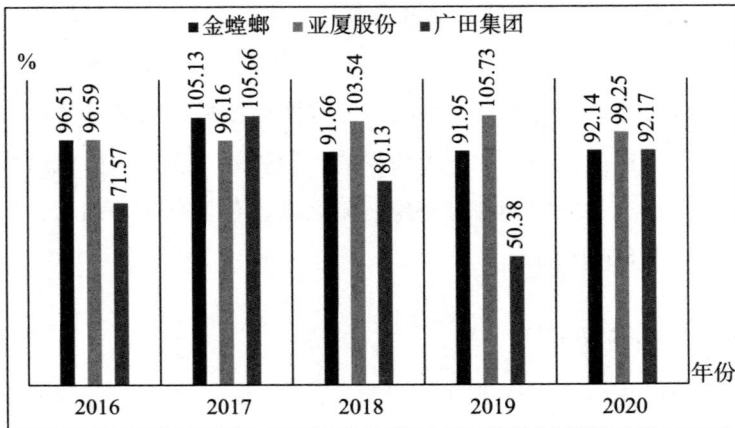

图 13-21　金螳螂及其竞争对手的现金收入比率情况

资料来源：问财。

第 3 步：毛利率

如图 13-22 所示，3 家装修公司的毛利率都不到 20%，甚至低于我们在第 12 章看过的几家超市。我们到年报中查询营业成本明细会发现，在金螳螂的成本构成中，约 67% 是直接材料，约 30% 是人工成本。金螳螂并不像云南白药、绿地集团一样存在多元化的业务结构，其装修业务占比在 96% 以上，因此图中的毛利率确实代表了金螳螂等装修公司的产品竞争力。

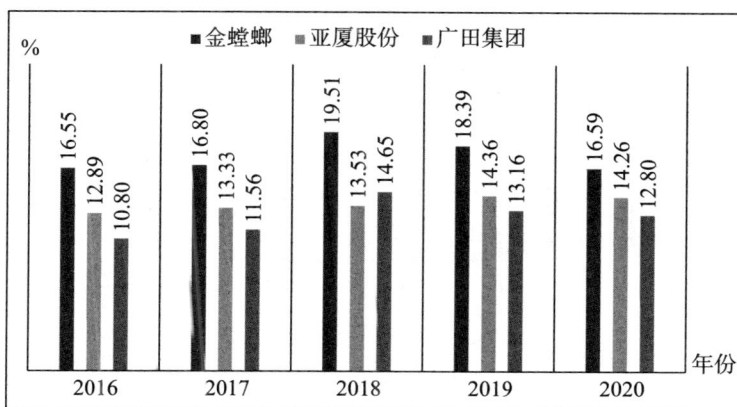

图 13-22　金螳螂及其竞争对手的毛利率对比情况

资料来源：问财。

如果一家公司的毛利率低于行业的平均水平，那就是公司自己的问题，但是如果整个行业的毛利率都很低，那就是行业的问题了。毛利率反映的是定价权，而定价权源自稀缺性，其本质是差异化。高科技产品因为具有稀缺性，因此能够获得较高的毛利率，但是装修就不一样了。装修服务并没有太大的差异性，每个装修师傅都懂得布线和抹水泥，且装修行业进入门槛低，几个人就能成立一支装修队伍，这就导致供给端缺乏壁垒。既然市场供过于求且提供的服务并没有差别，消费者便倾向于货比三家，找便宜的装修队来工作，行业的整体毛利率自然无法提高。虽然金螳螂主要从事 B 端的公装业务，需要一定的资质，市场格局并没有 C 端那么复杂，但道理大抵相同。

第 4 步：净利润

不到 20% 的毛利率在扣除了期间费用后，只剩下不到 10% 的净利率了。金螳螂的净利率水平显著高于同行，但 2016—2020 年 5 年的平均值也只有约 8.3%。很明显，装修这门生意的回报率并不是靠盈利能力驱动的（见图 13-23）。

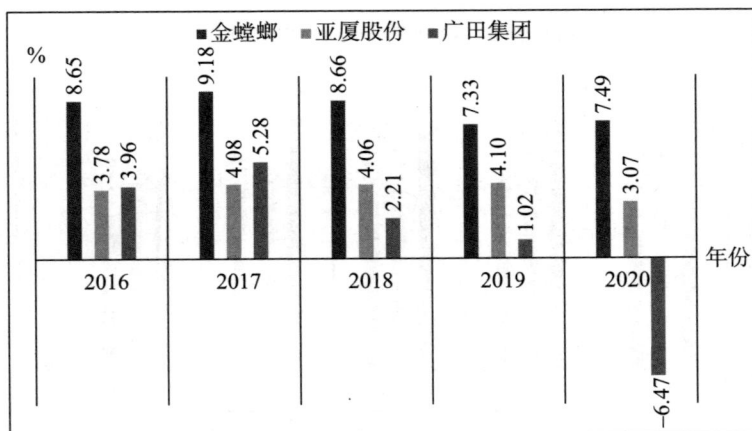

图 13-23　金螳螂及其竞争对手的净利率对比情况

资料来源：问财。

　　净利润现金含量如何呢？金螳螂 2016—2020 年 5 年来的净利润现金含量
数据在 65% ~ 74%，低于笔者设定的 80% 这一警戒线。从现金流量表上看，
主要是因为装修属于劳动力密集型行业，其为劳务和职工支付的现金比较多，
因此这样一个净利润现金含量状态比较符合行业特征（见图 13-24）。

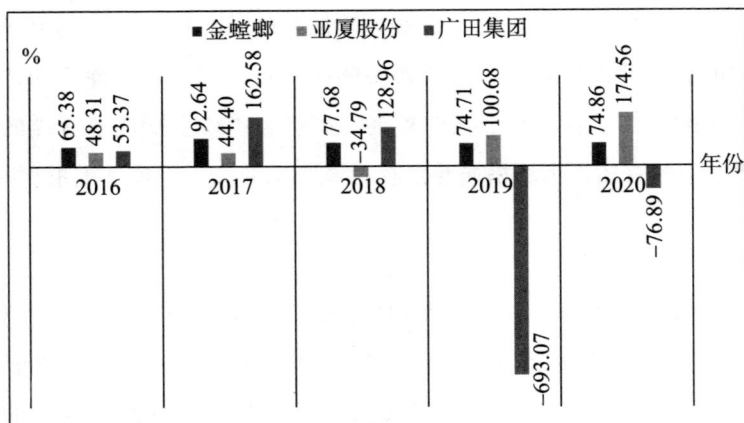

图 13-24　金螳螂及其竞争对手的净利润现金含量情况

资料来源：问财。

第 5 步：周转能力

装修公司的周转率如何呢？凭常识想一想也知道不会太高，因为装修不像去超市买菜一样天天都需要。三家装修公司的总资产周转率都不到 1 次，这样的周转率是无法实现乘数效应的，金螳螂高达 15% 的 ROE 最终还是要靠权益乘数来实现（见图 13-25）。

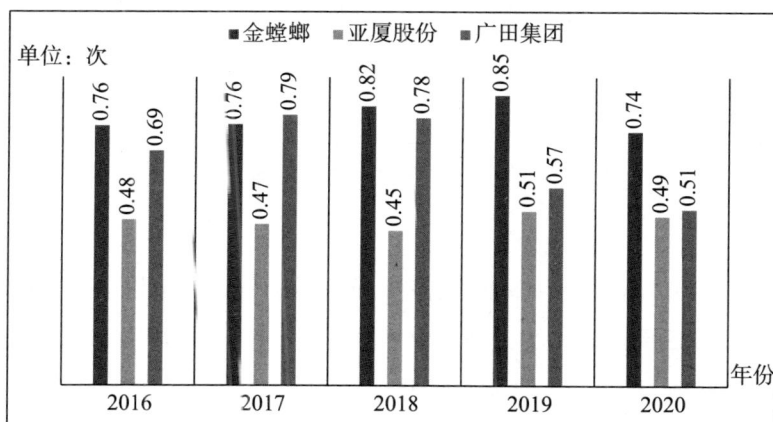

图 13-25　金螳螂及其竞争对手的总资产周转率情况

资料来源：问财。

金螳螂以公装业务为主，下游客户主要为企业和政府。2B 模式中，下游客户可以赊账。因此，尾款能不能收回来，什么时候收回来，是 2B 企业最需要关心的问题。从应收账款周转率上看，金螳螂的 2016—2020 年 5 年的平均值约为 1.4 次，且增长明显，周转速度越来越快（见图 13-26）。

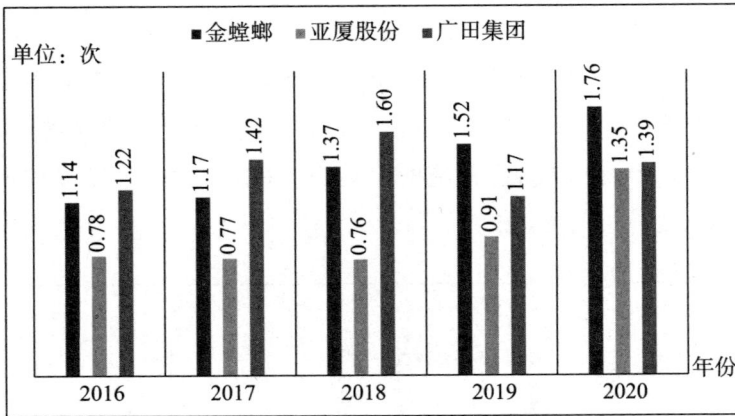

图 13-26　金螳螂及其竞争对手的应收账款周转率情况

资料来源：问财。

可是一年 1.4 次的应收账款周转率其实不能算高，这个指标代表一笔应收账款在产生以后要经过多少天才能够回款。应收账款周转率和应收账款周转天数其实是等价指标，只是衡量的角度不同。

应收账款周转天数 =365/ 应收账款周转率

按照这个公式，一年 1.4 次的应收账款周转率等同于 260 天的回款周期，也就是说，客户欠金螳螂的平均账期近一年。为了加快资金周转，应收账款周转率自然越高越好，也就是周转天数越短越好。但是对于 2B 模式的公司来说，存在一个如何取舍的问题：一般来说，大客户有较好的信誉，坏账的发生率更低一些，公司也更愿意给予更宽的账期，因此大公司应收账款的周转天数更长，但这是以公司的现金流作为代价的。金螳螂从事的是公共建筑装修服务，客户以政府和大企业为主，这些客户都有很好的信誉，无须过于担心还款问题，最大的问题是他们什么时候可以还钱，这是公司在和大客户做生意时常要考虑的代价问题。

第 6 步：杠杆水平

在盈利能力和周转能力都不高的情况下，金螳螂如何拥有 15% 以上的 ROE 呢？答案不言而喻。

三家公司的权益乘数都大于 2.5，在 2019 年和 2020 年，广田集团的权益乘数甚至突破了 3。如果用等价指标资产负债率来看，它们的资产负债率都超过了 60%（见图 13-27）。

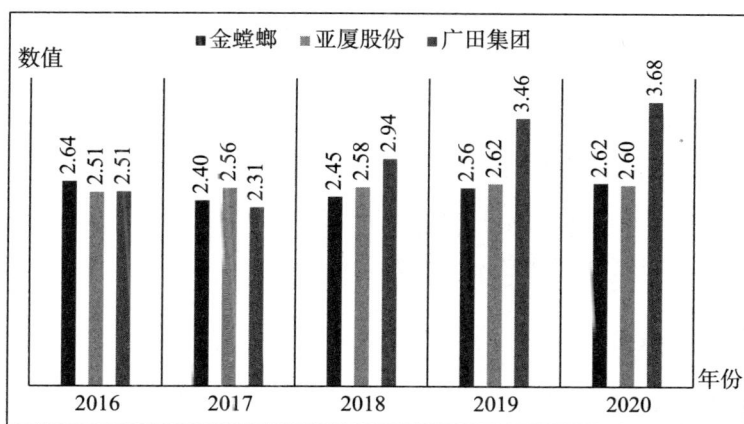

图 13-27　金螳螂及其竞争对手的权益乘数情况

资料来源：问财。

然而，高杠杆并不一定是一件坏事，关键要看负债的结构。2020 年，广田集团的有息负债率约为 20%，而金螳螂仅约 4%。虽然金螳螂每 100 元的总资产中有 60 元是负债，但是其中只有 4 元钱是需要付利息的。再看它的"现金及其等价物 / 带息债务"值，2020 年该值为 3.97，即产生 1 元有息负债，公司有将近 4 元的现金做担保，是比较安全的。

既然有息负债率低，那么金螳螂的高杠杆主要就是由无息负债构成的了，根据其 2020 年的资产负债表，金螳螂欠下游的预收款项（含合同负债）仅约 8.18 亿元，但是欠上游的应付款项却高达 219.18 亿元，接近总资产的一半。年报里披露了应付账款明组，其中大多为材料款和劳务款（见表 13-5）。

表 13-5　金螳螂 2020 年年报中应付账款明细情况

应付账款列示　　　　　　　　　　　　　　　　　　　　　　　　　　单位：元

项目	期末余额	期初余额
材料款	14 614 508 048.63	11 447 745 261.06
劳务款	2 388 948 158.11	1 798 077 521.46
工程设备款	39 589 683.07	29 686 016.12
其他款项	3 861 018.69	4 260 700.49
合计	17 046 906 908.50	13 279 769 499.13

资料来源：金螳螂 2020 年年报，巨潮资讯网。

　　金螳螂的下游都是大客户，话语权较强，金螳螂无法向他们收取太多的预收款项，但是金螳螂可以向上拖欠供应商的货款，把钱留在自己手上周转。它的拖欠对象就是建材供应商，像小明和老王等人，他们不愿失去金螳螂这样的大客户，自然会给予较宽松的信用条件。

第 7 步：做判断

　　长达 260 天的应收账款周转天数、不到 20% 的毛利率、仅 8.18 亿元的预收款项，都体现了下游客户的强势，金螳螂之所以能在这样的行业环境下保持 15% 以上的 ROE，关键就在它对上游供应商的话语权上。

　　公共装修对安全性和服务质量的要求更高，金螳螂利用资质优势和大量成功案例在公装领域建立起一定的客户黏性。案例越多，资质越强，客户更换服务商的意愿就越小。同时，凭借规模经济优势，金螳螂在服务大客户的同时，自己也享受着上游大客户的待遇。小明和老王当然不愿意失去金螳螂这个大客户，他们纷纷给予公司优惠的信用条件。

　　由于下游房地产和建筑行业增速放缓，金螳螂开始转型，它的货币资金加上交易性金融资产一共约为 85 亿元，虽然不如房企那么有钱，但也能做出一番事业。金螳螂官网显示，公司正在重点培育科技文化业务，而且旗下有一家从事智慧城市、智慧楼宇、智慧医疗、智慧建筑的公司，还有一家从事 VR 技术的软件企业。这两项业务看起来都能够和老业务协同：给客

户装修的时候，可以提供智慧楼宇和智慧建筑解决方案，公司还可以提供
VR 技术供终端客户"云看房"。至于转型结果如何，要看金螳螂自己的努力
程度。

第 14 章　分析美股、港股公司

除了 A 股市场，美股市场和港股市场是世界上最大的资本市场，七步成诗法是否适用于美股和港股上市公司呢[1]？

七步分析法的底层原理——杜邦分析法源于美国，该原理适合用来分析全球所有的公司，也包括美股公司和港股公司。提供美股、港股交易服务的软件也可以分析相关股票数据，如果你使用的是问财，记得在查询时选择相应的分类，否则就会显示查无此票（见图 14-1）。

但是，不同国家和地区的会计准则是有所区别的，虽然原则一致，但是具体的科目名称和呈现的方式不同。港股上市公司可以自行选择规定范围内的会计准则，一般使用国际会计准则。美股上市公司则一般使用美国会计准则（Generally Accepted Accounting Principles，US GAAP），它与国际会计准则基本等效，但更多地考虑到了美国企业的特点。港股、美股上市公司的财报形成通常较为接近。

---

[1] 本章所有公司案例仅为配合讲解七步成诗法的具体应用过程，内容不构成投资建议；本章所列举的数据均来自上市公司公开披露的财务年度报告；所有涉及数据分析的内容均基于以往年度真实数据，不用于趋势预测。——编者注

图 14-1 问财中点击"港股"后，可查询港股公司泡泡玛特的数据

资料来源：问财。

　　表 14-1 是港股上市公司泡泡玛特的利润表，和 A 股公司的利润表相比差异较大。A 股公司的营业利润中包含了财务费用，而泡泡玛特的财务费用则被放到了营业利润（经营溢利）之外；A 股公司的营业利润加上包括政府补贴在内的营业外收支后就是利润总额，但是泡泡玛特的营业利润之后却没有营业外收入和支出等科目，而是"可转换可赎回优先股的公平值变动"和"分占使用权益法入账的投资溢利"。虽然 A 股公司使用的会计准则中没有这两个科目，但是从名字上看也知道它们和金融资产有关，也就是说，政府给泡泡玛特的补贴款是不会被放到这两个科目里的。那么泡泡玛特拿到的补贴款应该被放到哪个科目下呢？纵览整张利润表，也仅有"其他收入"科目比较合适，但是该科目又被算进了泡泡玛特的营业利润中。在 A 股公司适用的准则里，与经营无关的补贴属于营业外收入，不应被算在营业利润里。

　　总而言之，不同的资本市场适用不同的会计准则，而不同的会计准则间差异不小，即使是叫同一个名字的科目（比如营业利润），其代表的意思也不同（见表 14-1）。

表 14-1　泡泡玛特的利润表（简体字版），与 A 股的利润表之间存在很大差异

单位：千元

	截至 12 月 31 日止年度			截至 6 月 30 日止 6 个月	
	2017 年	2018 年	2019 年	2019 年	2020 年
收益	158 074	514 511	1 683 434	543 396	817 791
销售成本	（82 820）	（216 486）	（593 100）	（212 804）	（284 352）
毛利	75 254	298 025	1 090 334	330 592	533 439
经销及销售开支	（51 047）	（125 721）	（363 819）	（118 731）	（223 030）
一般及行政开支	（20 897）	（43 599）	（142 468）	（64 132）	（125 397）
金融资产（减值亏损净额）/减值亏损拨回	（344）	（270）	（3 086）	（901）	977
其他收入	1 362	5 484	17 013	2 781	31 369
其他收益	51	（305）	820	1 387	（8990）
经营溢利	4 379	133 614	598 794	150 996	208 368
财务收入	9	142	424	84	699
财务开支	（1 764）	（245）	（5 813）	（2 010）	（4 624）
财务开支净额	（1 755）	（103）	（5 389）	（1 926）	（3 925）
可转换可赎回优先股的公平值变动					（6 436）
分占使用权益法入账的投资溢利/（亏损）	（351）	959	4 970	1 974	（1 125）
除所得税前溢利	2 273	134 470	598 375	151 044	196 882
所得税开支	（704）	（32 739）	（147 257）	（37 431）	（55 598）
年内/期内溢利	1 569	101 731	451 118	113 613	141 284

资料来源：泡泡玛特招股说明书，泡泡玛特官网。

　　我们在进行美股、港股上市公司分析时，要对七步成诗法进行一定的改进。不同软件有着不同的功能，Wind 数据库在分析美股、港股上市公司的财务数据时较为方便，但鉴于本书的读者多为个人投资者，因此，改进后的七步成诗法及其案例将基于更方便操作的问财进行讲解。

改进后的七步成诗法

第 1 步：ROE

如果你的软件可以计算出境外上市公司的扣非 ROE，则应当依旧使用扣非数据，但并非所有的软件都有这个功能。如果你的软件无法计算扣非后的数据，我们可以简单地参考不扣非的平均 ROE 数值。在问财中，你可以直接搜索"股票简称 + 最近 5 年的 ROE"获得数据。虽然不扣非的 ROE 可能存在一定的水分，但是在后续分析过程中，我们依然可以挤掉一些水分（见表 14-2 ）。

表 14-2　在港股板块查询"信义玻璃最近 5 年 ROE"后显示的结果

序号	股票代码	股票简称	净资产收益率 ROE（%）				
			2020 财年4 季报	2019 财年4 季报	2018 财年4 季报	2017 财年4 季报	2016 财年4 季报
1	00868	信义玻璃	23.03	21.48	22.75	22.01	24.38

资料来源：问财。

第 2 步：营业收入

在 A 股市场上，我们使用现金收入比率来衡量营业收入的质量，但是美股和港股上市公司的财务报表不一定会披露销售商品、提供劳务收到的现金数据，也就无法提供现金收入比率相关数据，比如 Wind 数据库就没有提供美股、港股公司的现金收入比率。

在泡泡玛特的现金流量表上，我们可以找到一个叫"经营所得现金"的科目，它相当于 A 股公司的"销售商品、提供劳务收到的现金"，你可以直接用该科目的数字和营业收入相除，从而获得近似现金收入比率的数据。但是，你在使用软件时要注意取值的正确性。笔者在问财中输入"泡泡玛特经营所得现金 / 营业收入"时，系统给出的分子不是经营所得现金，而是资产负债表上的总现金（货币资金），这明显不是我们要的数据。如果你想了解泡泡玛特的现金收入比率情况，只能手动计算（见表 14-3）。

表 14-3　泡泡玛特的现金流量表（部分，简体字版）

单位：千元

	截至 12 月 31 日止年度			截至 6 月 30 日止 6 个月	
	2017 年	2018 年	2019 年	2019 年	2020 年
经营活动产生的现金流量					
经营所得现金	15 512	187 644	603 437	186 932	219 855
已收利息	10	143	424	84	699
已付所得税	（15）	（12 787）	（100 972）	（41 628）	（98 363）
经营活动所得现金净额	15 507	175 000	502 889	145 388	122 191

资料来源：泡泡玛特招股说明书，泡泡玛特官网。

　　我们可以把销售商品、提供劳务收到的现金换成一个国际会计准则中更常见的科目，为什么一家公司收到的现金远远低于营业收入呢？因为收到现金使用的记账原则是收付实现制，而营业收入使用的是权责发生制，因此，排除造假因素，赊账是造成这一现象的最主要原因。赊账会产生应收账款，如果应收账款占营业收入的比重太大，就意味着现金收入的比率太低。幸运的是，应收账款（Accounts Receivable，AR）是国际通用的会计科目，你可以方便地获得这个数据。

　　在问财中输入"百济神州最近 5 年应收账款 / 营业收入"，并根据显示数据判断公司营业收入的质量。可以看出百济神州最近几年的应收账款在不断增加，约占营业收入的 1/5（见表 14-4）。

表 14-4　在美股板块查询"百济神州最近 5 年应收账款 / 营业收入"后显示的结果

序号	股票代码	股票简称	[1]/[2]	[3]/[4]	[5]/[6]	[7]/[8]	[9]/[10]
1	BGNE	百济神州	0.20	0.17	0.21	0.12	—

资源来源：问财。

　　虽然百济神州的应收账款占比很大，但是由于 A 股与美股、港股资本市场的上市要求存在区别，我们不能笼统地认为应收账款多就是不好的。美股和港股采用注册制，对盈利的要求低，甚至没有要求，只要公司的市值、技术等要求达标即可上市，但是公司上市后的表现则完全交给市场来检验，上市后不被资本市场认可的公司也有可能会退市。百济神州是一家生物医药公司，目前还处于研发阶段，因此上市至今尚未盈利，2020 年净亏损高达 100余亿元，但是在港股，百济神州的市值已经接近 3000 亿元了。

注册制市场也提高了普通人的投资难度。目前除了科创板，A 股上市公司都有着较为稳定的盈利能力，但是在美股和港股市场上，你会遇到许多充满不确定性的企业。对于普通投资者而言，如果你缺乏相应的行业知识，最好不要去盲目追逐盈利性不确定的公司，应以控制风险为第一要务。七步成诗法的原则也适用于美股、港股资本市场，你可以用它排除那些不确定性比较大的公司。

第 3 步：毛利率

毛利率（Gross Margin）是国际通用的指标，所以这部分无须更改。

第 4 步：净利润

净利率（Net Margin）也是国际通用指标，所以也无须更改，问题在于怎样对净利润质量进行判断，也就是判断净利润现金含量和扣非净利润占比情况。

净利润现金含量

在泡泡玛特的现金流量表（见表 14-3）中，有一个叫作"经营活动所得现金净额"的科目，它就相当于 A 股市场适用的会计准则中的经营活动产生的现金流量净额，净利润现金含量这一指标依然适用。我们要注意软件取值的正确性，比如，我们在问财中输入港股或美股上市公司的"净利润现金含量"是查不出结果的，只能直接输入公式"股票简称 + 最近 5 年经营活动产生的现金流量净额 / 净利润"来查看数据。如表 14-5 所示，我们在问财中查询港股上市公司——信义玻璃"经营活动产生的现金流量净额/净利润"的值，最后会得出结果：在2016—2020年5年中，信义玻璃的净利润现金含量基本接近1（见表14-5）。

表14-5　在港股板块查询"信义玻璃最近5年经营活动产生的现金流量净额/净利润"后显示的结果

序号	股票代码	股票简称	[1]/[2]	[3]/[4]	[5]/[6]	[7]/[8]	[9]/[10]
1	00868	信义玻璃	0.70	0.84	1.10	0.88	1.11

资料来源：问财。

扣非净利润占比

使用部分软件也可以看到美股、港股上市公司的扣非净利润占比数据，如果你的软件无法计算扣非净利润相关数据，我们也可以利用别的指标来替代。

我们可以使用**营业利润/税前利润**这一指标。

第3章提到过营业利润，它指的是一家公司通过日常经营活动赚到的那部分利润，而税前利润指的是在加减各种与经营无关的其他合法收支后，被作为课税依据的那部分利润。通过计算营业利润与税前利润的比例，我们可以大致判断一家公司的非经常性损益占比情况，两个数字的比例越接近于1，表示中间的非经常性损益越少。

但是要注意的是，由于不同公司对营业利润的算法不同，这个指标具有非常大的局限性，因此本节内容仅供参考。笔者之所以介绍这个指标，只是为了照顾那些没有办法使用专业软件的个人投资者。如果可以，笔者强烈建议读者回到财报本身，查看公司的其他收入与净利润的比重，这样算出来的数据更为实际。

表14-6是苹果公司2021年利润表的一部分，可以看出，营业利润和税前利润之间就是其他收入或支出。如果你用问财查询"苹果2021年营业利润/税前利润"，那么软件会显示，苹果公司2021年的营业利润为1089.49亿元，

税前利润为 1092.07 亿元，二者比例大约为 1，这意味着苹果的其他收入很少（见表 14-6）。

表 14-6 苹果公司 2021 年的利润表（部分）

单位：百万美元

	2021 年
Operating income（营业利润）	108 949
Other income/(expense), net（其他净收入或支出）	258
Income before provision for income taxes（预提所得税前收入）	109 207
Provision for income taxes（预提所得税）	14 527
Net income（净利润）	94 680

资料来源：苹果 2021 年年报。

但是，不同公司对营业利润的定义是不一样的。根据表 14-1，泡泡玛特将其他收入算进了营业利润（经营溢利）之中，因此，它的营业利润（经营溢利）和税前利润（除所得税前溢利）之间，仅包含财务费用、优先股的公允价值变动和投资收益等，没有包含其他收入。那么泡泡玛特的其他收入是什么呢？ 2020 年年报中披露了明细，主要约为 2641.2 万元的政府补贴和约为 1869.5 万元的授权费收入。按常理，政府补贴不应被算作营业利润，因此我们若不阅读财报，就会高估泡泡玛特的扣非净利润占比。

再看表 14-7，阿里巴巴虽然将其他收入（其他净收支）放到营业利润（经营利润）之外，但是在营业利润和税前利润（扣除所得税及权益法核算的投资收益前的净利润）之间，包含了利息收入与利息费用，即 A 股市场适用的会计准则中的财务费用部分。在国际范围内，财务费用通常不被视为影响营业利润的因素，这也是 A 股市场适用的会计准则和国际准则不一样的地方。如果用"营业利润 / 税前利润"的值来判断阿里巴巴的扣非净利润占比，计算出的数字值非常小，约为 54.16%（见表 14-7）。

表 14-7　阿里巴巴 2021 年简体字版利润表（部分）

单位：百万元

年份	2021 年
营业利润	89 678
利息收入和投资净收益	72 794
利息费用	（4 476）
其他净收支	7 582
扣除所得税及权益法核算的投资收益前的净利润	165 578

资料来源：阿里巴巴 2021 年年报。

因此，笔者强烈建议有能力的读者应回到财报本身，计算其他收入、投资收入等非经常性损益与净利润的比重，而不是机械地使用以上指标。若你的软件允许，你也可以创造一个新的指标来衡量扣非净利润占比，比如"**其他收入 / 净利润**"，该指标值越小，表示非经常性损益越小。但笔者在亲身实践过程中发现，问财在计算境外上市公司的其他收入时也会产生差错，故无法在此进行演示。

第 5 步：周转能力

大多数软件可以直接查到总资产周转率、应收账款周转率、存货周转率等数据，所以这一步骤不需要做出什么修改。

第 6 步：杠杆水平

权益乘数和资产负债率也是国际通用指标，但问题在于许多软件无法查询美股、港股上市公司的有息负债率。

通常来说，短期借款、长期借款、应付债券是带息债务的主要组成部分，应付款项和其他应付款中也可能包含了带息债务，但大多数情况下其数值较小，造成的影响忽略不计，因此，当你的软件无法直接查询有息负债率时，可以将短期借款、长期借款、应付债券的总和作为带息债务的近似值。

有息负债率 ≈（短期借款 + 长期借款 + 应付债券）/ 总资产

根据这个公式，问财计算出百济神州在 2020 年的有息负债率大约是 9%，而 Wind 数据库计算出的精确数据是 9.26%，可见该软件在实务中可以近似地计算出有息负债率。但是，我们仅以借款和债券为主体来计算带息债务，所以这个数字是稍微被低估的。

在计算还款能力时，我们可以使用以下公式。

现金及其等价物 /（短期借款 + 长期借款 + 应付债券）

第 7 步：做判断

ROE 的数值、质量、稳定性也同样可以作为美股、港股上市公司的判断指标，但是要考虑不同资本市场的差异。美股、港股实行注册制，对盈利的要求相对宽松，这就需要投资者掌握关于行业、经营方面的知识，要更多地从定性的角度来判断一家公司的投资价值。

境外成熟资本市场以机构投资者为主，我们作为个人投资者，很难具备足够的专业性。对于个人投资者而言，七步成诗法原则也适用于美股和港股上市公司。百济神州现在虽然处于持续亏损状态，但公司总市值已过千亿大关，如果想看懂百济神州，你需要掌握大量复杂的医药术语，要懂得判断公司的在研管线的成功率，以及不同产品针对的适应症的市场规模，继而判断各个产品研发成功后可能带来的营业收入，而这些都超出了大多数人的能力。如果你的能力圈有限，那么坚持在 ROE 较高、质量较好、较为稳定的公司中做选择，承担的风险将更小。

港股公司：百威亚太

百威亚太旗下有 50 多个品牌，包括百威、时代、科罗娜、哈尔滨啤酒等，市场主要集中在中国、韩国、印度和越南。目前，百威亚太的市值已经超过 3000 亿元人民币，港股中与之体量相当的公司有华润啤酒、青岛啤酒等。

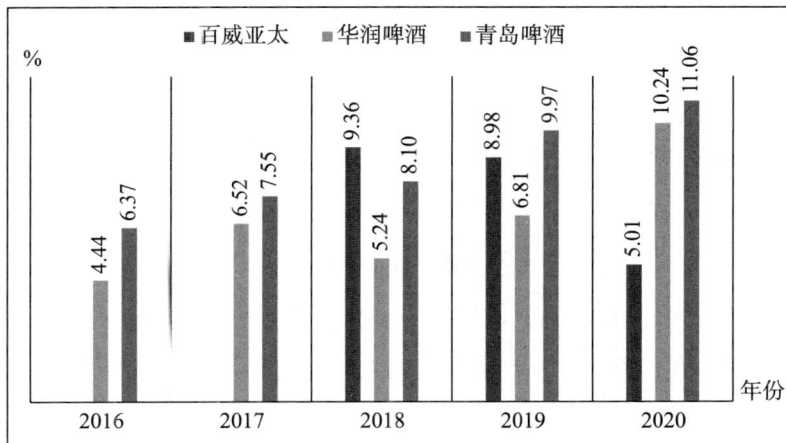

第1步：ROE

百威亚太的上市时间是 2019 年，所以我们只能看到其最近 3 年（2018—2020 年）的 ROE（下文有关百威亚太数据缺失的原因同上，将不再赘述）。百威亚太的 ROE 呈现较大的波动性，2018 年、2019 年大约为 9%，但是到了2020 年却只有 5.01% 了，而华润啤酒、青岛啤酒的 ROE 却呈现上升趋势，在2020 年，两家公司的 ROE 已突破 10%（见图 14-2）。

图 14-2　百威亚太、华润啤酒、青岛啤酒 2016—2020 年的 ROE 情况

资料来源：问财。

第2步：营业收入

百威亚太的营业收入呈现明显的抛物线形态，于 2018 年达到最高点——528.01 亿港元，到了 2020 年，公司的营业收入却只有 433.24 亿港元。

相比之下，华润啤酒虽然有所增长，但是增长率并不高，2016—2020 年5 年的复合增长率仅为 3.29%。再看青岛啤酒，它的历史最高值出现在 2017年，随后营业收入持续下降了两年。到了 2020 年，其营业收入有所回升，但也仅仅赶上了 2018 年的水平（见图 14-3）。

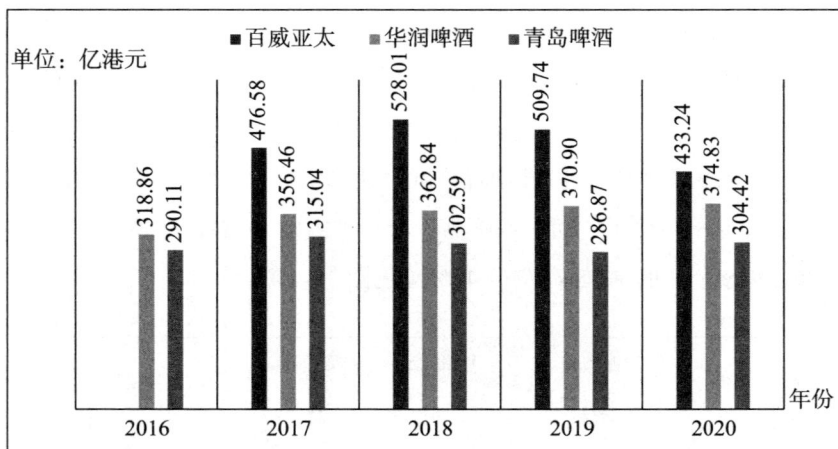

图 14-3 百威亚太、华润啤酒、青岛啤酒 2016—2020 年营业收入情况
资料来源：问财。

如果一个行业中的公司都呈现一样的趋势，那么这就是行业本身的问题了。从营业收入的数据我们可以初步判断出，啤酒行业增速在下降。为了验证这个判断，我们可以到发现数据查询关于啤酒行业增长率的资料：2014—2019 年，中国啤酒市场的平均增速大约为 5%，低于城镇家庭人均可支配收入的增长率。中国市场增速下降给百威带来了较大影响，一叶知秋，透过数据，你可以看出很多信息。

再来看营业收入的质量，由于在问财上查不到港股公司的现金收入比率，我们可以通过查询"百威亚太、华润啤酒、青岛啤酒股份最近 5 年应收账款／营业收入"来近似替代该指标：2017—2020 年，百威亚太的应收账款占营收的比重大约为 7%，华润啤酒、青岛啤酒则低至 1%，可见啤酒公司因赊销产生的营业收入都比较少。

第 3 步：毛利率

从毛利率上看，百威的毛利率超过了 50%，而青岛啤酒、华润啤酒的毛利率都在 33% ～ 38.5%。在前面的案例中，我们知道海天味业和片仔癀的毛利率大约是45%，它们都是典型的"茅台型"公司。既然百威亚太的毛利率可达50%以上，是否也意味着它的投资回报率来自盈利能力呢（见图14-4）？

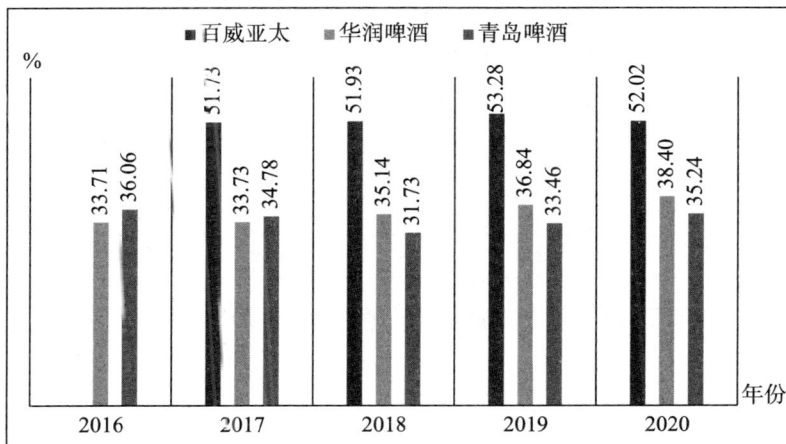

图 14-4　百威亚太、华润啤酒、青岛啤酒 2016—2020 年的毛利率

资料来源：问财。

第 4 步：净利润

虽然百威亚太有着 50% 以上的毛利率，但是在 2020 年，它的净利率甚至不到 10%。从 2018 年开始，百威的净利率呈现出显著的下降趋势，而青岛啤酒、华润啤酒的净利率都在上升。如果在一个行业中，别的公司的毛利率都在上升，只有自己公司的在下降，那原因就出在公司身上（见图 14-5）。

毛利率和净利率之间的差异往往出在期间费用上，许多人会认为，啤酒属于消费品，那么问题很可能出在销售费用上。事实上，百威的销售费用增长得并不明显，从 2019 年到 2020 年，百威的销售费用率从 7.87% 提高到了 8.15%，管理费用率从 5.8% 提高到了 7.1%，期间费用率的少许上升不可能对净利率产生这么大影响。既然如此，我们只能到利润表中寻找答案。

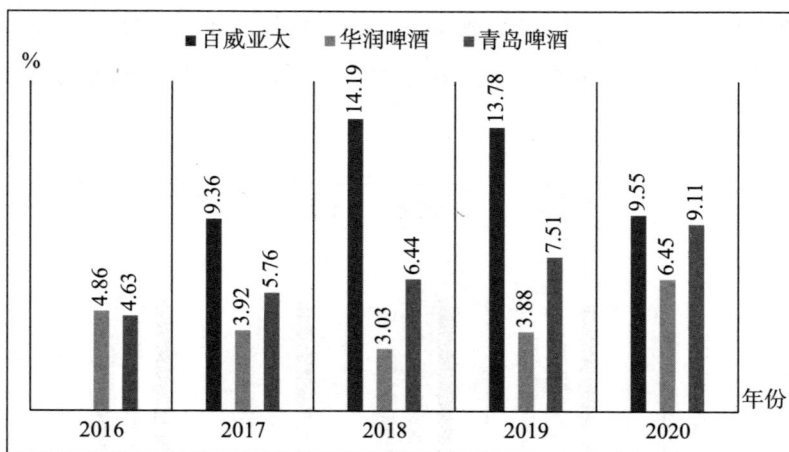

图 14-5 百威亚太、华润啤酒、青岛啤酒 2016—2020 年的净利率情况

资料来源：问财。

事实上，侵蚀百威净利率的主要原因是税收。2020 年，青岛啤酒的所得税税率是 28%，而百威亚太的所得税税率高达 40%，高额税负导致百威在 2020 年的净利率低于 10%。2018 年，百威的净利率为 14.19%，而那一年的所得税税率仅为 23%。

净利润现金含量方面，我们可直接输入公式"百威亚太、华润啤酒、青岛啤酒股份最近 5 年经营活动产生的现金流量净额 / 净利润"查询。2020 年，百威亚太的净利润现金含量为 2.53，华润啤酒为 2.14，青岛啤酒缺少 2020 年的数据，但公司 2019 年的数据为 2.17，可见啤酒公司的现金流普遍还不错。

扣非净利润占比方面，如果你看了百威亚太利润表，会发现这家公司非常人性化地设置了一个叫作"非经常性项目"的科目，你无须手动计算百威亚太的其他收入、投资收益等科目的占比。由于这一科目的存在，你通过阅读百威亚太的利润表本身，就可以知道其非经常性损益较少。

第 5 步：周转能力

啤酒公司的总资产周转率都低于 1 次，百威亚太 2018—2020 年 3 年的总资产周转率平均值约为 0.4 次（见图 14-6）。

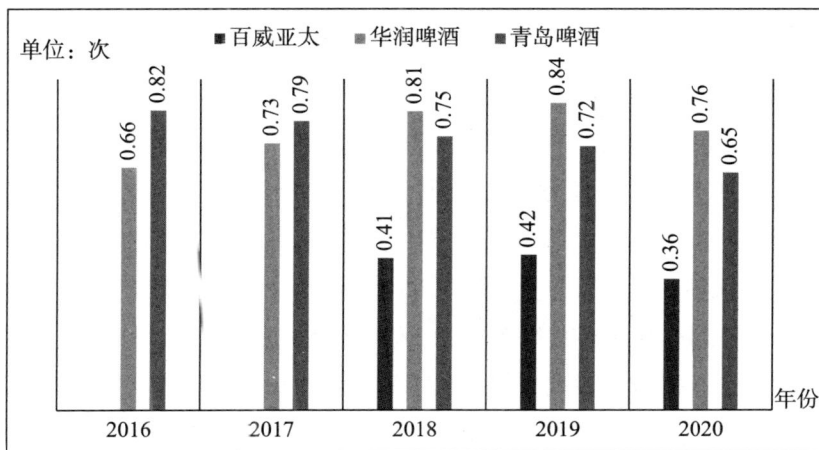

图 14-6　百威亚太、华润啤酒、青岛啤酒 2016—2020 年总资产周转率情况

资料来源：问财。

这个数据与我们的认知颇为不符，啤酒具备快消品的属性。一场聚会上我们能喝掉好几瓶啤酒，按理说它应是高周转行业。如果只看三家啤酒公司的存货周转率，还是符合我们的认知常识的：2020 年，百威亚太的存货周转率约为 6.15 次，华润啤酒约为 3.22 次，青岛啤酒约为 5.12 次。我们可以用等价指标——存货周转天数来分析它们的周转率。

存货周转天数 =365/ 存货周转率

根据该指标，百威亚太的存货周转天数约为 59 天，华润、青岛的存货周转天数分别为 113 天、71 天。就存货而言，啤酒的周转速度并不低，总资产周转率低的原因应出在别的资产项上。

在百威亚太 2020 年的资产负债表上，固定资产占总资产的比重约为 24%，商誉和无形资产合计约占据 53%。青岛啤酒虽然没有那么多的商誉，但是它的固定资产占比高达 38%。从资产结构可以看出，啤酒厂是典型的重资产行业，固定资产占比高，也因此产生了不少折旧。折旧不会减少现金流，却会减少净利润，这也是啤酒公司的净利润现金含量很高的一个原因。

在第 2 章中，我们特地介绍了商誉，并指出这是爆雷的重灾区。商誉太高的公司，可能管理层留有私心，也有可能是公司被高估了，但在现实中我们不能一概而论。在本案例中，我们需要了解一点百威的历史。百威背后的控制人叫 3G 资本，是创立于巴西，以"赋能式投资"闻名的资本集团。它专注于在食品领域收购一些有潜力但管理层较差的公司，再采取控股企业、撤换管理层等方式，利用自己的管理能力给公司"赋能"，从而提高公司的价值。除了百威，汉堡王、亨氏、卡夫都在 3G 资本麾下。既然百威背后是一家擅长并购的资本集团，那么它有着这么高的商誉也就情有可原了。

但是，商誉毕竟是并购价格超出净资产的溢价，百威溢价并购的那些品牌是否真的值这么多钱是有待商榷的。即使它的背后是大名鼎鼎的 3G 资本，我们也不能掉以轻心，万一这些品牌的业绩不达预期，免不了会产生商誉减值。百威亚太的净利率本来就不高，一旦产生大额商誉减值，势必造成亏损。投资者要想清楚自己的能力圈边界所在，并考虑自己的风险承受能力。

第 6 步：杠杆水平

华润啤酒有着三家公司中最高的杠杆率，约为 2.17 倍，百威亚太的杠杆率较低，约为 1.56 倍。如果用等价指标资产负债率来看，百威亚太的总负债大约占总资产的 1/3（见图 14-7）。

百威亚太 2020 年短期借款、长期借款、应付债券之和占总资产的比重约为 1%，总体上是比较低的。青岛啤酒的有息负债率约为 2%，而华润啤酒则没有有息负债。

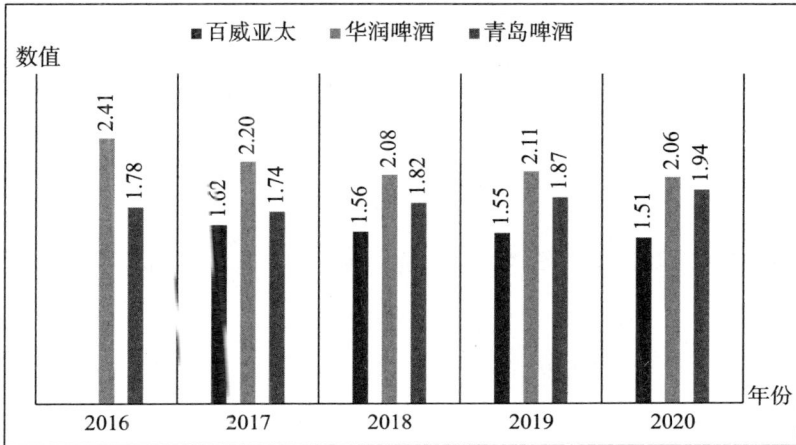

图 14-7　百威亚太、华润啤酒、青岛啤酒 2016—2020 年的权益乘数

资料来源：问财。

第 7 步：做判断

我们用七步成诗法分析了港股上市公司百威亚太的财务数据，该公司最近一年的 ROE 仅为 5.01%，呈现较为明显的下降趋势。我们拆解了财务数据，发现主要原因是高达 40% 的所得税税率侵蚀了百威的盈利能力。而且它的总资产中有着太多商誉和固定资产，使得总资产周转率无法提高，虽然高额的商誉可能是 3G 资本刻意为之的结果，但是对于个人投资者而言，你可能不一定能够理解 3G 资本那眼花缭乱的并购战略，也无法判断这些并购到底能带来多少价值、能否改善百威的财务状况。

最后从杠杆率上看，由于啤酒公司的现金流状况不错，因此公司杠杆率较低，利用杠杆来提高 ROE 水平的必要性和空间不大。因此，净利率、周转率、杠杆率提高的增量都较为有限，百威亚太的 ROE 自上市以来一直低于 10%。

美股公司：苹果

2007 年，苹果发布了第一代 iPhone，开启了一个新的时代。长期横盘、几乎破产的苹果开启如虹涨势。截至 2021 年 7 月，苹果的总市值已达 2.4 万亿美元，约 15.5 万亿元人民币，水平约等于 4 个腾讯、7 个茅台（见图 14-8）。

图 14-8　苹果公司上市以来的股价走势图

资料来源：Wind 数据库。

第 1 步：ROE

苹果有哪些对比公司？虽然苹果的产品线涉及手机、电脑等各类电子产品，但是从营业收入的结构上看，iPhone 的营收占比超过了一半，所以对于苹果而言，最合适的对比公司是其他手机公司。

我们很容易就会想起几个知名的手机品牌，比如华为、苹果、小米、OPPO、vivo、三星、传音等，其中上市公司有小米集团（港股）、苹果（美股）、传音控股（A 股）、三星电子（韩股），它们分别在四个不同的地方上市。由于韩股可以得到的信息较少，所以，我们仅选择苹果、小米、传音进行对比（见图 14-9）。

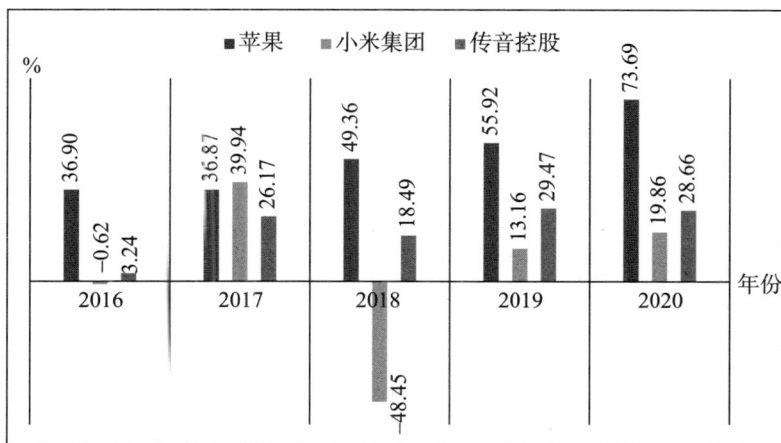

图 14-9　苹果、小米、传音 2016—2020 年的 ROE 情况

资料来源：问财。

2020 年，苹果的 ROE 高达 70%，即使在 ROE 相对较低的 2016 年、2017 年，苹果的 ROE 也超过了 36%。

在港股上市的小米 ROE 则产生了剧烈的波动，这与港股对盈利的要求低有关。传音控股专注于非洲市场，公司因做出能把黑皮肤拍出漂亮巧克力色的手机而大受欢迎。传音于 2019 年在 A 股科创板上市，2019 年、2020 年，公司的 ROE 接近 30%。由于传音控股是在 A 股上市的，你可以查到它的扣非 ROE 数据。2020 年，传音控股的扣非 ROE 是 25.45%，略低于 28.66% 的不扣非 ROE，但二者差距不大。

第 2 步：营业收入

我们以人民币为单位对比三家公司 2020 年的营收体量，苹果的营收规模约为 18 000 亿元，同年度微软的营业收入才刚刚突破 1 万亿元人民币。小米、传音的规模水平则分别在 2000 亿元、300 亿元。

再从"应收账款 / 营业收入"值来看，苹果的数值在 2019 年达到 8.81% 的最高水平，但是在 2020 年时降到 6% 以下。小米、传音的数值则更低，约为 3%。这一数据和我们平时观察到的现象是相符合的，小米的产品经常要等到预售时才能买到，所以它的应收账款极少（见图 14-10）。

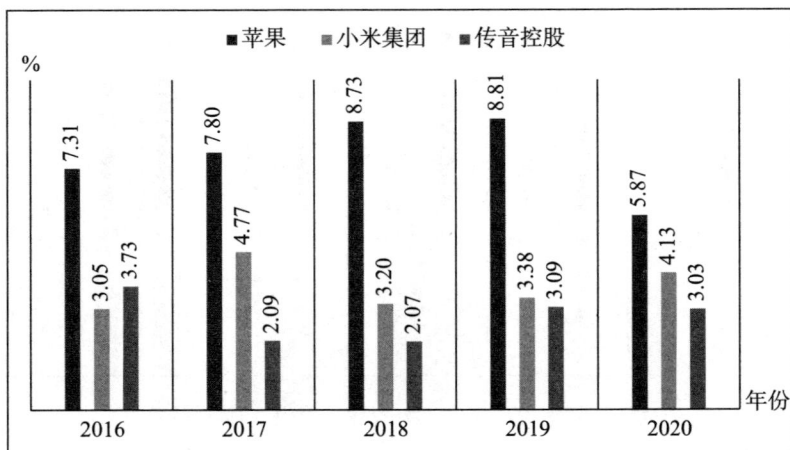

图 14-10　苹果、小米、传音的"应收账款 / 营业收入"值

资料来源：问财。

第 3 步：毛利率

苹果的毛利率高不高？许多人认为苹果是一家暴利企业，但是事实果真如此吗？

结果可能会出乎你的意料，苹果的平均毛利率约为 38%，其毛利率水平低于酱油界的海天味业。此外，小米的平均毛利率仅为 13%，低于超市的水平。但是我们不能仅仅通过毛利率的数字判断它们的产品竞争力，不同的毛利率水平和公司的战略选择有关。小米集团在 2020 年年报上描述了它的"手机 × AIoT"（人工智能物联网）战略："围绕智能手机业务核心，在全球范围内构建智能生活。"小米手机战略的意义是提高市场占有率，成为小米用户接入物联网的终端。对于小米而言，设备的渗透率比毛利率更具有战略价值。所以我们在分析一家公司时，不能仅仅使用定量分析方法（见图 14-11）。

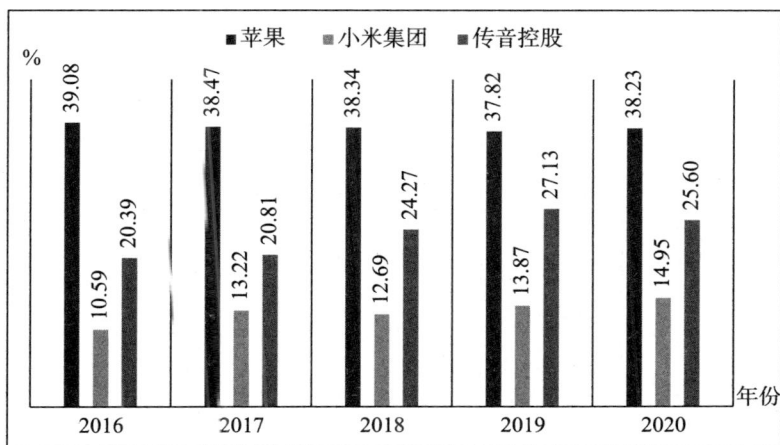

图 14-11　苹果、小米、传音的毛利率对比情况

资料来源：问财。

话又说回来，苹果产品的售价不低，为什么它的毛利率这么低呢？苹果并没有披露各类产品的具体毛利率，我们可以看见的是公司的综合毛利率。既然 iPhone 贡献了一半的营业收入，那么我们至少可以断定：苹果的综合毛利率并不像绿地控股或双汇发展一样是被其他的低毛利率业务所摊薄的，也就是说，一台 iPhone 的毛利率其实并不高。

第 4 步：净利润

苹果凭借 36% 的毛利率，最后却获得了 21% 左右的净利率，这就意味着它的期间费用率合计只有 15%。这个数据很明显地体现了苹果的品牌竞争力：它无须花费大量的期间费用来维持约为 18 000 亿元的销售额。

小米也表现出同样的品牌竞争力。2020 年，小米用 14.95% 的毛利率创造了 8.26% 的净利率，这意味着小米的期间费用率还不到 7%（见图 14-12）。

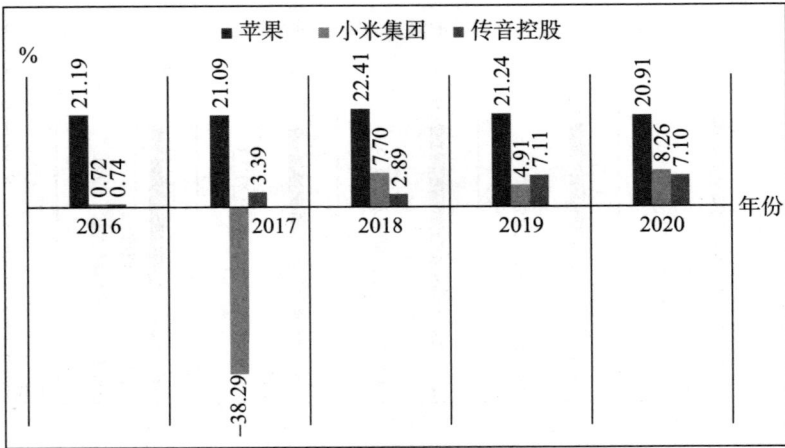

图 14-12　苹果、小米、传音的净利率对比情况

资料来源：问财。

接下来我们看一下净利润的质量，2016—2020 年，苹果的净利润现金含量分别为 1.45、1.33、1.30、1.26、1.41，都大于 1。在扣非净利润占比方面，我们在前面已经分析过，它的非经常性损益极少（见表 14-6）。

第 5 步：周转能力

高盈利和高周转往往不可兼得。苹果的总资产周转率约为每年 0.7 次，与海天味业接近（见图 14-13）。从资产负债表上看，苹果的现金、交易性金融资产、可供出售金融资产共计占总资产的 60%，即现金太多使得总资产周转率下降。

苹果的商业模式是 2C 类型的，因此我们可以着重研究它的存货周转率。苹果的存货周转率显著高于另外两家对比公司，一年可达 40 次（见图 14-14）。

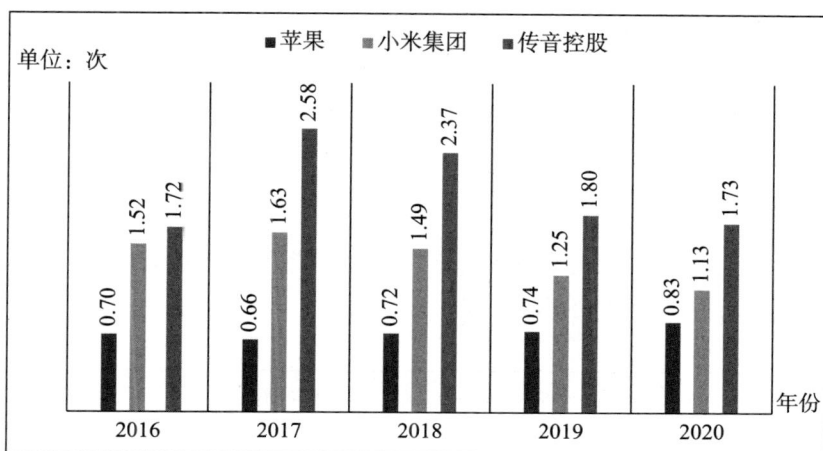

图 14-13　苹果、小米、传音的总资产周转率对比情况

资料来源：问财。

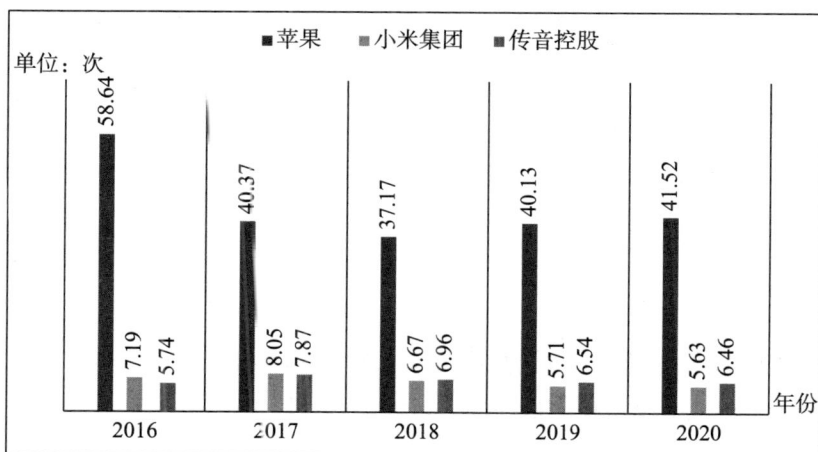

图 14-14　苹果、小米、传音的存货周转率对比情况

资料来源：问财。

　　40 次的存货周转率意味苹果的存货周转天数只有 9 天，也就是说，苹果从原材料入库到卖掉一部手机仅需要 9 天的时间，而小米则需要 2 个月的时间。强大的存货周转率也佐证了苹果的品牌实力。

虽然苹果的净利率可达 20%，但是其总资产周转率一年仅有 0.7 次，二者相乘的结果仅为 14%。但是苹果的 ROE 高达 70%，唯一的解释就是公司的杠杆较高。

第 6 步：杠杆水平

2018 年，苹果的权益乘数超过 3，2020 年指标值接近 5，显著高于同时期的小米和传音（见图 14-15）。

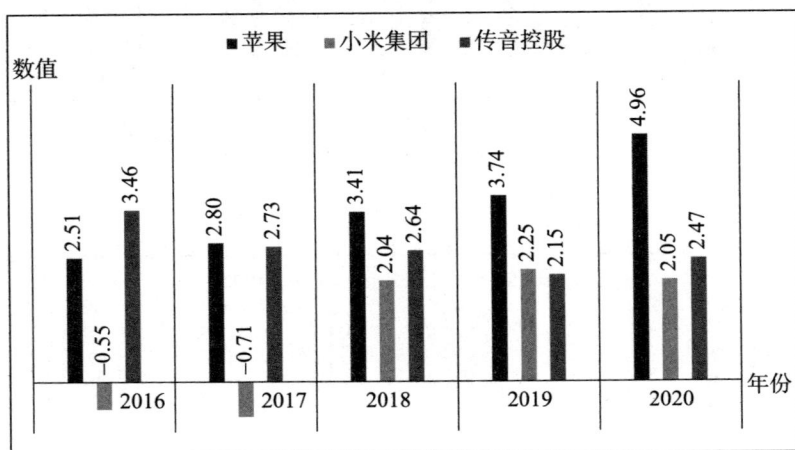

图 14-15　苹果、小米、传音的权益乘数对比情况

资料来源：问财。

苹果的有息负债率是多少？我们以 2020 年的短期借款、长期借款、应付债券的总和作为有息负债的估计值，高达 986.67 亿美元，占总资产的 30%。

传音控股是 A 股的公司，我们可以很方便地查到它在 2020 年的有息负债率，约为 5%，小米、传音的杠杆率主要来自无息负债，比如消费者预付的定金以及应付手机零件商的货款等。

可是苹果并不缺钱，为什么还要借钱呢？彭博社的一篇文章解释了这种情况，文章大意是苹果趁着低利率的市场环境发行债券，用于股票回购、资本支出等。另一个叫作 The Motley Fool 的网站则提到此举和美国税法有关，能帮助公司降低资本成本，但是美国税法及金融环境的相关知识超出了大多数国内投资者的能力圈。

2020 年，苹果的现金及其等价物约为 380.16 亿美元，远低于 986.67 亿美元的带息债务。对苹果感兴趣的读者，不得不注意一下这个问题。

第 7 步：做判断

在 2020 年 BrandZ 公布的最具价值全球品牌 100 强排行榜中，苹果以 3522.06 亿元的品牌价值位列排行榜第二名，排名仅次于亚马逊，极低的期间费用率和低至 9 天的存货周转天数也佐证了苹果的品牌实力。苹果高达 70% 的 ROE 主要由极高的杠杆率所推动，但是如果我们假设苹果的杠杆率回落到仅为小米、传音 2 倍的水平，苹果的 ROE 也将接近 30%。

但是，对于国内投资者而言，投资苹果面临的不确定性较大，美国的税法和金融环境与我国不同，许多风险点可能超出投资者的认知范围。

第四部分

怎么避免财务"爆雷"

第 15 章　避雷的 3 个步骤

有句话说"财报是用来排除企业的",这句话本身没有错,但是撰写财报的都是身经百战、经验丰富的高手,公司若真有造假的打算,大多数投资者是难以发现的。

为了不"踩雷",笔者也读了很多分析财务造假的文章,但是发现它们在实践中并不实用,我们很难每研究一个科目就去思考所有可能的造假情况。即使明白个中道理,在实践中仍会觉得力不从心。

随着投资经验的不断丰富,笔者也逐渐积累了识别造假痕迹的能力,但这是在大量经验积累基础上所形成的直觉。商场老手在和一个陌生人刚接触时,就能对对方即将发生什么行为做出大致的判断,但是一个涉世未深的年轻人是做不到这一点的。如果一定要积累好几年经验才能识别财务造假,那么初学者岂不是只能任人鱼肉?

在实践中,笔者发现识别财务造假其实是存在范式的,以往人们执着于寻找财务造假的证据,却忘记了财务造假只是用来判断企业是否值得投资的充分不必要条件。它是充分条件就意味着,诚实是企业的底线,只要一家企业确实存在财务造假,我们就可以将它排除在股票池之外,无论这家企业在其他方面有多么优秀;它是不必要条件又意味着,并不是确定一家企业确定存在造假才可以排除它，如果你只是怀疑它，你也可以排除它，毕竟没有人会因为你不投资一家公司而惩罚你，你可以省下精力去寻找另一家更具有确定性的公司。也就是说，以前人们以为不踩雷的方法是"排雷"，也就是先找到它，再把它排除掉，然而，最简单的方法其实是"避雷"，也就是绕路走，而无须知道这颗雷被埋在何处。避雷术本质上使用了一个冗余系统，将仅仅是有造假嫌疑但我们可能找不到相关证据的公司也排除在外。

避雷分为事前、事中、事后三阶段。

第1阶段：事前

事前就是灵活运用七步成诗法。七个步骤的每一步都像一个筛子，这一方法可以帮助我们一层一层地识别异常数据。

第一道筛子是扣非 ROE，它是用来衡量投资回报率的直接指标，我们主张先以 ROE 大于 15% 的公司作为研究对象，因为这类公司的长期投资回报率超过了社会平均回报水平，通过研究这类公司，你有可能获得跑赢大盘的长期收益率。我们并不否认低 ROE 的公司会有业绩提高的可能性，但是我们应优先追求确定性。

在筛选出了所有 ROE 大于 15% 的公司后，它们还要经历第二道考验：现金收入比率。如果一家公司的营业收入质量很低，净利润和资产的质量也会受到影响，而且现金流也决定了一家企业的价值。你不需要知道一家公司的现金收入比率为什么低，你只须把精力花在那些现金流更好的公司上就行。

第三道筛子——毛利率。毛利率水平可以代表许多问题，一家公司的毛利率与同行之间有巨大差异是值得被关注的异常现象，如果一家公司甚至整个行业的毛利率都很低，那么该产品可能缺乏定价权。但是如果一家公司无缘无故地有着比同行高出很多的毛利率，便是值得被注意的，除非你能找到这家公司毛利率一枝独秀的逻辑和理由，否则它很有可能存在问题。

由于净利润直接影响股价，因此第四道筛子——净利润是最容易埋雷的地方。虚增净利润是常见的造假行为，但是由于存在资金成本，一家公司很难获得与虚增的净利润相匹配的经营性现金流，因此很多公司在净利润现金含量考核上都无法过关。公司虚增利润只须修改几处财务数据，然而如果想增加现金流，就要从别处借来一笔真钱才行，否则现金流量表是过不了审计关的。由于增加现金流的代价太高，所以净利润现金含量便是一个非常好用的照妖镜。

制造非经常性损益也是常见的造假方式，我们之前讲过一家"坐过山车"的水产养殖公司，其净利润呈现出今年正数、明年负数、后年再正数的特征。其实它的扣非净利润都是亏损的，只能用非经常性损益来粉饰数据，我们使用扣非净利润占比值衡量便能发现这个问题。

第五道筛子是总资产周转率，根据笔者的个人经验，公司直接在总资产周转率上动手动脚的情况较少，但该指标可以让你注意到公司的资产结构。如果一家公司的总资产周转率与同行产生了显著差异，我们就要研究是什么拖累了运营效率，从而就有可能发现资产负债表中的异常数据。

即使一家公司的盈利质量与资产结构都没有问题，在第六道筛子——杠杆水平中，我们仍有可能排除风险太高的公司。

最后，为什么我们要看3~5年的数据？因为造假是有时间成本的，公司今年挖了一个坑，明年就要想办法填上，顾此失彼将会导致漏洞越来越多。时间越长，造假的成本越高，公司越容易露马脚，所以时间是最好的试金石。

财务分析是一门实用之学，你不一定要知道"为什么"，只要知道"怎么做"就行了。一家公司的财务数据出现异常并不一定意味着它有造假行为，有余力的投资者可以深入探索一下异常的原因，判断自己的风险承受能力如何。没有余力的投资者如果不想承担这些风险，大可直接将这些公司排除，去寻找确定性更强、风险更低的公司。

第2阶段：事中

我们说过，七步成诗法只是一个方便初学者入门的套路，但仅仅入门是不够的。如果说上市公司像一间房子，进了门之后，你还应仔细检查一下房间里的设施，看看家具和装修情况。同样，用七步成诗法只能从大框架上了解一家公司的财务状况，为了获得更深刻的认知，你还应该仔细阅读财务报表本身，而不能仅仅停留在这几个财务比率上。这就是排雷的事中阶段。

从避雷的角度看，读财报的原则就是：看"大数字"。

所谓大数字，就是相对于整张财报上的其他数字而言，明显更大、更突出的数字。比如对于我个人而言，1亿元当然是一个大数字，但是对于万达来说就不是了。如果你的软件允许，你可以将万达电影资产负债表上的货币单位调为"亿元"，尽可能让表格上的数字显得更精简，看起来更一目了然。

表15-1是将单位调整为"亿元"之后的万达体育的资产负债表，通过这张表我们能很方便地识别大数字。对于万达电影来说，个位数的数字可以先忽略，而货币资金、应收款项、存货、固定资产等10亿级的数字就是所谓的大数字，需要我们加以关注（见表15-1）。

表 15-1   在 Wind 数据库中打开万达电影的资产负债表，
将货币单位调整为"亿元"后的效果[①]

报告期	2020.12.31	2019.12.31	2018.12.31	2017.12.31	2016.12.31	2015.12.31	2014.12.31	2013.12.31
	年报	年报	年报	年报	年报	年报	年报	年报
报表类型	合并报表	合并报表	合并报表	合并报表	合并报表	合并报表	合并报表	合并报表
流动资产：								
货币资金	49.79	24.63	13.49	28.51	24.74	43.12	17.46	11.75
应收票据及应收账款	18.74	23.10	17.25	11.67	7.01	3.84	0.86	0.27
应收票据	0.33	0.11	0.07	0.10	0.11			
应收账款	18.42	22.99	17.19	11.57	6.90	3.84	0.86	0.27
预付款项	7.17	12.18	3.06	2.57	1.94	0.80	0.36	0.45
其他应收款（合计）	2.69	3.80	3.70	2.55	2.21	0.94	0.67	0.54
其他应收款	2.69	3.80	3.70	2.55	2.21	0.94	0.67	0.54
存货	17.67	21.54	1.92	1.72	1.59	0.82	0.39	0.32
其他流动资产	10.07	7.98	6.00	3.22	0.84	0.09	0.04	0.07

（续表）

报告期	2020.12.31	2019.12.31	2018.12.31	2017.12.31	2016.12.31	2015.12.31	2014.12.31	2013.12.31
	年报	年报	年报	年报	年报	年报	年报	年报
流动资产合计	106.12	93.24	45.41	50.23	38.33	49.62	19.78	13.39
非流动资产：								
可供出售金融资产			4.80	4.80	3.72	3.72		
其他权益工具投资	2.88	2.65						
长期股权投资	0.72	0.97	0.21	0.18	0.16	0.12		
固定资产（合计）	25.46	28.51	28.44	25.81	21.42	16.24	12.25	10.63
固定资产	25.46	28.51	28.44	25.81	21.42	16.24	12.25	10.63
在建工程（合计）	0.46	2.18	2.24	1.13	1.45	0.77	0.43	0.26
在建工程	0.46	2.18	2.24	1.13	1.45	0.77	0.43	0.26
无形资产	9.54	10.46	8.50	8.97	7.30	6.59	0.39	0.27

资料来源：Wind 数据库。

① Wind 数据库中的数字为四舍五入的近似值，因此部分行次数据加总与加总科目数值有出入，不影响分析的准确性。下文同理，不一一列注。——编者注

为什么要看大数字呢？因为数字越大，对整张财务报表的影响就越大，因此我们越应加以注意。事实上，上市公司都免不了会美化报表，就连大家耳熟能详的几家大公司都在报表上动过手脚。但是美化报表不等同于造假，我们要看造成影响的程度，在小数字上动手动脚犹如隔靴搔痒。如果一家公司的总资产有 100 亿元，并且其中有 1 亿元的商誉，那么公司即使出现商誉减值也不至于造成灭顶之灾，但是如果它有 10 亿元的商誉就不一定了。

大数字的定义因人而异，对于万达电影而言，10 亿元可算作大数字，如果有 100 亿元的科目，我们就更需要加以注意，最好能在年报中仔细阅读该科目的明细。但是对于总市值约为 30 亿元的新华都而言，1 亿元的科目就可被视为大数字，因此在阅读新华都的年报时，我会注意 1 亿元、3 亿元、5 亿元这样的数量级（见表 15-2）。

表 15-2　在 Wind 数据库中打开新华都的资产负债表，
将货币单位调整为"亿元"后的效果

报告期	2020.12.31	2019.12.31	2018.12.31	2017.12.31	2016.12.31	2015.12.31	2014.12.31
	年报	年报	年报	年报	年报	年报	年报
报表类型	合并报表	合并报表	合并报表	合并报表	合并报表	合并报表	合并报表
流动资产：							
货币资金	9.48	6.58	5.15	4.10	2.78	2.97	3.97
交易性金融资产							
应收票据及应收账款	6.23	5.93	3.64	1.70	1.92	0.16	0.12
应收票据	0.02		0.00	0.03	0.07		
应收账款	6.21	5.93	3.64	1.67	1.86	0.16	0.12
预付款项	2.61	1.42	1.11	2.09	0.99	2.06	0.75
其他应收款（合计）	2.80	2.63	3.06	2.23	2.67	2.76	3.20
应收利息							0.00
其他应收款	2.80	2.63	3.06	2.23	2.67	2.76	3.19
存货	7.66	6.37	8.22	8.28	8.49	7.01	7.26
其他流动资产	0.85	0.72	0.88	0.97	3.80	2.03	1.92
流动资产合计	29.63	23.64	22.05	19.37	20.65	16.99	17.21
非流动资产：							
可供出售金融资产			0.33	0.13	0.55	6.69	6.68
其他权益工具投资	0.07	0.07					
长期应收款						0.72	0.60
长期股权投资							
固定资产（合计）	2.25	2.49	3.26	3.44	3.51	3.81	4.07
固定资产	2.25	2.49	3.26	3.44	3.51	3.81	4.07

资料来源：Wind 数据库。

第 3 阶段：事后

正如本章开头所言，对财务问题的识别很依赖投资者的经验，在事中阶段，你也不一定能够识别所有的风险，这是很正常的，因此事后阶段可以作为你的最后一道保险。

事后阶段就是问自己：你会把这家公司划分为以下哪一类？

- 确定好的公司。
- 确定不好的公司。
- 看不懂或拿不定主意的公司。

我们应该只关心第一种公司，然而对于大多数人来说，绝大多数时候会碰到第三种公司，就是看不懂或拿不定主意的公司。比如，双汇发展和苹果可能都不差，但是你看不懂猪周期和美国的税法，这就属于看不懂的情况。或者，你虽然看懂了一家公司，但是很难拿定主意，觉得它有一些亮点，但也有不对劲的地方，犹如鸡肋，食之无味，弃之可惜。这些都意味着你对这家公司的认知不够深刻，而风险往往会诞生在你所不知道的角落里，既然如此，我们还是应该选择那些最有确定性的机会。投资就像结婚，你要找的是那个对的人。

第 16 章　避雷案例实践

令人窒息的大"牛"股

A 公司曾经是创业板的大牛股，其主营业务和互联网相关，它的战略是建立起一个包括视频、手机、电视、汽车等一系列软硬件在内的生态系统。A 公司的老板向投资者们描绘了一个令人兴奋到窒息的愿景，投资者们坐不住了，A 公司的股价从 2010 年刚上市时的 1 元，涨到 2015 年的最高点 44.7 元，5 年的时间翻了 44 倍（见图 16-1）。

然而好景不长，2016 年 11 月，A 公司的老板发了一封内部信，说资金较为紧张，要停止烧钱扩张。结果，A 公司上游的手机零部件供应商们收不到钱，手机纷纷断货，该事件成为导致雪崩的最后一片雪花。A 公司的债务危机爆发了，虽然经过了漫长的停牌，股价依然持续下跌。随后，A 公司的 K 线永远定格在了 2020 年，从 44.7 元跌到 0.17 元，数十万名投资者十分吃惊：A 公司真的窒息了。

其实何止是数十万名普通投资者，就连许多专业的投资者都拿它没办法。普通人一来缺乏财务知识，二来没有内部消息，如何与 A 公司斗智斗勇？

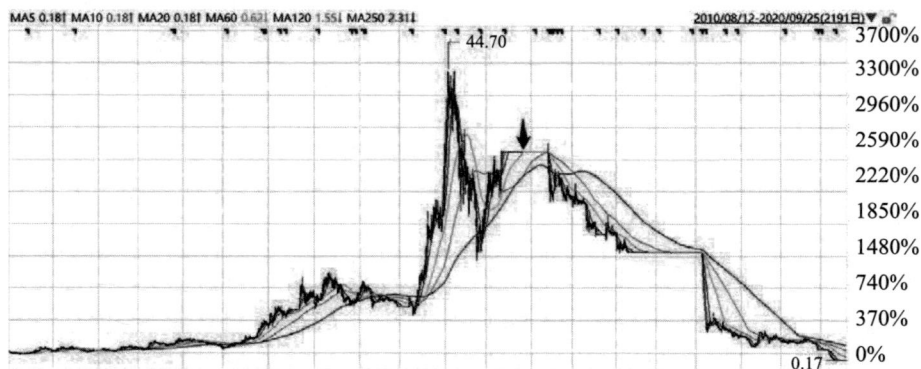

图 16-1　A 公司从上市到退市的股价走势图，箭头处为 2016 年 3 月

资料来源：Wind 数据库。

假设你身处 2016 年 3 月

图 16-1 箭头所指处是一条横线，此时的 A 公司处于停牌状态，时间是从 2015 年 12 月到 2016 年 6 月，假设你身处这段时间。此时，你刚刚经历了 2015 年的一场大跌，短短 3 个月，你手上的 A 公司股票从最高点 44.7 元跌到了 14 元，但是股价立刻来了个 V 形反弹，然后就在 29 元的地方停牌了。此时此刻，你正面临抉择，A 公司复牌后只有两个结果，一个是继续上涨，再创新高，另一个是持续下跌，如果是后者，你在复牌后就要尽快抛售股票。

2016 年 3 月初的某一天，A 公司发布了 2015 年年报，此时的你依然可以知晓 A 公司 2011—2015 年的财务情况。当然，你并不知道 8 个月后 A 公司即将爆雷，你只有一个办法，那就是阅读最新的年报，通过自己的智慧做出判断，万一你不看好 A 公司的前景，那么当公司在 2016 年 6 月复牌的时候，你还有止损的机会。

事前阶段：七步成诗法

问财不能查询已退市公司的数据，所以本书接下来的数据都取自 Wind 数据库。

2011—2015 年，A 公司的扣非 ROE 情况还算理想，总体上大于 12%，在 2013 年、2015 年 ROE 甚至高于 15%。A 公司又是当时家喻户晓的成长股，如果 A 公司的生态系统战略真的得以实施，那么 ROE 还有可能继续上涨，A 公司通过了第一道筛子（见图 16-2）。

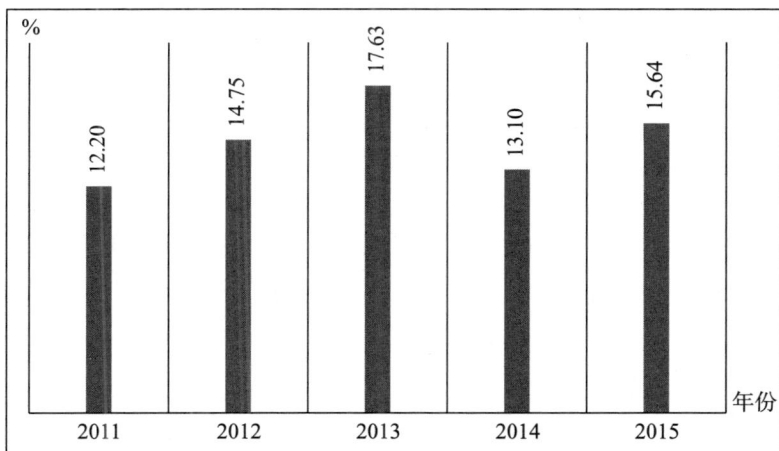

图 16-2　A 公司 2011—2015 年的扣非 ROE 情况

资料来源：Wind 数据库。

第二步看现金收入比率。从 2011—2015 年的数据来看，A 公司仅在 2014 年的时候现金收入比率才超过了 80%，2011—2013 年的现金收入比率仅为 60%，5 年中最低值出现在 2012 年，更是不到 50%。

为什么 A 公司收到的现金这么少呢？从 A 公司的应收账款占营业收入的比重上看，其 5 年的平均值约为 30%，赊销收入不少。A 公司的现金流状况出现了大量异常值，有余力者大可深入年报分析原因所在，但是无余力者也大可直接卖掉 A 公司的股票，落袋为安，不一定非要找出证据说服自己（见图 16-3）。

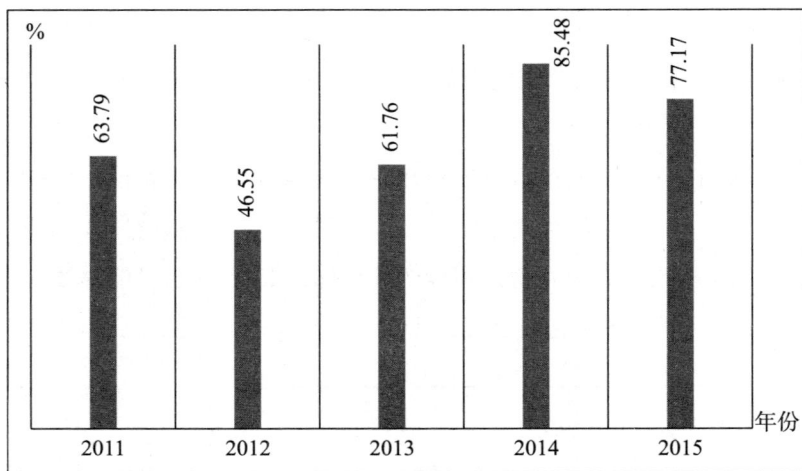

图 16-3　A 公司 2011—2015 年现金收入比率情况

资料来源：Wind 数据库。

　　虽然现金收入比率较为异常，但是此时的你依然不忍心放弃 A 公司，因为 A 公司的企业愿景非常吸引人，对于正在不断扩张的企业来说，其现金流状况差点似乎也能被理解。因此，你将它放过了第二道筛子，但是少安毋躁，A 公司还要继续经历考验。

　　第三道筛子是毛利率。2011—2015 年，A 公司的毛利率呈现非常明显的下降趋势。2013 年公司的毛利率跌破了 30%，到了 2014 年、2015 年时甚至只剩下 14% 了。A 公司的毛利率并不像一家典型的高科技公司，和其高增长的营业收入产生了鲜明的对比。从毛利率上看，它陷入了"增收不增利"的境地（见图 16-4）。

　　这时候就会有人说了："A 公司的战略是不是同小米类似？同样是互联网公司，A 公司以低毛利率的产品铺开市场，提高 A 公司的手机、电视、汽车等终端的渗透率，最终实现自己的生态系统战略。"假设的确如此，它通过了第三道筛子，但是接下来，A 公司还要继续经受净利润的考验。

　　5 年来，A 公司的净利率也呈现明显的下降趋势，2014 年、2015 年，公司的净利率甚至不到 2%，徘徊在亏损边缘，这是一个非常危险的信号。因为

A 公司是在 A 股上市的，A 股对盈利能力要求严格。一旦发生亏损，A 公司将面临退市的风险。虽然我从心底里支持 A 公司的梦想，但我并不愿意用自己的钱包来冒这个险（见图 16-5）。

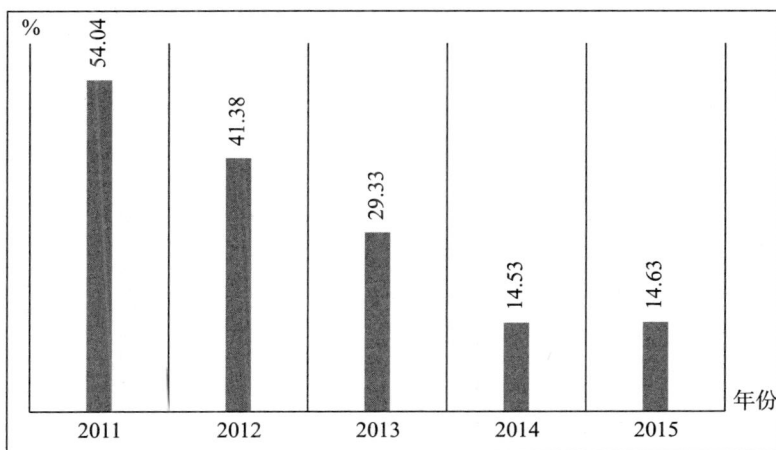

图 16-4　A 公司 2011—2015 年的毛利率情况

资料来源：Wind 数据库。

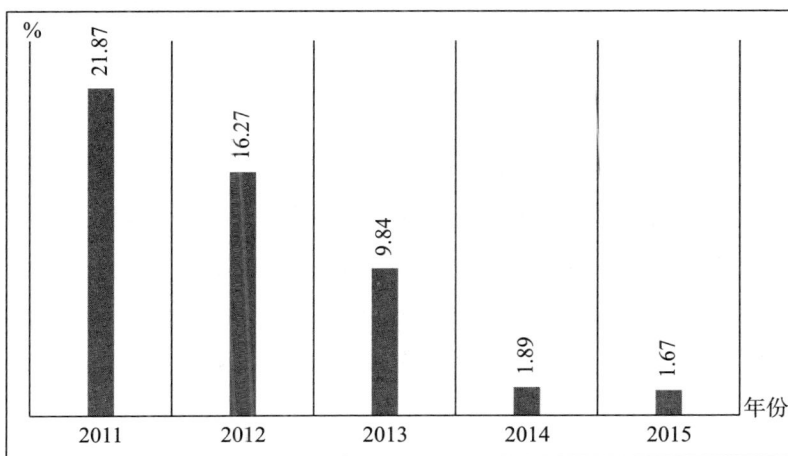

图 16-5　A 公司 2011—2015 年的净利率情况

资料来源：Wind 数据库。

再来看净利润现金含量情况，2012 年、2013 年，A 公司的净利润现金含量都低于 80%，尤其是在 2012 年，A 公司的净利润里有一半是收不到现金的。可是到了 2015 年，A 公司的净利润现金含量却暴增到 403.33%。经营性现金流量净额和净利润指的都是一家公司在日常经营活动中赚到的那个部分，但是由于记录方法不同，二者之间存在少许差异，太剧烈的变动或者太大的差异都值得我们加以注意（见图 16-6）。

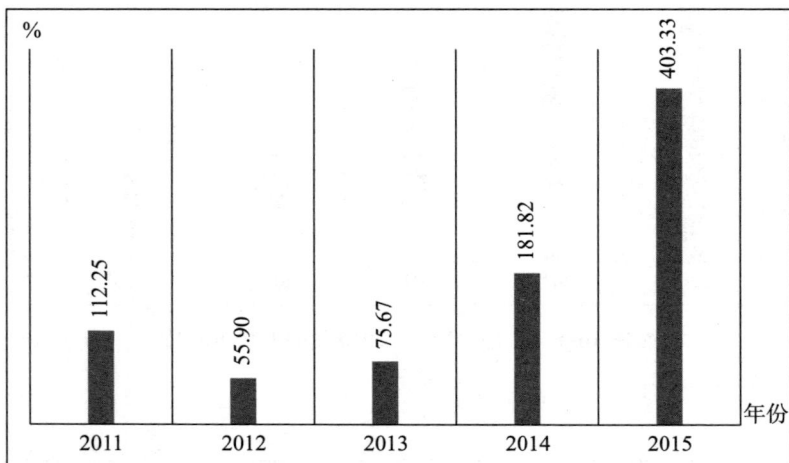

图 16-6　A 公司 2011—2015 年净利润现金含量情况

资料来源：Wind 数据库。

我们继续来查看 A 公司的负债情况。2011—2015 年，A 公司的有息负债率都超过了 22%，在 2012 年、2013 年，其有息负债率甚至超过了 36%。不稳定的现金收入比率和净利润现金含量告诉我们，A 公司的现金流状况不好，而有息负债率则佐证了这一结论，A 公司需要从外部大量融资来弥补经营性现金流量金额不足的问题，并以此支撑自己的扩张（见图 16-7）。

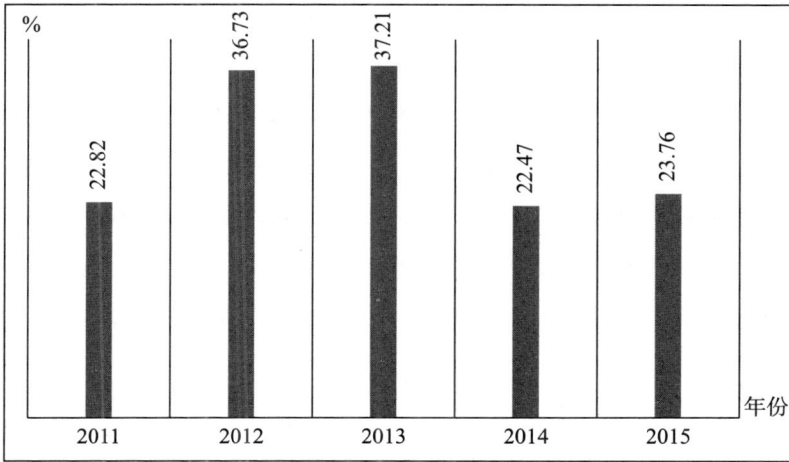

图 16-7　A 公司 2011—2015 年的有息负债率情况

资料来源：Wind 数据库。

有息负债并不可怕，关键要看公司的偿债能力如何。2011—2015 年，A公司的"现金及其等价物 / 带息债务"值都不到 1，也就是说，A 公司的负债并不存在安全边际（见图 16-8）。

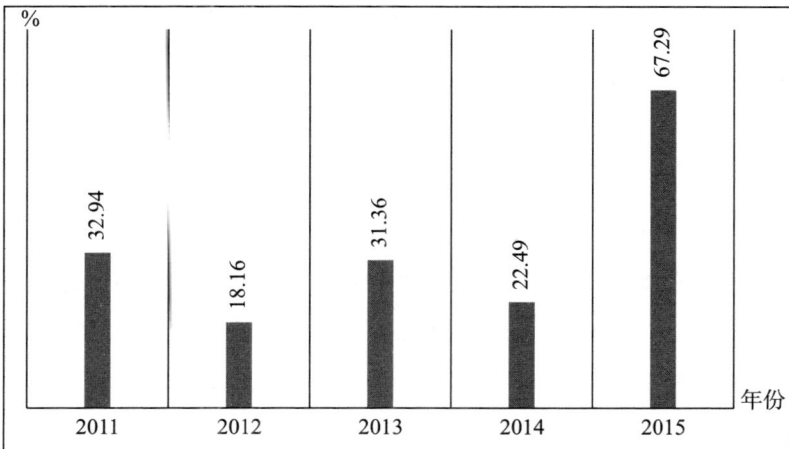

图 16-8　A 公司 2011—2015 年的"现金及其等价物 / 带息债务"指标情况

资料来源：Wind 数据库。

不过，应该有读者注意到了，A 公司的有息负债率最近两年间是在下降的，这是否意味着 A 公司的债务状况在改善呢？

从整体的杠杆率上看，A 公司 2013 年的权益乘数是 2.65 倍，在 2014 年其权益乘数甚至高达 4.45 倍，也就是说，A 公司整体上的杠杆率其实是在增加的。这也意味着 A 公司最近两年有息负债率下降并非分子端的有息负债下降所导致，而是其权益乘数本身在提高，分母端总资产增加所致。从绝对数上看，A 公司最近两年的带息债务还增加了不少，只是增速不如总资产快（见图 16-9）。

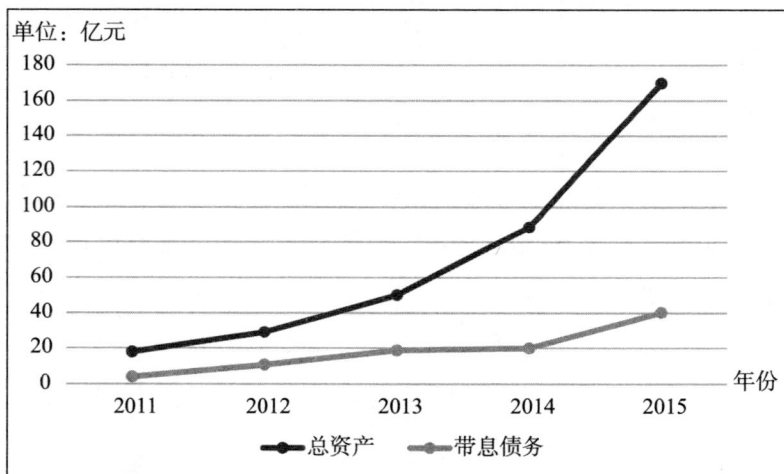

图 16-9 A 公司 2011—2015 年的带息债务和总资产增长的对比情况
资料来源：Wind 数据库。

现在我们可以对 A 公司做出一个大致判断了。为了支撑公司的大步扩张，它不得不想办法获得大量现金流，然而，它的经营性现金流很差，只能通过债务融资获得筹资性现金流。但是它的现金及其等价物又无法覆盖有息负债，这就像两只手扯着一根脆弱的巧克力棒，稍有不慎巧克力棒就会被折断。为了实现那个令人窒息的梦想，A 公司可谓"在刀尖上跳舞，"我们先别管它这一伟大梦想了，这样的财务状况很难支撑起 A 公司的野心，恐怕它会倒在追梦的路上。再看看 A 公司 2016 年高达 200 倍的市盈率，投资者还是考虑及时止损吧。

进行风险控制远比盈利来得重要，不赚钱也比踩到雷要好。七步成诗法就像一套纪律，你可以通过坚守纪律规避风险，但是你也有可能因过于刻板而错失一些机会。

从 2016 年开始，恒瑞医药的净利润现金含量连年下降，在 2020 年降到了 50% 左右，如果你用七步成诗法来研究恒瑞医药，有可能将它排除在股票池外（见图 16-10）。

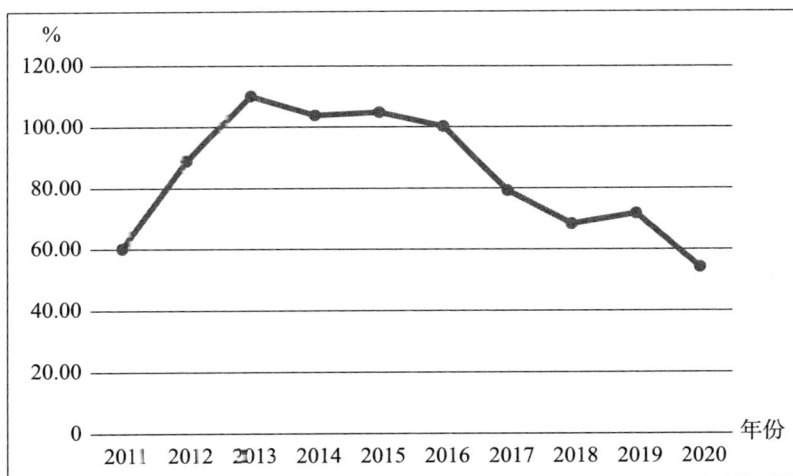

图 16-10　恒瑞医药 2011—2020 年的现净利润现金含量情况

资料来源：Wind 数据库。

但是从 2016 年开始，恒瑞医药走出了一个不错的行情，从每股十几元涨到最高点 97.16 元。但是没关系，即使错过了恒瑞医药，你也可以从另外 4000 多家公司中寻找机会。抓住机会只须足够的耐心和努力的研究，但是一次侥幸心理却有可能让你掉入深渊（见图 16-11）。

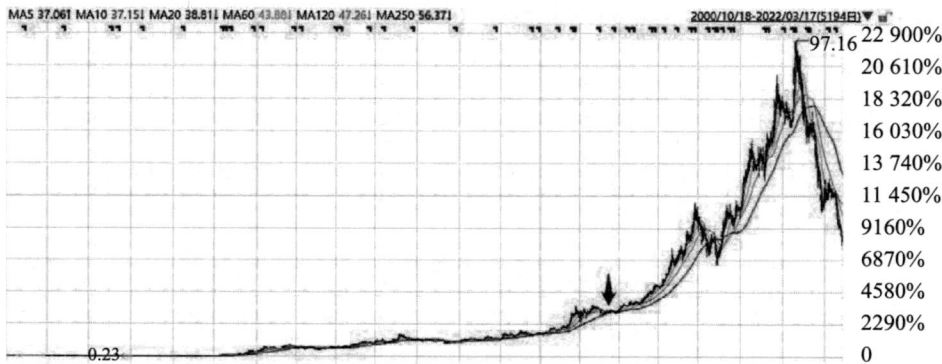

图 16-11　恒瑞医药上市以来的股价走势图，箭头处为 2016 年

资料来源：Wind 数据库。

事中阶段：看大数字

A 公司即使通过了事前阶段的七个筛子，在接下来的事中阶段，它还要继续接受考验。

事中阶段是阅读财务报表本身，财务报表虽然有三张，但是我们真正需要重点分析的只有资产负债表。在事前阶段，我们已经考察过公司的盈利能力了，利润表的关键数据我们也已经在事前阶段大致地分析过了，现金流量表的造假成本和难度都比较高，而资产负债表科目最多、最复杂，能被动手脚的地方也最多。

此外，资产负债表在三张报表中起到桥梁作用，利润表中收入和盈利的增加会导致净资产的增加，现金流量的增加也会导致货币资金的增加，其他报表的变化都会在资产负债表中得到反映。所以，任何财务问题都将在资产负债表上留下痕迹。

现在让我们回到 2016 年，此时的 A 公司还在停牌中，你战战兢兢地打开了最新发布的 2015 年的资产负债表，开始寻找大数字。

先看流动资产部分。较为明显的大数字为 27.3 亿元的货币资金、42.69 亿元的应收款项（含应收票据、应收账款）和 11.39 亿元的存货。数字越大，影响越大，A 公司最大的资产是应收款项，占总资产的 25%（见表 16-1）。

表 16-1　A 公司 2015 年的资产负债表（流动资产部分）

单位：亿元

项目	2015.12.31
流动资产：	
货币资金	27.30
应收票据及应收账款	42.69
预付款项	5.18
其他应收款（合计）	1.66
存货	11.39
其他流动资产	2.90
流动资产合计	91.12

资料来源：Wind 数据库。

　　资产结构就是一张资产负债表中各类资产科目的构成和占比。应收款项虽然被视为资产，但是它代表的是下游客户对你的欠款，应收款项越多，就意味着你对下游的话语权较弱，应收款项不仅影响现金流，而且可能产生信用减值损失。A 公司居然有 25% 的资产来自应收款项，这不禁让人捏了把汗。

　　再看非流动资产，最显眼的大数字是 48.8 亿元的无形资产，占总资产的比重约为 29%。从明细上看，无形资产主要由大量的影视版权构成，版权大约值 43.6 亿元（见表 16-2）。

表 16-2　A 公司 2015 年的资产负债表（非流动资产部分）

单位：亿元

项目	2015.12.31
非流动资产：	
可供出售金融资产	1.60
长期股权投资	0.10
固定资产（合计）	6.29
无形资产	48.80

（续表）

项目	2015.12.31
开发支出	4.24
商誉	7.48
长期待摊费用	0.01
递延所得税资产	5.06
其他非流动资产	5.12
非流动资产合计	78.70
资产总计	169.82

资料来源：Wind 数据库。

　　这里也是有问题的。A 公司旗下有一个视频网站，因此它需要购买大量影视版权，但是无形资产存在很大的调整空间，而且内容产品存在众口难调的问题，同样一部影片，A 公司的编辑可能会觉得好看，但是观众却不一定觉得。如果 A 公司的这些影视作品最终不受市场欢迎，A 公司将不得不进行资产减值，而资产减值损失要被从利润表扣除，由股东来承担。

　　从资产端的大数字上看，A 公司的资产结构让人觉得不踏实。流动资产的最大项是下游客户的欠款，非流动资产的最大项是看不见、摸不着的影视版权，而这两项资产都容易产生减值损失。

　　继续看流动负债。流动负债里数值比较大的科目主要是 17.35 亿元的短期借款、32.31 亿元的应付款项和 17.33 亿元的预收款项（见表 16-3）。

表 16-3　A 公司 2015 年的资产负债表（流动负债部分）

单位：亿元

项目	2015.12.31
流动负债：	
短期借款	17.35
应付票据及应付账款	32.31
预收款项	17.33
应付职工薪酬	0.05

（续表）

项目	2015.12.31
应交税费	5.78
其他应付款（合计）	0.72
一年内到期的非流动负债	0.99
流动负债合计	74.53

资料来源：Wind 数据库。

负债和所有者权益表示资产的来源。A 公司有约 27 亿元的货币资金，但是其中约有 17 亿元为短期借款，也就是说，真正属于 A 公司的净现金只有 10 亿元。A 公司的应收款项是 42 亿元，如果客户一直拖欠账款，A 公司的资金链就岌岌可危了。

继续看非流动负债和所有者权益。明显的数值比较大的科目是约为 19 亿元的应付债券和 34.71 亿元的其他非流动负债。一旦"其他"类的数字很大，我们就不得不深究其中原因了（见表 16-4）。

表 16-4　A 公司 2015 年的资产负债表（非流动负债和净资产部分）

单位：亿元

项目	2015.12.31
非流动负债：	
长期借款	3.00
应付债券	19.01
长期应付款（合计）	0.35
递延所得税负债	0.06
递延收益–非流动负债	0.01
其他非流动负债	34.71
非流动负债合计	57.14
负债合计	131.67
所有者权益（或股东权益）：	
实收资本（或股本）	18.56

（续表）

项目	2015.12.31
资本公积金	5.49
其他综合收益	0.28
盈余公积金	1.79
未分配利润	13.16
归属于母公司所有者权益合计	39.28
少数股东权益	−1.13
所有者权益合计	38.15

资料来源：Wind 数据库。

查询 A 公司 2015 年的年报，我们会发现 A 公司的其他非流动负债主要为老板夫妇的借款。通常说来，上市公司若有足够的信誉，它便能够方便地向资本市场或金融机构借款，我们很少看到上市公司向自然人借钱的情况。A 公司居然要向老板夫妇借大量的钱款，这是 A 公司极其"缺钱"的信号。

我们可以研究一下海天味业的资产负债表，来对比 A 公司和海天味业在资产结构上的差异。

在海天味业 2015 年的资产负债表中，有约为 45 亿元的现金、约为 10 亿元的存货以及约为 16 亿元的其他流动资产，这样的资产结构是合理的。首先，现金多是好事，充裕的现金意味着公司有足够的安全垫。对于一家消费品公司来说，存货多也是正常的，若不先将酱油生产出来，就不可能产生营业收入。

但是海天味业也是存在异常值的，那就是有价值 16.41 亿元的其他流动资产。从年报中我们可以知道，这部分资产主要由 15 亿元的银行理财产品构成，这并没有什么问题（见表 16-5）。

表16-5 海天味业 2015 年资产负债表（流动资产部分）

单位：亿元

项目	2015.12.31
流动资产：	
货币资金	45.19
预付款项	0.07
其他应收款（合计）	0.08
存货	10.00
其他流动资产	16.41
流动资产合计	71.75

资料来源：Wind 数据库。

接着看非流动资产。这里数值较大的科目为 32.64 亿元的固定资产，其中多为厂房、机器设备之类的资产以及不到 8 亿元的在建工程。海天味业需要建设用于生产酱油的工厂，所以这也是很正常的（见表16-6）。

表16-6 海天味业 2015 年资产负债表（非流动资产部分）

单位：亿元

项目	2015.12.31
非流动资产：	
可供出售金融资产	0.00
投资性房地产	0.06
固定资产（合计）	32.64
在建工程（合计）	7.87
无形资产	1.44
商誉	0.17
递延所得税资产	0.99
其他非流动资产	0.06
非流动资产合计	43.23
资产总计	114.98

资料来源：Wind 数据库。

最后是负债和所有者权益，这里需要注意约为 11 亿元的预收款项，这是企业在经营过程中必然会产生的无息负债。此外，海天味业并无短期、长期借款，几乎不存在有息负债，因此公司偿债压力较小（见表 16-7）。

表 16-7　海天味业 2015 年资产负债表（负债和净资产部分）

单位：亿元

项目	2015.12.31
流动负债：	
应付票据及应付账款	5.85
预收款项	11.19
应付职工薪酬	2.76
应交税费	2.71
其他应付款（合计）	4.46
其他流动负债	0.07
流动负债合计	27.04
非流动负债：	
递延收益－非流动负债	0.43
非流动负债合计	0.43
负债合计	27.47
所有者权益（或股东权益）：	
实收资本（或股本）	27.06
资本公积金	13.34
减：库存股	1.09
其他综合收益	0.05
盈余公积金	8.27
未分配利润	39.88
归属于母公司所有者权益合计	87.51
所有者权益合计	87.51

资料来源：Wind 数据库。

从资产负债表的几个大数字中，我们发现 A 公司在资产端形成减值损失的概率极大，而负债端更是佐证了公司存在缺钱的问题。此时此刻，我们并不知道 A 公司是否造了假，或者是否存在一些别的问题，但是脆弱的资产结构和庞大的债务已经预示了大厦将倾。若是觉得这条路很危险，你只须绕道走便是。

事后阶段：再问自己一次

现在，想必你已经阅读完 A 公司的财务报表了，你会将它列入哪一个类别？

- 确定好的公司。
- 确定不好的公司。
- 看不懂或拿不定主意的公司。

A 公司确定好吗？我看未必。那么结论很明显了，将 A 公司划掉便是。

A 公司确定不好吗？现在看来确实如此，但是在 2016 年，绝大多数人应该会选择"看不懂或拿不定主意"这个选项。只要一家公司超出了你的能力圈，就意味着公司中有你看不到或无法理解的风险，最终可能就是这些风险导致你的亏损。因此，只要不是确定好的公司，我们就应将其排除在投资池外。

"差错不能算造假！"

B 公司是曾经的医药明星，主要生产中药饮片。2016 年，B 公司的总市值突破 800 亿元，2017 年突破了 1000 亿元，力压复星医药、白云山等，一时备受关注。然而在 2018 年 12 月，B 公司突然被证监会立案调查。

2019 年 4 月，B 公司发布公告说财报出现了"差错"，导致 2017 年的营业收入虚增 88 亿元，货币资金更是虚增 300 亿元！消息一出，投资者又惊呆了，这么大的数字怎么能出差错？300 亿元现金说没就没了？

面对投资者的质问，B 公司的老板说道："差错不能算造假，差错，写错字的事，能算造假吗？"

又过了几个月，证监会一锤定音：B 公司确实存在财务造假，如今 B 公司的总市值只剩下 100 多亿元了，而且已经戴上了 "*ST"[①] 的帽子，离退市仅一步之遥。从 1000 亿元到 100 亿元，令人咋舌。

2021 年 1 月 29 日，证监会官网发表了一篇文章——《2020 年证监稽查 20 起典型违法案例》，B 公司被作为反面教材。可见，B 公司事件的影响比较恶劣，许多投资者被好好上了一课。

假设你身处 2018 年 9 月

你正身处 2018 年 9 月，B 公司的股价刚刚从历史最高点 27.81 元掉到 26 元左右的位置（见图 16-12）。虽然 B 公司还是大多数人眼中的"白马股"，但是当前市场对 B 公司的争议声越来越大了。有的人认为，现在是难得的"黄金坑"，要赶紧加仓，但也有越来越多的声音认为，B 公司涉嫌财务造假。

图 16-12　B 公司上市以来股价走势图，箭头处为 2018 年 9 月

资料来源：Wind 数据库。

---

① *ST：沪深交易所在 1998 年 4 月 22 日宣布，将对财务状况或其他状况出现异常的上市公司股票交易进行特别处理（Special Treatment），这类股票便被称为 ST 股票。财务状况或其他状况出现异常主要指两种情况，一是上市公司经审计连续两个会计年度的净利润均为负值，二是上市公司最近一个会计年度经审计的每股净资产低于股票当期面值。——编者注

虽然 B 公司现在（2018 年 9 月）尚未发布 2018 年的年报，但是你依然可以看到它 2017 年及以前的年报和 2018 年的半年报。现在，你需要对 B 公司的财务报表进行分析，从而做出自己的判断。

事前阶段：七步成诗法

B 公司最近 5 年（2013—2017 年）的扣非 ROE 约为 16%，但是呈现较为明显的下降趋势。2013—2015 年，B 公司的 ROE 都大于 15%，2016 年、2017 年降至 14% 左右。从 ROE 的数据上看，B 公司只是业绩出现了波动，但还称不上一家出现问题的公司（见图 16-13）。

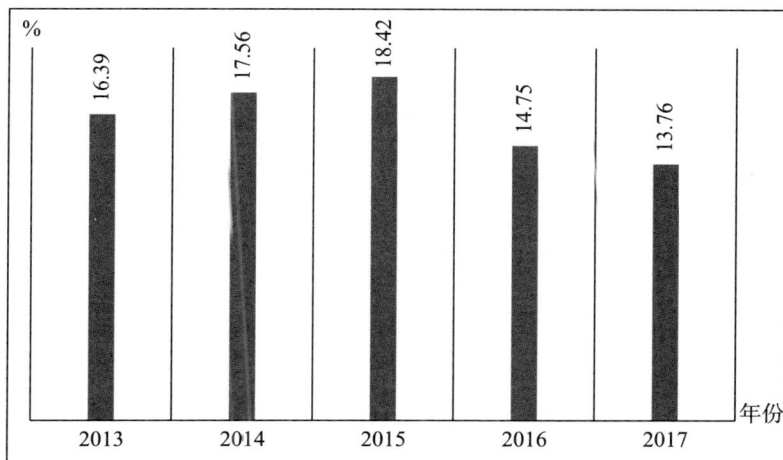

图 16-13　B 公司 2013—2017 年的扣非 ROE 情况

资料来源：Wind 数据库。

从现金收入比率上来看，B 公司表现也非常不错，2013—2017 年的数据都超过了 100%（见图 16-14）。

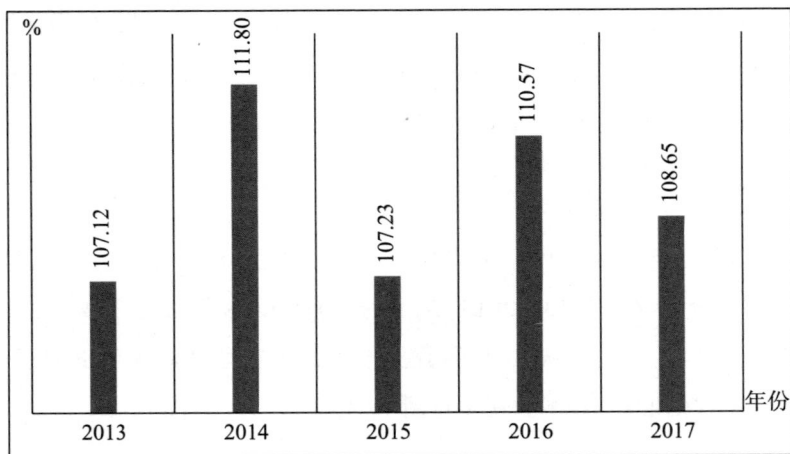

图 16-14　B 公司 2013—2017 年的现金收入比率情况

资料来源：Wind 数据库。

　　B 公司 2013—2017 年的毛利率和净利率也比较稳定。毛利率维持在 30% 左右，而净利率则一直维持在 15% 左右。

　　但是在与同行对比的过程中，我们发现了一个异常现象：B 公司的毛利率比行业平均水平高出近一倍（见图 16-15）。

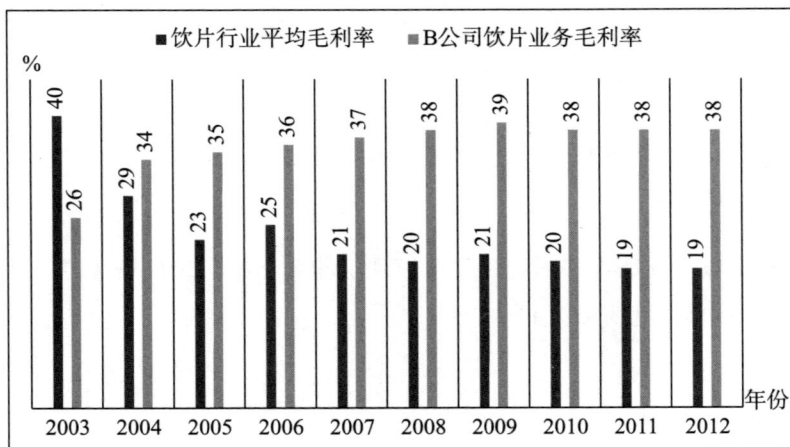

图 16-15　B 公司 2003—2012 年与全行业的平均毛利率对比情况

资料来源：Wind 数据库。

从直观感觉上，我们可能会认为这是因为 B 公司的产品竞争力远超过同行，因此它能够获得更高的溢价权，但是从定性的角度去看这个问题是不符合逻辑的。B 公司的主要产品是中药饮片，此类产品并不容易产生差异化，也并不存在太高的壁垒。B 公司的产品也并非稀缺品种，多为山药片、金银花、枸杞汁之类的常见产品。在成本相同的情况下，B 公司要卖得比竞争对手贵一倍才能获得如此高的毛利率，然而对于缺乏差异性的产品而言，下游客户完全可以到价格更低的竞争对手处采购，因此 B 公司的高毛利率在逻辑上是说不通的。

另一个可能性在于成本优势，即售价相同的产品，B 公司能够获得比同行便宜一半的原材料。但是这个说法也不符合常理，因为中药饮片的上游是农产品，成本难以被拉开如此大的差距。

在以上的分析中，我们并没有找到 B 公司造假的证据，只是看到了异常数据，并且无法从逻辑上去解释它。但你也不需要找到明确的证据，只要发现公司出现了异常值，且这一数值在逻辑上说不通，即可将公司排除在股票池外。

净利润现金含量是最容易暴露问题的指标。除了 2013 年，B 公司的净利润现金含量都低于 50%，尤其在 2015 年，B 公司的净利润现金含量低至 18.46%（见图 16-16）。

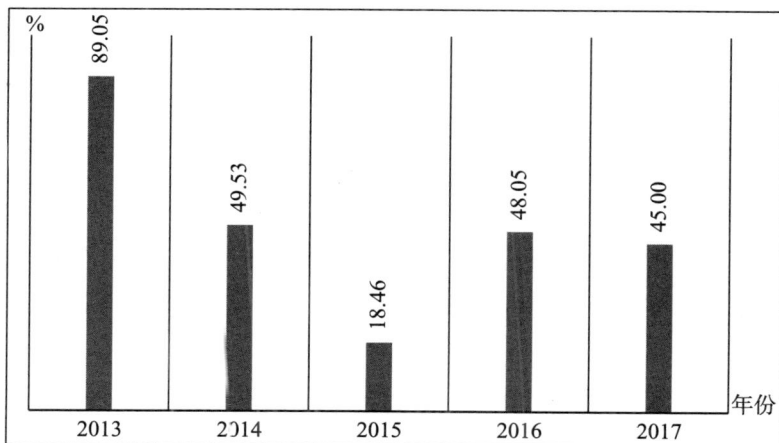

图 16-16 B 公司 2013—2017 年的净利润现金含量情况

资料来源：Wind 数据库。

有的公司存在业务跨年度确认的情况，权责在今年发生，被确认为净利润，但是现金收付事项在第二年发生，只能延迟确认收入，这就会导致今年的现金流很低，但是第二年的现金流很高的现象。B公司的净利润现金含量已经连续四年处于低位，我们只能得出一个结论：B公司并没有赚到钱。回到当下，投资者已知道B公司虚增了营业收入，导致利润虚高，但是在2018年，我们不一定能找得到造假的具体原因，但一些异常数据已经足以说明问题。

从周转能力上看，B公司的存货周转率和应收账款周转率都呈现下降趋势，其中2017年的存货周转率和2013年的相比已经下降了一半多。如果你把时间拉长到10年，会发现公司的周转率下降得更为明显（见图16-17）。

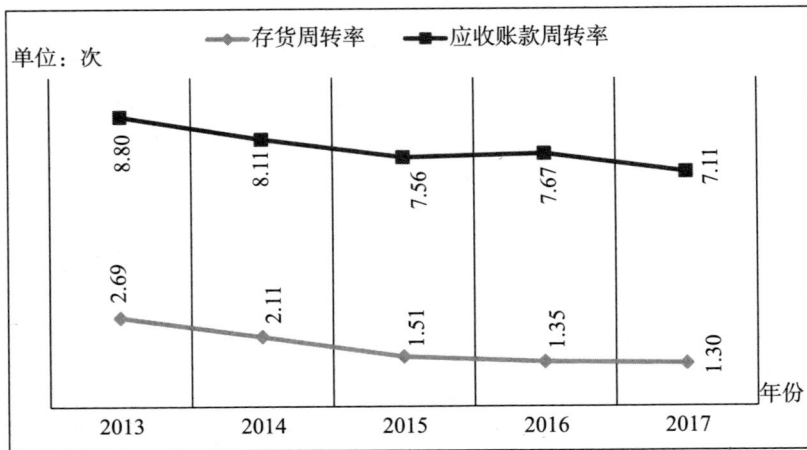

图16-17　B公司2013—2017年的存货周转率和应收账款周转率情况

资料来源：Wind数据库。

B公司2017年的资产负债表上有150余亿元的存货，事后我们才知道，其实际上的存货高达350亿元。也就是说，B公司在2017年的实际存货周转率只有0.5次，而不是图16-17显示的1.3次。它的产品销路其实已经出现了一点问题，当然在2018年，我们无法发现这一问题。

通过七步成诗法，我们发现了两个异常值，一个是逻辑无法解释的高毛利率，另一个是在2014—2017年中，不到50%的净利润现金含量。如果我们坚守纪律，在该环节即可以将 B 公司排除在外。

事中阶段：看大数字

在 B 公司 2017 年的资产负债表上，较为明显的大数字包括约为 46 亿元的应收款项和约为 11 亿元的预付款项，都达到 10 亿级，但是更显眼的是高达百亿级的货币资金和存货（见表 16-8）。

表 16-8　B 公司 2017 年的资产负债表（流动资产部分）

单位：亿元

项目	2017.12.31
流动资产：	
货币资金	341.51
应收票据及应收账款	46.18
预付款项	11.30
其他应收款（合计）	2.28
存货	157.00
其他流动资产	6.52
流动资产合计	564.79

资料来源：Wind 数据库。

事后人们知道，这 300 多亿元的货币资金是假的。B 公司伪造了 × × 银行的 300 亿元存款凭证，但是当下，我们无法通过年报中的货币资金明细发现问题。

但是任何造假都难免留下蛛丝马迹。B 公司的负债端有 113.7 亿元的短期借款和 83.07 亿元的长期债券，合计高达 196.77 亿元，也就是出现了"存贷双高"的异常现象：一家手握几百亿元货币资金的公司，为什么还要向银行借将近 200 亿元呢？从它公布的资产负债表上看，B 公司扣除借款后的净现金有约 100 亿元，这并不妨碍它的正常运作。因为有息负债会产生利息成本，现金充裕的公司并不需要，也不愿意借款。除非 B 公司能从银行处借入利率极低的钱，或者和格力、美的一样，借钱的目的是规避汇率波动（见表 16-9）。

277

表 16-9　B 公司 2017 年的资产负债表（负债部分）

单位：亿元

项目	2017.12.31
流动负债：	
短期借款	113.70
应付票据及应付账款	21.04
预收款项	17.28
应付职工薪酬	1.08
应交税费	6.92
其他应付款（合计）	21.06
一年内到期的非流动负债	25.00
其他流动负债	50.00
流动负债合计	256.08
非流动负债：	
应付债券	83.07
长期应付款（合计）	18.00
递延收益–非流动负债	8.72
非流动负债合计	109.79
负债合计	365.87

资料来源：Wind 数据库。

可是当我们在年报中查看借款的明细时，会发现 B 公司的融资成本并不低。短期融资的成本大约是 5%，而债券的利率高达 6%，很显然，B 公司根本无法通过债务融资获得低成本的资金。年报中也披露了营业收入的地区结构，B 公司几乎没有海外业务，更不可能像格力一样借款是为了规避汇兑损失。更让人怀疑的是，B 公司通过发行债券募集到的 25 亿元中，有 15 亿元是用来向银行还款的，剩下的 10 亿元则是用来补充流动资金的。B 公司有 300 余亿元的货币资金，却会为了偿还 15 亿元的债务，通过"拆东墙补西墙"的方式借入 25 亿元，这就更加说不通了。

在事中阶段，我们也没有找到 B 公司造假的证据，仅仅发现了异常数据，找不到其中的逻辑，既然如此，我们绕道走即可。

事后阶段：再问自己一次

你认为 B 公司是确定好、确定不好，还是拿不定主意的类型？想必它至少不会是 "确定好" 类型的公司。

B 公司的造假案例之所以如此经典，甚至被记录在证监会的网站上，就是因为案例涉及巨大的数额和娴熟的造假手法。其间，不少专业分析师都没有发现这一问题，而是一路唱多。一些冷静的投资者也只能怀疑财报上有不合理的地方，但找不到相关证据。

正因为没有证据，2019 年 4 月，B 公司的老板在接受采访时辩解道 "差错不能算造假"；2019 年 6 月，B 公司在回复证监会的问询函时道："我们的指标很正常，不要总是怀疑我们"，然而不久之后，B 公司便东窗事发。

如果现在是 2018 年 9 月，你还来得及止损。

第五部分

高阶技巧

第 17 章　如何通过招股书评估公司的投资价值 [1]

资本市场从短期来看是投票机，但是从长期来看是称重机，优秀的公司总有一天会被市场认可。你要做的是找到有价值的公司，在合适的价格买入它的股票并长期持有，时间的复利自然会让你的资产不断增长。

打开贵州茅台、五粮液等知名公司的 K 线图，你会发现一个共同的特征：虽然短期波动不可避免，但是它们的股价从上市至今总体呈现上升趋势，短期波动只是"大白马"们奋斗路上遭遇的小小挫折而已。

招股说明书（以下简称"招股书"）是拟上市公司就募股事项发布的公告，它的内容涵盖了行业分析、企业分析、财务报表、企业战略、未来展望等，可谓一份非常全面的商业计划书和行业、企业分析报告。在招股书中，你能了解较为全面的关于该公司所在行业的状况，包括我们在第 10 章中提到的市场规模、渗透率、竞争格局等，以及公司的竞争优势。如果我们能够从招股书上发现该公司满足好行业、好生意、好财务数据三大条件，我们即可等待价格合适的时候建仓并长期持有。长期来看，好公司的股价一定是往上

---

[1] 本章所有公司案例仅为展示招股书分析方法，内容不构成投资建议，已隐去公司具体名称；本章所列举的数据均来自上市公司公开发行的股票招股说明书；所有涉及数据分析的内容均基于以往年度真实数据，不构成趋势预测。——编者注

走的。

　　W 医疗于 2018 年 10 月上市，上市当天的开盘价是 57.55 元，到了 2021 年 7 月，公司的股价已达到 500 元，短短 3 年涨了将近 10 倍，中间虽然有波动，趋势却一直向上。上市以后有如 W 医疗这般涨势的公司并不在少数（见图 17-1 ）。

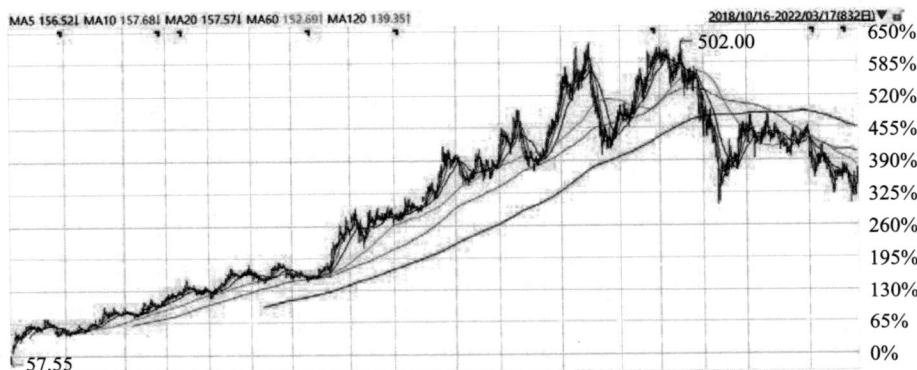

图 17-1　W 医疗上市后 3 年的股价走势图

资料来源：Wind 数据库。

　　我们可以在巨潮资讯网上查看公司的招股书及相关信息，在巨潮资讯网顶部导航栏选择"资讯 – 新股发行"，就能进入图 17-2 所示的新股列表，该页面列出了最近即将上市的所有新股的信息，点击相应名称后即可阅读其招股说明书或意向书。你可以定期访问该页面，适当关注自己感兴趣的新股。

　　本章将以财务分析为核心，结合对行业和企业竞争优势的定性分析，讲解如何通过招股书评估拟上市公司的投资价值。如果我们能在上市之初就把具备好行业、好生意、好财务数据的公司挖掘出来，就能利用时间复利享受资产的增值。

图 17-2　巨潮资讯网新股发行页面

资料来源：巨潮资讯网。

经济世界与物理世界存在相似性，几个小球以不同的速度向前滚动，只要没有外力的作用，小球的运动速度和轨迹都将保持不变，运动速度最快的那个小球将和其他小球逐渐拉开差距，这就是物理世界中的"马太效应"。虽然经济世界不可能像物理世界一样纯粹，存在许多不确定性，但是从概率论的角度看，行业龙头强者恒强亦是大概率事件。如果一家公司在上市之前就已经是行业龙头，那么上市只是小球滚动过程中的一座小小的里程碑而已，无论是否拥有这座里程碑，小球还是那个小球，还是一样的速度，和其他小球还是会持续拉开差距。如果小球正处于很好的赛道上，小球本身已经是赛道里的前三名且具备明显的竞争优势，那么我们可以考虑买入并耐心持有。

招股书是由卖方来写的，可被视为券商为卖股票而写的推销信，所以会呈现强烈的"带节奏"倾向。比如大多数公司在陈述自己的竞争劣势时总是如此描述，"我们的竞争劣势就是规模太小了"或"我们的劣势就是公司发展太快，管理能力没有跟上"，读者要能够识别这种明贬暗褒的言辞。此外，许多公司在描述自己的竞争优势时，可能会罗列许多称不上竞争优势的因素，也就是我们在第 10 章说到的缺乏稀缺性的伪竞争优势，即使是一个不知名的品牌亦可称："本公司的竞争优势之一就是品牌优势"，它可能得过一些不太知名的奖项，然而这些奖项并不足以让它建立起足以抗衡竞争对手的品牌竞争力，这就需要读者具备独立思考的能力，不能尽信招股书中的说辞。虽然如此，我们并不能够否认招股书本身的价值，由于法律有相关规定，招股书中的数据和陈述都必须是客观、公正、有权威来源的，招股书和年报中的数据都很有参考价值。

对于普通投资者而言，最具确定性的方法是投资已经是行业龙头的那些公司。行业龙头往往不是在上市的那一刻突然诞生的，上市只是它的一个里程碑，而且龙头上市后还有可能利用资本市场的力量提高发展速度，进一步拉开和其他竞争对手的差距。我们阅读招股书的目的就是找出这样的公司。

"如何阅读招股书"是一个很大的话题，本章只能分享一个粗略的分析框架。读者可依据这个分析框架学会如何从招股书中快速判断一家公司的投资价值，并在今后的实践中积累一些经验，以便建立起自己的研究体系。

为了方便讲解，本章将以 W 医疗的招股书为例。在第 18 章中，笔者将分享一个亲身经历过的案例。

第一好：好的财务数据

好的财务数据是一家公司可以被称为好公司的必要不充分条件，公司的经营成果最终都要体现在财务报表上，如果一家公司一直无法取得良好的财务数据，那么我们就可以将它排除在外。

由于一家公司在上市前必须披露过往三个会计年度的数据，所以 W 医疗于 2018 年 10 月发布招股书的时候，我们依然能获得该公司 2015—2017 年的财务数据。

问财无法查到一家公司上市前的非经常性损益，因此我们可用不扣非的 ROE 来做近似替代。从最近三年（2015—2017 年）的数据来看，W 医疗的 ROE 呈现显著上升的趋势，从 10% 上升到了上市前一年（2017 年）的 47%。一般来说，超过 20% 的 ROE 已是凤毛麟角，超过 40% 的 ROE 更是罕见（见表 17-1）。

表 17-1　W 医疗上市前 3 年的 ROE 情况

加权净资产收益率（%）	2017.12.31	47.00
	2017.06.30	—
	2016.12.31	28.00
	2015.12.31	10.00

资料来源：问财。

　　一家公司在上市前一年 ROE 高一些是必要的，因为公司上市后会募集到大量资金，从而使净资产增加，然而将这些资金利用起来并产生盈利是需要时间的，所以一家公司在上市那一年以及后几年的 ROE 往往会下降，随着盈利的实现，ROE 会回升，这是正常现象。上市前拥有高 ROE 的公司可以获得 ROE 下跌的缓冲垫，比如 W 医疗 2019 年的 ROE 便从 47% 下降到了 27.91%，但由于 W 医疗上市前的 ROE 很高，上市后 ROE 依然维持在了 20% 以上。

　　接着，我们可以用七步成诗法对 W 医疗的财务数据进行分析：现金收入比率常年在 1.1 以上；毛利率常年大于 60%，而且呈现上升趋势；净利率也在不断地提升，2015 年时大约是 11%，到了 2017 年便提高到了 23%，净利润现金含量和扣非净利润占比也没有问题；总资产周转率、应收账款周转率在逐渐提高；权益乘数正常。

　　但是在调查 W 医疗的杠杆率时，我们会发现它借了带息债务，2015—2017 年的有息负债率分别为 15%、28%、14%。2017 年，公司的"现金及其等价物/带息债务"值为 2.5，表明其虽然存在带息债务，但有较大的安全性。

　　为什么 W 医疗会有带息债务呢？招股书中并没有披露详细信息。事实上，非上市公司有带息债务是非常正常的，因为一家公司在上市之前的融资渠道是有限的，尤其在缺乏股权融资渠道时，债务融资就会成为非上市公司最主要的资金来源之一。一旦公司上市，有了从资本市场进行直接融资的渠道，债务融资的比重就会下降。因此我们在对新上市的公司进行分析时，必须具体问题具体分析，考虑两类公司的不同处境，关键要考虑有息负债率的大小以及偿债的安全性。事实上，W 医疗在上市之后，就把借款都还清了。

第二好：好行业

关于行业和生意的信息都被写在招股书的"业务和技术"章中，这也是整本招股书中最重要的部分（见表 17-2）。

表 17-2　W 医疗招股说明书的目录，第六节为"业务和技术"部分

资料来源：巨潮资讯网。

第六节的第二小节"发行人所处行业的基本情况"为对上市公司所在行业的基本分析，这是一篇很系统的行业分析报告，值得我们仔细阅读，有助于我们了解一个行业的基本知识。

我们讲过一个行业最重要的三个指标是规模、渗透率、竞争格局，你可以在这里找到关于这三个指标的信息。

规模：行业的蛋糕有多大，未来会以多快的速度增长到多大

W 医疗招股书中就提到：2016 年全球医疗器械规模约为 3800 多亿美元，2022 年将会超过 5000 亿美元，目前中国的市场规模约为 3696 亿元人民币，未来将继续保持两位数的增长率。由于不同的器械针对不同的适应症，因此医疗器械还可被细分为体外诊断、骨科、心血管等不同领域，各细分领域分别有多大规模，招股书中都进行了详细说明（见图 17-3）。

（4）我国医疗器械市场增长迅速

我国是人口大国，医疗器械行业属于国家重点支持的战略新兴产业，发展前景广阔。伴随着经济的快速发展，我国医疗器械行业增长迅速，行业规模从2006年的434亿元增长至2016年的3696亿元，年均复合增长率约为23.89%。中国医疗器械行业正处于快速发展期。

中国医疗器械行业市场规模（亿元）

图 17-3　W 医疗招股书中关于医疗器械行业规模及增速的信息

资料来源：巨潮资讯网。

渗透率：已经被吃掉的部分有多少，还留下的部分有多少

W 医疗的招股书中并没有直接体现关于渗透率的数据，但是通读行业报告后，你自己也能做出判断。招股书中提到"要逐步提高国产医用设备配置水平"，一些人均医疗资源的数量也要增加，从中可以推断我国目前的人均医疗资源较少（见图 17-4）。

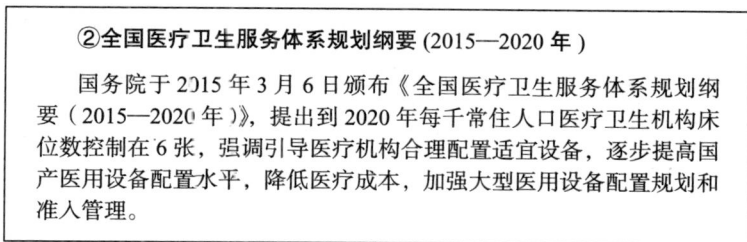

②全国医疗卫生服务体系规划纲要(2015—2020 年)

国务院于 2015 年 3 月 6 日颁布《全国医疗卫生服务体系规划纲要（2015—2020 年）》，提出到 2020 年每千常住人口医疗卫生机构床位数控制在 6 张，强调引导医疗机构合理配置适宜设备，逐步提高国产医用设备配置水平，降低医疗成本，加强大型医用设备配置规划和准入管理。

图 17-4　招股书中关于利好医疗器械渗透率的政策描述

资料来源：巨潮资讯网。

对于招股书中缺乏的数据，你可以从券商的研究报告中获得，可以在发现数据中搜索关于人均医疗资源的数据（如人均呼吸机保有量等）。

在 W 医疗的招股书中，还披露了一条重要信息，政府要求"国产药品和医疗器械能够满足要求的，政府采购原则上须采购国产产品"（见图 17-5）。这意味着产品性能与技术实力能够满足要求的国产医疗器械品牌将优先被采购，也就是所谓的国产替代，因此国产医疗器械品牌渗透率的提高是存在可能性的。

> **④关于促进医药产业健康发展的指导意见**
>
> 国务院办公厅于 2016 年 3 月 11 日发布《国务院办公厅关于促进医药产业健康发展的指导意见》（国办发〔2016〕11 号文），其中有 15 条内容与医疗器械行业有着密切联系。其中，第十三条规定提到，严格落实《中华人民共和国政府采购法》规定，国产药品和医疗器械能够满足要求的，政府采购项目原则上须采购国产产品，逐步提高公立医疗机构国产设备配置水平。

图 17-5　招股书中利好国产替代的政策描述

资料来源：巨潮资讯网。

竞争格局：行业玩家有谁，龙头有继续集中的可能性吗

招股书中也披露了行业格局的情况。医疗器械属于高端制造业，技术壁垒高，供应商主要来自发达国家，前十大公司占据了全球 37% 的市场份额。招股书还披露了医疗器械的行业分层现象：中国公司在中低端领域已经实现了进口替代，而高端器械由于存在技术限制，依然以国外品牌为主。

我们可以梳理出医疗器械行业的投资逻辑：从全球规模来看，医疗行业市场规模可达万亿元级，中国市场为千亿元级且将继续保持两位数的增长率。中国的人均医疗器械保有量低于发达国家，且在国产替代的大背景下，国产品牌的渗透率与市场占有率都将有提高的可能性。目前，国外品牌凭借技术优势占据了中国高端医疗器械的主要市场份额，此时，如果有一家中国公司具备一定的技术实力，那么它就有可能往高端市场渗透，逐渐实现国产替代。从这个逻辑上看，行业格局存在松动的可能性（见图 17-6）。

（三）行业竞争格局及进入本行业的主要障碍

1.行业竞争格局

全球范围夹看，能够生产医疗器械的企业主要集中在美国、欧洲、日本等发达国家和地区，以及中国等发展中国家，其他国家的医疗器械产业相对不发达。

（1）医疗器械行业属于全球范围内集中度较高的行业

2016年，全球前十大医疗器械公司占据37%的市场份额，前三十大医疗器械公司占据63%的市场份额。

2016年全球医疗器械各领域占比

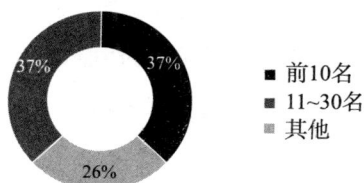

- 前10名
- 11~30名
- 其他

图 17-6　招股书中关于竞争格局的描述

资料来源：巨潮资讯网。

第三好：好生意

这里主要参考招股书中"业务和技术"的第一小节"公司的主营业务、主要产品及变化情况"，以及第三小节"发行人在行业中的竞争情况"。第一小节是关于产品和业务的科普文章，你在这里可以学习到有关产品的基本原理、使用方法、功能等方面的信息；第三小节则讲述了公司的竞争优势，由于招股书的卖方属性，具备竞争优势的公司会在此处花费大量笔墨，但你必须根据自己的逻辑去思考它的合理性，而缺乏竞争优势的公司则容易在此处含糊其辞或尽说空话，文章背后逻辑可能经不起推敲。

W 医疗在第三小节中开门见山地指出自己的行业地位。

可见，W 医疗在上市之前就已经是行业的龙头了，招股书第三章还给出了公司 2016 年的营业收入和归母净利润数据，可以看出其相关数据显著高于其他对比公司。在 2018 年上市的时候，W 医疗依然保持着龙头地位。

特别注意：道德风险

如果一只新股的投资价值这么容易就能被判断出来，为什么很多投资者还是对新股敬而远之？最主要的原因在于存在管理层道德风险，这个风险是我们最难把握的，毕竟我们无法通过招股书来判断管理层的行为作风与人品的好坏。

很遗憾的是，不存在用来判断道德风险的通用有效的方法，有条件的投资者会通过实地考察和面对面访谈的方式进行判断，然而绝大多数人并不具备这样的条件。许多对此感到无能为力的投资者就干脆选择回避新股，把真相交给时间这块试金石。在这一节内容里，笔者将就如何判断道德风险说说自己的看法，仅供参考。

道德风险的成因是人，对公司影响最大的人就是股东和高管（高级管理人员），我们在对道德风险进行判断时，主要应从这两类人入手。

股东：股东的价值观决定了公司的文化

在"概览"的第二小节"发行人股权结构、控股股东及实际控制人情况"中，你可以看到公司的股权结构、股东的背景等情况。股东结构的重要性远大于股权结构，股东的成分将深刻影响一家公司的作风（见图 17-7）。

图 17-7　W 医疗招股说明书的目录，第二节为"概览"部分

资料来源：巨潮资讯网。

道德风险最低的是国资股东，很多投资者熟悉的企业，如贵州茅台、片仔癀等都是国有企业，投资者基本不用担心它们的道德风险问题。福建某位

知名投资人在早些年时只关注国资控股的企业，如青岛啤酒、云南白药等，他认为国有资产有保值增值的责任，因此股价大概率只高不低。

其次是那些你绝对信得过的企业家，他们在长久的时间里积累了良好的声誉，坚持着某种超越利益的价值观，按巴菲特的话说，他们是你"愿意把女儿嫁给他的人"。

接着是有大基金或外资股东的公司，因为大机构、海外基金有较为规范的管理体系，它们在决定是否投资一家公司之前会做出充分、理性的分析，入股后也会形成一种较为规范的约束力。W医疗虽然不是国企，笔者也从未听说过创始人的名字，但是股东中有许多来自香港投资基金公会，国内一线的知名投资机构也参与了投资，因此有着较好的背书。

家族企业因为缺乏有效约束，可能存在较大的道德风险，但我们不能一概而论。家族成员之间存在较强的利益绑定，容易造成利益分配的倾向性，普通投资者并非利益集团成员，可能会因此遭受损失。家族企业的管理层会在许多方面体现出对家族成员的利益倾向性，比如老板让刚毕业的儿子担任要职，没有考虑任职者的能力和经验，此举大概率会影响公司的管理效率。好的管理层应该任人唯贤而不是任人唯亲，应该把公司的整体利益放在家族利益之上。

最难判断的是那些既没有大基金背书，又不是家族企业的普通民营企业，这种企业占了民企中的绝大多数，对于这样的企业而言，创始人的性格和价值观很大程度上决定了公司的前途，然而创业者可谓形形色色，他们之间不存在共性，这就是最难以把握的地方。对于这种情况，笔者认为有两个较为可行的判断方法。

第一个方法是搜寻创始人或企业以往的历史，看看创始人过去做过什么事，是否有始终如一的作风，在过去的关键时刻做出过什么样的选择，因为一个人的言语可能是不诚实的，然而行为往往是诚实的。国内某知名生物科技公司于2019年上市，创始人是北京知名的地产商和投资人。该公司在上市之前已经持续经营了20年，我们可以很方便地找到该公司及其创始人的创业历史，并从中看出创始人的行为作风，尤其是他在关键时刻所做出的都是什么选择。

从该公司的创业史中我们可以发现，创始人一直保持着踏实稳健的实业家作风，在他还是地产商时，他在偶然的情况下接手了一家体育馆，虽然该项目不在他的投资计划内，但是创始人还是坚持以全球最高标准来要求自己，并且不遗余力地投入，使该体育馆最终成为业内标杆。在该公司持续经营的20年里，创始人只进行过两次并购，其余时间都在专注于自身的研发和生产。即使在其他股东无法理解之时，他依然不遗余力地投入，甚至不惜抵押自己的房产。笔者特地打电话给在该公司工作的朋友，了解到他们在创业过程中的更多细节，于是，我便对该公司的管理层产生了信任。

第二个方法便为现场调研。大多数公司没有足够长的创业史或者较为默默无闻，我们无法搜寻到有关信息。此时最好想办法见到企业家本人，亲自感受一下他的价值观、气质。有的投资人除了会与管理层访谈，还会深入一线和基层人员聊天，了解他们对公司的看法，从他们身上感受公司的文化。他们甚至会观察创始人开的是什么车，办公室的布置情况如何等，以此判断创始人是艰苦朴素还是好大喜功。此外，公司的生意伙伴如供应商、客户等，都是我们可以访谈的对象。但是，最重要的还是要观察创始人的行为，而不是听他的一些言论。

高管：行胜于言

中国企业的所有权和经营权相分离的情况比较少见，前文所述的创始人、股东，往往也会担任企业的高级管理人员，因此对股东和高管的判断原则在一定程度上是相通的。在招股书的"董事、监事、高级管理人员与公司治理"章节中，我们可以看到管理层的详细资料（见图 17-8）。

图 17-8　W 医疗招股说明书目录

资料来源：巨潮资讯网。

对于管理层的判断原则依然是行胜于言，应该从行为而不是言论上去做判断。有些高管很会说漂亮话，但是他们日常的行为与作风却暴露了很多问题。

招股书第八节的第一、二小节是高管们的简历，你可以仔细阅读他们的背景、年龄、学历、工作经验、社会荣誉等。但是简历背景等资料都是静态的，仅供参考，不能作为判断依据。常有人会说出类似"某个年龄段的企业家缺乏拼劲"或"某个地方的企业家不可信"之类的言论，这都是以偏概全的。最可靠的判断依据还是行为，你可以从高管的简历中找到他们过去做过的事情和工作，同时要注意公司是否有股权激励，拥有股权激励的公司中的高管往往会有较高的工作动力。

在第三小节"董事、监事、高级管理人员及其亲属持有股份情况"中，你可以看到高管们的亲属占股情况。高管亲属适当占股也是正常的，关键在于何为适当。W 医疗的招股书显示，总经理的配偶也占了股，但是她的持股比只有 1.177%，我个人认为这是适当的。然而有一些公司则不然，老板的舅舅、外甥、姑婆等都占了股，股东和股东之间有着各种复杂交错、理不清楚的亲戚关系，这种企业中的人际关系恐怕较为复杂，也会造成一定的风险。

第四小节是关于薪酬的信息，职位越高，工资越高，股份也越多，这是正常现象，从该小节中，你可以判断一家企业的激励措施是否到位和合理。如果老板大鱼大肉，其他人只能喝汤，那么这样的公司就没有大格局，发展空间就有限。笔者此前看过一家公司，老板不担任任何职务，自领百万薪酬，而总经理的薪酬却只有小几十万元，持有的股份也少得可怜，4 年过去了，这家公司的市值还没突破 20 亿元。笔者还见过另一家公司，董事长的工资是总经理的 20 倍，这家公司上市以来的股价就如湖水一样平静。

我们在第九、十小节中可以查看公司是否有过违法违规的行为，以及股东是否违规占用上市公司的资金等，这些都是非常好的筛选器。是否曾违法违规是用来筛选企业的条件，做过坏事的企业都可以直接被排除，只是我们要注意区分违法违规与不合规之间的差别。所谓违法违规，即触碰道德和法律底线，这是投资者的红线，存在违法违规情况意味着公司的管理层存在巨大的道德风险。而不合规仅指某些公司在创业之初因陋就简，于发展过程中产生了一些不规范的问题而已，证监会对此类不合规问题仅要求改正，比如需要补齐没补齐的资料和费用之类，这都是很正常的现象，无须过于在意。

有一家公司在招股书中披露了创始人和原股东打官司的情况，前几年公司的经营状况很差，老板以公司可能倒闭，但是为了保护其他股东的利益为由，花了几千万元收购了其他股东的股权，甚至不惜以自己另一家公司的股权为代价来做交换。谁知道几年之后，这家曾经即将倒闭的公司上市了，老板身价大涨，原股东却错失了上市的机会。其中一名原股东大为不满，称老板有欺骗行为，起诉了这位创始人。在这家公司上市之际，还没有产生判决结果，笔者不便对此做出评判，但是仅从人性的角度上看，很少会有人砸锅卖铁回购股份只为使得其他股东免于破产，这并不符合人之常情。从风险的角度考虑，我认为管理层的道德风险较大，便将这家公司排除了。

有些时候，管理层的行为并没有违法违规，甚至说不上是对是错，但是他的行为作风不符合你的价值观，对于这种情况，你也可以视之为道德风险。有一次，笔者了解到某位董事长家里共有 5 口人，他却雇了 20 个司机，5 个接送大儿子上学，5 个接送小儿子上学，还有 10 个陪董事长夫人逛街买菜。虽然董事长怎么花钱是他的权利，但是我在价值观上并不认可这种行为作风，所以就将他的公司从研究名单里删除了。

第 18 章　招股书分析实战案例

在第 17 章中,我们以 W 医疗为例,简单学习了如何对招股书进行分析,但是 W 医疗所处的医疗器械行业较难被理解,涉及的科室和适应症太多,需要用到医学相关的专业知识。本章我们将从消费行业中挑选一个案例来进行说明。[①]

浅谈冷冻食品行业

冷冻食品即超市冰柜里卖的速冻包子、饺子之类,也包括火锅料,如牛丸、蟹肉棒等。还有速冻的半成品预制菜,如超市中被预先处理好的酱牛肉,我们买回家后用微波炉加热一下就可以食用。

笔者出生于一个大家庭,祖父有七个子女,一大家子都住在一个大宅院里。20 世纪末的中国家庭基本上都是这样一种形态,它背后反映的是中国的生产力与生产关系特征。彼时的中国还是农业社会,工业化和专业化程度不高,常见情况为一家之中,男的外出工作,女的在家做饭,当时的交通条件

[①] 本章所有公司案例仅为配合展示招股书分析方法,内容不构成投资建议,已隐去公司具体名称;本章所列举的数据均来自上市公司公开发行的股票招股说明书;所有涉及数据分析的内容均基于以往年度真实数据,不构成趋势预测。——编者注

不发达，劳动力大多选择留在本地，所以一大家子住在一起有利于降低社会成本。有时候，伯母索性煮一大锅饭让一家人一起吃，毕竟伯母煮一次饭的劳动量可被视为固定成本，这一顿饭有越多人吃，分摊到每个人身上的成本就越小，伯母此举也产生了规模经济效应。

但是当国家进入工业化社会的时候，开灶做饭的成本反而越来越高了。首先是交通的发达促进了劳动力的流动，年轻人不断进入大城市，而且大多数选择独居或和伴侣居住，宗族大家庭被割裂为城市小家庭，中国家庭户数变得越来越多，规模却越来越小。就拿日本来做对比，1975 年，日本有 3000 万户家庭，每户约 4 人，到了 2015 年，日本家庭增加到 5000 万户，但每户只有约 2.5 人了，这是工业化的城镇化发展的必然趋势。家庭变小了，做饭就变得规模不经济了，以前伯母做一顿饭可以让一家人吃，现在花同样的时间做一顿饭，可能只有一个人或两个人吃，从时间上看，成本是不划算的。

其次，工业化也提高了现代人的时间机会成本。城里人忙于工作，很少有时间做饭，所以外卖行业的兴起是必然趋势，是城镇化水平提高和时间成本越来越高的结果。

但是为什么有了外卖，人们还会吃冷冻食品呢？因为现代人的时间虽然少了，但是收入却增加了，他们虽然吃不到伯母做的山珍海味，但也希望能吃得健康一些，或者偶尔享受下厨的快乐，冷冻食品可以在一定程度上解决时间成本的问题。人们可以购买冷冻的半成品菜，用微波炉加热一下，享受在家吃饭的感觉。在日本的 7-11 便利店里，经常会看到很多穿着西装的上班族们，他们常买一份冷冻的咖喱饭，在 7-11 便利店现场进行加热后，就坐在店里吃起来。

此外，就 B 端商户而言，冷冻食品也有利于减少成本。为了应付不断增加的房租、人力与时间成本，许多餐厅后厨会采购预制的半成品菜，从而节省洗菜、切菜的时间，甚至一些口味也可被预先处理，实现标准化生产。冷冻食品的发展只是社会分工发展的必然结果。从 B 端市场来看，这个行业的发展也具有确定性。

2017 年，我国的冷冻食品人均消费量是每年 10.6 千克，日本是 22.5 千克，美国是 84.2 千克，渗透率还很低。我们在进行定性分析之外，最好能找到定量数据加以佐证。

用七步成诗法分析某冷冻食品上市公司

A 食品公司是中国火锅料界的龙头，产品包括牛肉丸、蟹肉棒、饺子等。A 公司于 2017 年上市时的开盘价是 15.49 元，上市后经历了好几年的横盘。2020 年年初，A 公司的股价突然走高，并一路攀升到 2021 年的最高点——283.14 元，4 年上涨了将近 20 倍。现在，另一家经营冷冻食品的 C 公司也要上市了，它能否走出一样的趋势呢（见图 18-1）？

图 18-1　A 食品上市后的股价走势

资料来源：Wind 数据库。

我们接下来将要对比 A 食品公司和 C 公司的财务数据，但是两家公司的上市时间不同，A 公司的上市时间是 2017 年，而 C 公司则是在 2021 年上市。为了方便对比，我们将在本案列中删除具体年份，以上市前 1 年、上市前 2 年、上市前 3 年字样来代替。我们假设两家公司正打算于同一个时间上市，这样对比起来会更加直观。

首先，C 公司上市前的 ROE 比 A 食品公司好得多，达 38% 以上，但是 A

公司也超过了 15%，在上市的前一年接近 20%。事实上，A 公司上市之后的 ROE 也一直保持在 14%、15% 左右的水平，降幅并不大（见图 18-2）。

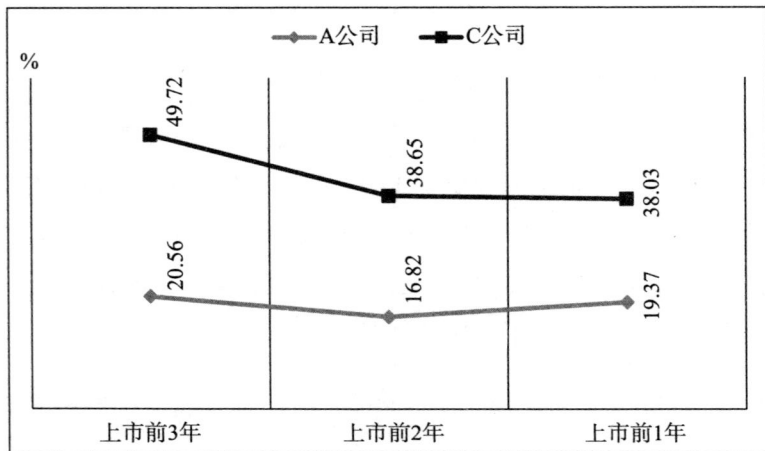

图 18-2　A 公司和 C 公司上市前的 ROE 对比情况

资料来源：Wind 数据库。

　　其次看营业收入。A 公司上市前一年的营收规模接近 30 亿元，而 C 公司只有 6 亿元，二者差距较大。当然营收规模仅供参考，要重视营收的质量。经对比，两家公司的现金收入比率都大于 1，所以营业收入的质量并没有什么问题。

　　两家公司的毛利率也比较接近：A 公司的毛利率约为 27%，而 C 公司的毛利率为 24% ~ 29%，两家公司的主营业务及产品都类似，毛利率也没有产生太显著的差异。

　　继续看净利润。首先从净利率上看，A 公司上市前 3 年的平均净利率约为 5.6%，而 C 公司的平均净利率则高达 17%，上市前 1 年甚至达到 20.09%。从期间费用率上来看，A 公司因为全国化业务扩张的原因，有着高达 15% 的销售费用率，而 C 公司的主要市场集中在省内，销售费用率只有 5%（见图 18-3）。

　　我们来继续对比两家公司的盈利质量。两家公司的净利润现金含量都大于 1，扣非净利润占比也都基本大于 90%，因此除了净利率的差别以外，两家公司的差异并不大。

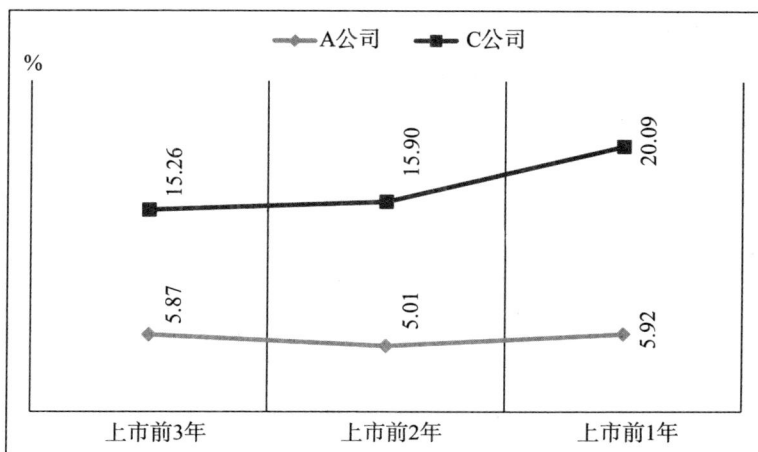

图 18-3 A 公司和 C 公司的净利率对比情况

资料来源：Wind 数据库。

再从总资产周转率上看，两家公司都大于 1 次，但是 C 公司的存货周转率情况更胜一筹。可能因为 C 公司是区域性企业，在本地市场耕耘更久、更深的缘故，其区域性市场的销售半径更短，存货周转速度也更快（见图 18-4）。

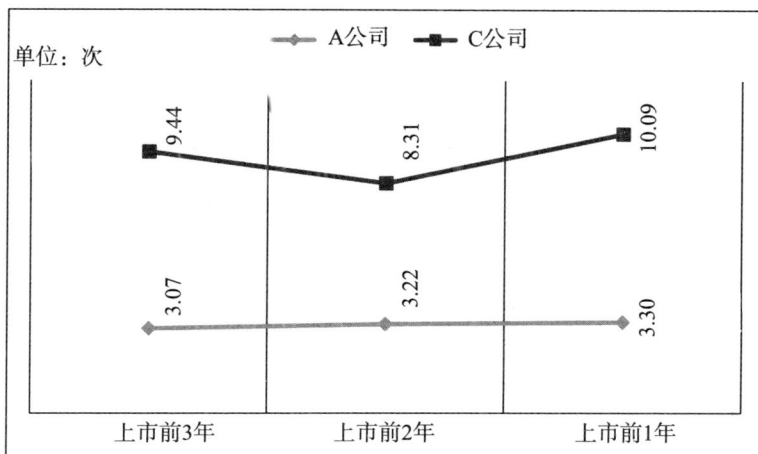

图 18-4 A 公司和 C 公司存货周转率对比情况

资料来源：Wind 数据库。

最后看杠杆水平。C公司完全没有带息负债，杠杆率极低，而A公司在上市之前的有息负债率也仅有7%，由于融资渠道的限制，这对未上市公司而言，是很正常的现象。

光从财务数据来看，C公司比A公司漂亮得多。这是否就意味着C公司即将复制A公司的神话呢？

记住，好的财务数据只是好公司的必要不充分条件，这意味着，拥有好的财务数据只是成为好公司的门槛。上市公司就像一把椅子，其中一条腿被雕刻得再精美，没有另外几条腿作为支撑，这把椅子也是无法使用的。除了行业和财务数据，这家公司还需经营一项具有竞争优势的好生意，椅子才称得上稳固。

从招股书判断C公司的竞争优势

从A公司的招股书中可以发现，它在数年前就已经建立起了竞争优势，成为跑得最快的那颗"小球"。

从品牌上来看，A公司在2010年（上市前7年）就已经是"中国驰名商标"，此外它还获得了一系列其他荣誉。但是C公司在招股书中却很少提到自己的品牌荣誉，我们在官网上仅能查到其曾于2014年获得省著名商标的信息。从这一点来看，C公司的品牌竞争力远不如上市前的A公司（见图18-5）。

> 2010年10月，A公司商标被国家工商总局认定为"中国驰名商标"，2012年3月公司被国家工业和信息化部科技司确认为"2012年工业企业品牌培育试点企业"，也成为××省唯一一家试点的食品企业，"A公司"牌速冻鱼糜制品、肉制品和面米制品被××市人民政府认定为"××优质品牌"。在产品荣誉上，公司产品水晶包获中国食品科学技术学会冷冻与冷藏食品分会2011—2012年度行业创新产品，烤鱼棒、海参丸获中国食品科学技术学会冷冻与冷藏食品分会2010—2011年度行业创新产品，爆汁小鱼丸获2010年中国食品科学技术学会产品创新奖二等奖。

图18-5　A食品公司招股书中提到其在2010年已经是"中国驰名商标"

资料来源：巨潮资讯网。

A公司的招股书中并没有披露该行业的竞争格局，但是我们可以通过券商研报来获得相关数据：2012年（上市前5年），A公司和X霸王、Y新并列第一，三者各占据4%的市场份额。在招股书中，A公司提到它在2013年的时候已经拿下5.66%的市场份额，短短一年，A公司的市场占有率就增加了1.66个百分点。据此推测，彼时的A公司应该已经成为唯一的行业龙头（见图18-6）。

> 近几年公司在所处的火锅料制品行业中快速成长，2013年、2014年、2015年及2016年1—6月，速冻鱼糜制品、速冻肉制品、速冻其他制品三大类产品的销售收入合计分别达到13.01亿元、16.55亿元、18.79亿元及10.65亿元，销售收入位居火锅料制品行业前列。根据中国食品科学技术学会的数据显示，2013年火锅料制品行业已经形成230亿元的产值规模（数据来源：《冷冻与冷藏食品》，2014年第4期），公司2013年速冻鱼糜、肉制品、其他制品的合计销售收入为13.01亿元，以此估算，2013年公司在国内火锅料制品行业的市场占有率约为5.66%。

图18-6　A食品公司在招股书中提到了其市场占有率数据

资料来源：巨潮资讯网。

但是C公司在描述自己的行业地位时却含糊其辞，它只泛泛地提到行业"格局很分散"。笔者毛估了一下C公司的市场份额，认为其远不如当年的A公司。

对于冷冻食品来说，冷链技术的水平决定了公司的增长边界，两家公司的体量相差一个量级的原因也在于此。A公司在招股书中写道，它是业内唯一一家能在销售地进行生产的公司，公司的网点遍布全国各地，共有5家分公司、30个联络处、486个经销商、3000个商超网点，还有10辆自有冷藏车，并与15家冷链物流公司建立起深度合作关系。

而C公司虽然有1000多家加盟店，但是这些店都位于本省，并没有像上市前的A公司那般，已经实现了全国化扩张。C公司在招股书中还提到公司拥有25辆冷藏车，和8家冷链公司建立了合作关系，这些远不及同时期A公司的"销地产"能力。如果在冷链技术上没有突破，C公司就无法突破省内市场的限制，未来的成长空间不大，但是如果要发展冷链技术，又要投入数亿元资金。应该安于现状还是持续扩张，是C公司面临的一大问题。

C公司能否顺利走向全国？没有人能断言，但是至少现在它还没有"走出去"的迹象。反观A公司，它在上市之前就已经成功走向全国了，其上市后的股价上涨是带有必然性的。

结论

C公司和A公司产生了鲜明的对比。上市前的A公司具备全方位优势，而C公司无论从品牌、渠道还是冷链技术上来看，都没有明显的竞争优势，如果这两家公司是在同一天上市的，那么A公司明显是那颗跑得更快的小球。

不少分析师认为，C公司有望复制本省的成功经验，走向全国，但有望不代表必然会，这只是一个理想化推测而已。A公司在上市前就已经成功实现了全国化扩张，这是一个既定事实，从C公司的招股书中，我们看不到这样的确定性。

七步成诗法不能做什么

写这本书的初心，除了来自前言中讲到的学员的故事，也包括一些我个人学习财务知识时的痛苦经历。

十几年前，我在厦门大学经济学院就读，第一次接触了会计学。当时觉得这门学科真是枯燥乏味，教授讲得也云里雾里，心想此生必不会从事相关工作，不懂也罢。

毕业后我做了不少工作，做过互联网、开过公司，兜兜转转最后成为一名投资人，才发现自己找到了此生最有热情的事业。几年前，当我拿起第一份年报的时候，就像看故事书一样如饥似渴，阅读年报成了我最大的消遣，然而财务分析存在一定的难度，报表成了一块最难啃的硬骨头。

前言中提到的学员们的痛苦，我自己也全部感受过。财报怎么看？从哪个科目开始看？科目上的那些数字又算是什么水平？虽然大学读过会计学原理，但是我在实践时仍然一头雾水。于是，我决定用心琢磨财务分析的方法，从最基本的杜邦分析法开始学习，不断总结实践中的经验和体会，历经四年，我终于写出了这本书。

财务是投资的硬技能

我知道财务很重要，但是自从做了投资人之后，我才切身体会到财务原来如此重要，一个不懂财务分析的人是无法迈进投资领域的门槛的。如果不下定决心啃好这块硬骨头，你便只能停留在对商业逻辑的定性判断上，无法实现质的飞跃。很多人喜欢走捷径，喜欢花时间打探消息、猜测市场情绪，但就是不肯花时间好好学一学基础的财务知识，去构建一个正确的投资知识体系，这是大多数人投资赚不到钱的原因。

行业分析、竞争优势、估值是投资的三大支柱，行业是公司所处的赛道，决定了公司的生存环境；竞争优势是一家公司之所以比竞争对手更好的理由，是之所以能成为行业龙头的依据；估值决定了你的买卖时点，无法对公司进行估值，对行业和竞争优势分析得再透彻也无济于事，估值的基础就是财务分析，这进一步说明财务分析是一项硬技能，是任何有志于学习投资的读者都该加以重视的部分。

自从掌握了财务分析和估值方法后，我就和着了迷一样，一有空就研究一些自己感兴趣的公司，建立自由现金流贴现（Discounted Cash Flow，DCF）估值模型，并把心得发布在专栏中。每算出一家公司的估值，我就有一种闯关的感觉。原本觉得枯燥乏味、此生应不会再打交道的财务报表，竟然如此美妙！

财务不是投资的全部

财务分析绝非投资的全部，否则会计师们个个都是投资高手了。财务分析只是一个工具，它不是万能的，但没有它是万万不能的。用本书的一句老话来说，财务分析也是投资的必要不充分条件。

投资是一个多元思维体系，赚的是你对世界认知的钱。除了财务，它还涉及行业知识、商业模式、科技趋势、组织管理等，是大量学科交叉与结合的产物。查理·芒格（Charles Thomas Munger）建议投资者应掌握各个学科的主要知识模型，再用这些多元思维模型来观察世界并指导投资，而不是当一个"手上拿着锤子，看什么都是钉子的人"。经济学、金融学和会计学只是芒格多元思维模型中的一小部分，除此之外，来自物理学、生物学、心理学的视角也在帮助他更深刻地理解着这个世界。

然而在纷繁芜杂的知识下有一个共同的基座，那就是会计学。沃沦·巴菲特（Warren E. Buffett）精通财务知识，他能轻松发现财报中任何细微的问题，他很少拿出计算器精算，因为已经熟能生巧了。2020 年 4 月，伯克希尔 – 哈撒韦（Berkshire Hathaway）的股东大会如期召开，被问及对年轻投资者有何建议时，90 岁的巴菲特直言"必须要懂会计"。

七步成诗法不能做什么

本人才疏学浅，不敢说自己有多专业。市面上有很多优秀的财务类书，其中不乏专业、完善的教科书，而我只是写了一本接地气的工具书而已。希望像我一样曾经看着投资的大门，跃跃欲试又缺乏知识的读者可以快速入门。

如果这本书能让你尽快熟悉财务分析的方法，甚至对财务产生兴趣，那这本书就有价值了。为了持续精进，你还应该读一读财务方面的教科书，在实践中不断积累经验，同时，你也不要放过财报上的任何蛛丝马迹。正所谓功不唐捐，知识的复利将为你创造巨大的价值。

另外，七步成诗法的内核其实是杜邦分析法，它是基于净资产回报率（ROE）进行考察的，所以这套方法是有边界的，并不适合被用来分析一些成长股或注册制市场中的未盈利企业。但是对于普通投资者来说，它确实是一个相对安全的思维框架。

感谢家人的支持，为了写这本书，我牺牲了许多本应陪伴他们的时间。

感谢为了本书的出版而费心奔波的陈诚老师，以及我的朋友卓光英、彭彩凤、李大攀、罗鸿伟，他们都是业内知名的财务专家，给了我许多专业指导！

最后，用一张图总结一下七步成诗法吧（见图 I）。

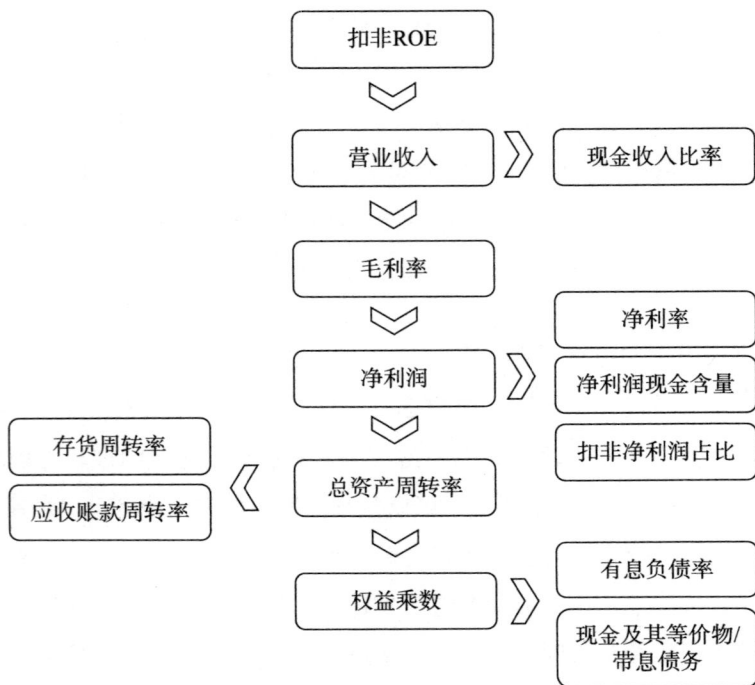

图 I "七步成诗法"总结图

参考文献

[1] 吴水澎. 会计学原理 [M]. 沈阳：辽宁人民出版社，2008.

[2] 肖星. 一本书读懂财报 [M]. 杭州：浙江大学出版社，2014.

[3] 杨松涛，林小驰. 财务报表分析：负债、权益、现金流量表 [M]. 北京：中国金融出版社，2015.

[4] 汪一凡. 原来会计可以这么学 [M]. 上海：立信会计出版社，2010.

[5] 唐朝. 手把手教你读财报：财报是用来排除企业的（新准则升级版）[M]. 北京：中国经济出版社，2021.

[6] 诚迅金融培训公司. 估值建模 [M]. 北京：中国金融出版社，2011.